**기독교문서선교회**(Christian Literature Center: 약칭 CLC)는 1941년 영국 콜체스터에서 켄 아담스에 의해 시작되었으며 국제 본부는 미국 필라델피아에 있습니다. 국제 CLC는 59개 나라에서 180개의 본부를 두고, 약 650여 명의 선교사들이 이동 도서차량 40대를 이용하여 문서 보급에 힘쓰고 있으며 이메일 주문을 통해 130여 국으로 책을 공급하고 있습니다. 한국 CLC는 청교도적 복음주의 신학과 신앙 서적을 출판하는 문서선교기관으로서, 한 영혼이라도 구원되길 소망하면서 주님이 오시는 그날까지 최선을 다할 것입니다.

추천사 1

양유성 박사
전 평택대학교 교수

한 때부터 이 땅에 기독교 상담의 씨앗이 뿌려졌습니다. 그 씨앗은 교단의 장벽을 넘어 많은 교회의 터전에서 싹트고 자라났습니다. 그 성장 과정에서 난관도 있었고, 여러 가지 문제점과 논란도 있었습니다. 그러나 시대가 흘러가며 마음의 상처를 안고 사는 이들이 늘어가는 가운데 우리 안의 신앙과 정체성을 되돌아보는 일은 점점 더 중요해졌습니다.

교회 목회와 지역 사회 활동을 통해 개발된 이 자서전 쓰기 프로그램은 특히 한국의 기독교 상담 분야에서 상당한 발전을 이루어 냈음을 암시합니다. 저자가 발달 이론과 이야기 심리학 그리고 기독교 신학의 통합적 접근을 통해 개발한 방법론은 개인이 자기 이야기를 재구성하고, 신앙과 삶을 통합적으로 이해하면서 전인적인 치유와 성장을 추구하게 만드는 데 중점을 두고 있습니다.

에릭 에릭슨의 8단계 이론은 인간이 삶의 다양한 단계를 거치면서 마주하는 심리사회적 과제를 이해하는 데 도움을 주며, 맥아담스의 『이야기 심리학』은 개인의 경험을 의미 있는 이야기로 통합하는 방법을 제공합니다. 어거스틴의 『고백록』과 같은 신학적 자원의 활용은 이러한 자아 탐색 과정에 신앙의 깊이를 더해 줍니다.

이러한 다면적 접근 방식은 한국 교회가 마주한 현대적 과제, 특히 물질주의와 세속주의가 만연한 사회 속에서 영혼의 고통과 상처를 치유하고, 신앙인으로서의 정체성을 재확인하는 데 유용한 도구로 작용할 수 있습니다. 이 책을 통해 한국 교회 내에서 신앙적 자서전 쓰기가 더욱 발전하고, 상담 사역이 새로운 차원으로 나아갈 수 있는 가능성을 탐색하고 있음을 보여 줍니다.

신학자이자 목회자로서의 긴 여정 동안 저자가 독서치료 운동과 함께 개발한 자서전 쓰기 프로그램은 인격의 성숙과 상담 목회의 지속적인 실천을 통해 미래에 대한 희망을 열고자 하는 그의 뜻을 담고 있으며, 한국 교회 내에서 신앙적 자서전 쓰기는 상담 사역의 새로운 지평을 열어 가길 바라는 저자의 기대가 이 책에 담겨 있습니다.

독자들은 이러한 프로그램을 통해 개인적인 과거의 경험을 성찰하고, 현재의 신앙생활을 강화하며, 미래에 대한 희망을 구체화함으로써 삶의 의미를 찾고 영적으로 성장할 수 있는 길을 발견할 수 있을 것으로 기대됩니다.

추천사 2

박승로 목사
미주성결교회 전 총무

　자서전은 단지 책이 아닌 삶의 풍경을 가로지르는 개인적인 여행이라 할 수 있습니다. 캔버스를 그린 화가처럼 모든 사람은 자신의 역사 속 위치와 관계없이 자신만의 자서전을 만들도록 권합니다. 왜냐하면, 그것은 우리 안에 숨겨진 의미와 목적의 보물을 발견하는 길이기 때문입니다.

　우리의 삶에 대해 글을 쓴다는 것은 추억의 숲을 걷는 것과 같습니다. 각 단계, 각 단어는 익숙한 숲에서 새로운 길을 찾는 것과 마찬가지로 우리가 성찰하고 이해하며 종종 우리 자신의 새로운 측면을 발견하도록 도와줍니다. 이 여행은 우리의 내면과 연결될 기회를 제공하고 더 넓은 의미에서는 더 높은 힘과 연결될 수 있는 매우 영적인 여행이 될 수 있습니다.

　자서전의 선구자인 성 어거스틴의 『고백록』을 생각해 보십시오. 에릭 에릭슨(Erik Erikson)의 심리사회적 발달 이론의 렌즈를 통해 이를 분석하는 것은 삶의 정서적, 심리적 단계를 지도화하는 것과 같습니다. 반면, 맥아담스(McAdams)의 내러티브 심리학 이론을 적용하면 조각가가 점토를 형태로 빚는 것처럼 자서전 쓰기가 인생 이야기를 형성하는 기술로 변모합니다.

　이는 "사람이 이야기를 만들고, 이야기가 사람을 만든다"라는 심오한 격언을 떠올리게 합니다. 초기 히브리인의 경험에서 탄생한 출애굽 이야기가 유대인 정체성의 초석이 된 것처럼, 자서전을 쓰는 것은 자신의 정체성을 형성하고 후대에 영적으로 세우는 작업입니다. 단지 사건을 기록하는 것이 아닙니다. 자기 성찰의 예술 영적 자서전 속에는 하나님이 내게 오셔서 어떻게 역사하시고 이끄셨는지를 발견하고 이해하고 통찰하는 창조작업입니다.

인생의 후반부를 살아가는 분들은 이상욱 목사의 『자기 성찰의 예술』을 읽어보시고 도움받으시길 권합니다. 저자는 어거스틴의 『고백록』을 텍스트로 삼아 구체적으로 안내합니다. 그리고 발달단계에 따른 성경에서 예시를 제시합니다. 『자기 성찰의 예술』은 작은 시냇물이 모여 거대한 강을 이루는 것처럼, 파편화된 삶의 이야기를 일관되고 새로운 의미가 발견하는 주제가 분명한 이야기로 엮어 주는 지침서가 될 것입니다.

본질적으로 자서전을 쓰는 것은 자기 발견과 치유의 항해를 떠나는 것과 같습니다. 이를 통해 과거의 고통에 직면하고 기쁨을 축하하며 궁극적으로 경험의 태피스트리에서 새로운 자아를 만들 수 있습니다. 그것은 단지 역사를 쓰는 것이 아닙니다. 그것은 당신의 새로운 미래를 저작하는 멋진 작업이 될 것입니다.

추천사 3

김 현 희 박사
한국독서치료학회 초대 회장
상호작용독서치료아카데미 운영 교수

    15여 년 전쯤 이상욱 목사님을 처음 만났을 때가 생각납니다. 그때 목사님께서는 "학교 부적응 중학생 대상으로 자서전 쓰기를 일 년 동안 했더니 무기력하고 왜 공부해야 하는지 모르겠다던 학생들이 삶의 목표를 이야기하기 시작하더라"라는 말씀을 하셨습니다. 그리고 "최근까지 거의 150명 정도에게 자서전 쓰기를 했는데 그들이 세웠던 삶의 목표대로 살아가고 있더라"라는 말씀도 하셨습니다.
    자기 성찰의 이해는 성장과 변화, 자아 정체성, 자아 통합, 자아실현 등의 주제를 관통하고 있습니다. 이를 위해 저자가 오랫동안 경험해 온 자서전 쓰기와 큰 감동을 받은 회고록 그리고 성경 속 인물을 재료로 하고, 이론적 틀로서 이야기 심리학과 독서치료와 인간 발달을 바탕으로 집필한 것입니다.
    프로이트와는 초점이 다른 정신분석학자이자 발달심리학자인 에릭슨의 심리사회적 발달 8단계를 어거스틴의 『고백록』과 성경 사례에 연결하면서 각 단계마다 키워드(key word)를 도출해 내고 있습니다. 즉, 희망, 의지, 목적, 능력, 충실, 사랑, 돌봄과 지혜의 긍정적 측면에 대해 깊이있게 들어갑니다.

맥아담스의 자서전 쓰기 7단계 실제에서도 어거스틴과 야곱, 모세의 이야기를 분석하고 있고, 새로운 자아 탄생을 위한 맥아담스의 내러티브 플롯 다시 쓰기를 에릭슨의 발달 단계와 엮어서 전개하고 있습니다.

독서치료에서 빠지지 않는 활동이 읽은 이야기를 나누며 치유적 글쓰기를 함께 한 후 이루어지는 상호 작용입니다. 치유적 글쓰기를 하면서 내담자들은 무의식 세계까지 들어가기도 하며 감정 다스리기와 자신의 마음과 행동을 통찰할 수 있습니다. 치유적 글쓰기 혹은 글쓰기 치료 중 하나의 기법이 바로 자서전 쓰기입니다.

맥아담스는 "자서전을 쓰는 가장 큰 이유는 개인적 통합이라는 목표를 이루기 위한 것이다."라고 했습니다. 저자 역시 자아 성찰, 자아 인식, 성숙이라는 목표를 향해 달려온 인생의 여정에서 중간 점검을 할 수 있었으리라 생각합니다. 그래서 학문과 목회 활동을 병행해 오면서 관심의 주류를 이루어온 신학과 독서치료와 이야기 심리학을 녹여낸 책을 위해 자기 통합의 퍼즐을 맞추는 자서전 쓰기를 다룬 것은 장고 끝에 이루어진, 어쩌면 자연스러운 결과물일 것입니다.

자서전 쓰기가 과거만을 다룬 것이 아니라 현재를 넘어 미래를 설계하도록 돕는 활동이므로 자아 인식과 자기 통합을 넘어서 이웃과 공동체 사랑으로까지 확장할 수 있을 것입니다. 목회자뿐 아니라 일반인, 독서치료와 이야기 심리학과 치유적 글쓰기 전문가에게도 깊은 성찰을 줄 수 있으리라 기대합니다.

자기 성찰의 예술

새로운 자아 탄생

The Art of Self-Reflection
Written by Lee Sang Wook
All rights reserved.
Korean Edition Copyright ⓒ 2024 by Christian Literature Center, Seoul, Korea.

자기 성찰의 예술
새로운 자아 탄생

2024년 6월 30일 초판 발행

지 은 이	|	이상욱
편 집	|	추미현
디 자 인	|	서민정, 이수정
펴 낸 곳	|	(사)기독교문서선교회
등 록	|	제16-25호(1980. 1. 18.)
주 소	|	서울특별시 동대문구 천호대로71길 39
전 화	|	02-586-8761~3(본사) 031-942-8761(영업부)
팩 스	|	02-523-0131(본사) 031-942-8763(영업부)
이 메 일	|	clckor@gmail.com
홈페이지	|	www.clcbook.com
송금계좌	|	기업은행 073-000308-04-020 (사)기독교문서선교회
일련번호	|	2024-57

ISBN 978-89-341-2653-9 (03230)

이 책의 출판권은 (사)기독교문서선교회가 소유합니다.
신저작권법에 의하여 한국 내에서 보호를 받는 저작물이므로 무단 전재와 무단 복제를 금합니다.

내면적 자서전 쓰기의 이론과 실제

새로운
자아탄생

자기 성찰의 예술

이상욱 지음

CLC

차 례

추천사 1 **양유성 박사** | 전 평택대학교 교수	1
추천사 2 **박승로 목사** | 미주성결교회 전 총무	3
추천사 3 **김현희 박사** | 한국독서치료학회 초대 회장	5
들어가는 말	11

제1장 자기 성찰 기술하기　　　　　　　　　　33

1. 자서전 쓰기, 자기 통합의 여정	34
2. 『고백록』, 새로운 자아 탄생의 여정	46
3. 자서전, 인생 내러티브 만들기	58

제2장 에릭슨의 인간 성장 과학　　　　　　　　67

1. 인간 성장 여정 추적	68
2. 인간 성장의 미스터리 풀기	72
3. 인간 성장, 자기실현으로 가는 여정 8단계	79

제3장 맥아담스(Dan P. McAdams)의 새로운 자아 탄생 여정　129

1. 맥아담스의 이야기로 존재하는 나	130
2. 맥아담스의 자기 정체성을 찾는 탐색	137
3. 맥아담스의 새로운 자아 탄생의 여정 6단계	144

제4장 자서전 쓰기 실제　　　　　　　　　　　200

1. 자전적 이야기 만들기 7단계	201
나가는 말	320
참고 문헌	324

들어가는 말

인생은 여정

인생의 노래, 끊임없는 여정
변화와 성장이 춤을 추는 곳
시련과 희망이 함께 흘러가며
인생의 파도에 맞서 나아가는 길

첫 발걸음부터 마지막 숨결까지
모든 순간이 노래하며 흐르는 시간
언제나 새로운 문을 열어가며
미지의 향연을 향해 나아가는 길

고통과 기쁨이 함께 어우러지며
인생의 무한한 감정의 파렴치와 같아
모든 순간이 풍요롭게 엮이며
춤을 춰 나아가는 인생의 여정

하늘의 별들이 우리의 길잡이
모든 꿈과 목표에 대한 방향을 알려 주어
인생의 여정, 아름다운 모험의 시작
우리는 함께 노래하며 나아갈 것입니다

자서전이라는 장르는 종종 유명 인사나 사회적으로 높은 지위에 있는 인물들의 삶을 담는 수단으로 인식되어 왔습니다. 실제로 많은 사람이 공적 성취가 주목할 만하거나 사회적 영향력이 큰 인물의 이야기에 매력을 느낍니다. 유명인의 자서전은 그들의 성공과 실패, 공개되지 않았던 개인적 경험을 통해 독자에게 영감을 주고 때로는 교훈을 제시하기도 합니다.

그러나 자서전의 본질적 가치는 유명세나 사회적 지위에 국한되지 않습니다. 각 개인의 삶은 독특하고, 그 자체로 하나의 이야기를 구성합니다. 평범한 사람들의 일상과 그들이 직면하는 도전, 개인적 성취 또한 흥미롭고 가치있는 이야기가 될 수 있습니다. 더 나아가 자서전 쓰기는 개인이 자신의 경험을 반추하고 의미를 찾는 중요한 과정입니다. 이는 자아 탐구와 심리적 치유, 자기 이해를 증진하며, 개인의 삶을 사회와 연결 짓는 방법을 탐색하는 과정이기도 합니다.

『자기 성찰의 예술』이라는 저술은 내면의 이야기이자 영적 출애굽의 여정을 다루는 책입니다. 이는 단순히 자기 삶을 서술하는 것을 넘어서 자기 탐색의 여정, 내면의 신성을 발견하고 그것을 통해 새로운 자기 이해에 도달하는 과정을 의미합니다.

이 여정에서 개인은 자기 삶을 깊게 성찰하게 되며 자신이 진정 누구인지, 어떤 가치를 지니고 살아왔는지를 탐구하게 됩니다. 또한, 자신의 경험을 통해 영적인 깨달음을 얻고, 그 과정에서 내면의 변화를 경험하게 됩니다. 이는 마치 고대 이스라엘 백성이 애굽을 탈출해 자유와 약속의 땅을 향해 나아간 성서 속 출애굽기의 영적 여정에 비유될 수 있습니다.

이 내면적인 자서전 쓰기는 자기의 인생을 통해 더 넓은 존재의 의미를 탐구하고자 하는 사람들에게 그들의 삶이 단지 개인적인 이야기를 넘어서 보편적인 진리와 연결되어 있음을 보여 줍니다. 자신만의 영적 출애굽을 문서화함으로써 독자는 자기 내면의 광야를 건너는 여정에서 자기를 발견하고, 그 과정에서 깊은 자기 이해와 개인적 성장을 경험하게 됩니다.

성찰의 예술 카잔차키스의 『영혼의 자서전』

프랑스의 저명한 소설가이자 노벨상 수상자인 알베르 카뮈는 니코스 카잔차키스를 추모하며 그의 업적을 극찬했습니다. 카잔차키스가 사망하기 2년 전에 완성한 『영혼의 자서전』은 그의 삶을 투쟁과 반항 그리고 피흘림의 기록으로 담아낸 작품입니다. 카잔차키스는 평생 끊임없이 여행하고 방랑하며, 유럽의 수도원을 순례하고 러시아 혁명의 현장을 목격했으며 중국과 아시아의 여러 나라를 탐험했습니다. 이 자서전은 그의 여행에서 얻은 지혜와 깨달음의 잠언 모음집이라 할 수 있습니다. 그는 진리와 신 그리고 스승을 쉼 없이 찾아 헤매었습니다.

『영혼의 자서전 2』에서 니코스 카잔차키스는 인생의 스승들을 본격적으로 찾아 나서는 여정을 상세히 기록하고 있습니다. 그는 신문사 특파원으로서, 학생으로서 그리고 여행자로서 세계 곳곳을 다니며 수많은 도시를 거쳤습니다. 이러한 방랑 속에서 그는 자신의 영혼에 깊은 자취를 남긴 스승들을 만났습니다. 이들 스승은 고대의 시인 호메로스, 깨달음을 상징하는 붓다, 철학적 사유의 대가 니체, 현대 철학의 거장 베르그송 그리고 삶의 동반자이자 무학의 지혜를 지닌 조르바였습니다.

호메로스는 카잔차키스에게 기운을 불러오는 광채로 우주 전체를 비추는 태양처럼 평화롭고 찬란한 존재로 다가왔습니다. 그는 그리스의 전설적 작가로, 카잔차키스는 그의 작품에서 그리스의 정수와 인간 본질에 대한 깊은 통찰을 발견했습니다. 호메로스의 서사시는 카잔차키스에게 강한 영감을 주었으며, 그의 문학적 기초를 다지는 데 큰 영향을 미쳤습니다.

붓다는 카잔차키스에게 세상 사람들이 빠졌다가 구원을 받는 한없이 깊고 검은 눈을 가진 존재로 다가왔습니다. 붓다의 가르침은 그에게 고통에서 벗어나기 위한 방법과 내적 평화를 찾는 길을 제시했습니다. 붓다의 철학과 명상은 카잔차키스의 내면세계를 깊이 변화시켰고, 그의 삶의 방향을 재정립하는 데 중요한 역할을 했습니다.

　니체는 카잔차키스에게 새로운 고뇌와 사유의 길을 열어준 철학자였습니다. 니체의 사유는 그를 더욱 깊은 철학적 탐구로 이끌며, 불운과 괴로움, 불확실성을 역설적인 자부심으로 전환시켜 주었습니다. 니체의 철학은 카잔차키스가 인간 존재의 복잡성과 그 의미를 탐구하는 데 큰 자극제가 되었습니다.

　베르그송은 카잔차키스가 젊은 시절 철학적 문제에 대한 답을 얻고자 했던 스승입니다. 베르그송의 철학은 시간과 창조성에 대한 새로운 이해를 제공했으며, 카잔차키스의 사유 방식을 혁신적으로 변화시켰습니다. 베르그송의 영향으로 카잔차키스는 시간의 흐름과 인간 경험의 본질에 대해 깊이 고민하게 되었습니다.

　조르바는 카잔차키스의 실존 인물이자 사업의 동반자로, 생동하는 삶의 지혜를 전해준 무학의 동료였습니다. 조르바로부터 그는 삶을 있는 그대로 즐기고 죽음을 두려워하지 않는 용기를 배웠습니다. 조르바의 자유로운 영혼과 생에 대한 열정은 카잔차키스의 삶에 큰 활력을 불어넣었으며, 그의 글과 철학에 직접적인 영향을 미쳤습니다.

　이렇듯 카잔차키스는 다양한 스승으로부터 인생의 깊은 지혜와 영감을 얻었습니다. 그의 자서전은 이러한 만남과 배움을 통해 그의 사유와 문학이 어떻게 형성되었는지를 생생하게 보여 줍니다. 『영혼의 자서전 2』는 그가 만난 스승들의 가르침을 통해 인간 본질과 삶의 의미를 탐구하는 여정을 기록한 작품으로, 독자들에게 깊은 울림을 줍니다.

　특히, 니코스 카잔차키스는 그의 저서 『영혼의 자서전 2』에서 인생에 깊은 영향을 준 스승들을 소개하면서 호메로스와 붓다에 대한 깊은 존경심을 표현했습니다. 카잔차키스는 호메로스를 우주를 비추는 태양처럼 평화롭고 찬란한 존재로 묘사했습니다. 호메로스는 고대 그리스의 전설적인 시인으로, 그의 서사시인 『일리아스』와 『오디세이아』는 그리스 문화와 정신을 대표합니다. 카잔차키스는 호메로스의 작품을 통해 그리스의 영혼과 인류의 본질을 탐구했습니다. 그는 호메로스의 서사시가 가져다주는 경이로운 빛과 에너지가 마치 태양처럼 우주 전체를 비추는 것 같다고 느꼈습니다. 호메로스의 시 속에서 그는 인간 존재의 깊이와 영웅적 가치 그리고 삶의 궁극적 목적에 대한 통찰을 얻었습니다. 호메로스는 카잔차키스에게 단순한 문학적 영감 이상의 존재였으며, 그리스의 역사와 문화 그리고 인간의 본질에 대한 경외심을 불러일으켰습니다.

붓다에 대해서는 카잔차키스가 발견한 깊고 검은 눈이 특히 인상 깊었습니다. 붓다는 인간의 고통과 그 해방에 대한 가르침으로 유명한 인물입니다. 카잔차키스는 붓다의 가르침에서 세상 사람들이 빠졌다가 구원을 받는 깊고 검은 눈을 발견했다고 적었습니다. 그 눈은 세상의 모든 고통과 고뇌를 담고 있었으며, 동시에 그로부터 벗어나는 구원의 길을 제시하고 있었습니다. 카잔차키스는 붓다의 철학에서 내적 평화와 고통의 극복을 배우며, 그의 내면세계를 변화시키는 중요한 통찰을 얻었습니다. 붓다의 가르침은 카잔차키스가 자신의 삶을 재정립하고, 고통 속에서도 평화를 찾는 법을 배우게 했습니다. 붓다는 카잔차키스에게 단순한 철학적 스승이 아닌 영적 여정을 함께하는 동반자였습니다.

니코스 카잔차키스의 자서전은 매우 독특한 서술 방식을 택하고 있습니다. 그는 자신의 인생 사건들을 회고할 때도 시와 잠언 같은 문체를 유지하며, 이를 통해 독자들에게 깊은 감동을 전달합니다. 이 자서전은 700여 페이지에 달하며, 어느 페이지를 펼쳐도 독자가 고뇌하는 작가의 영혼을 마주하는 느낌을 줍니다. 책 전체가 잠언의 깨달음과 시어(詩語)의 비유적 언어로 가득 차 있으며, 카잔차키스는 이를 통해 자서전을 최고의 문학 작품으로 승화시켰습니다.

예를 들어, 그는 자신의 청소년 시절을 회상하며 이렇게 썼습니다.

"나는 어린 시절, 크레타의 작은 마을에서 자라며, 바람에 흔들리는 올리브 나무와 그 아래에서 들려오는 어머니의 자장가 소리 속에서 꿈을 꾸었다. 그 꿈은 언젠가 이 세상의 진리와 신을 찾아 떠나겠다는 결심으로 가득 차 있었다."

여기서 카잔차키스는 단순히 어린 시절을 회상하는 것이 아니라, 자연과 어머니의 목소리를 시적인 언어로 표현하며 자기 내면의 결심을 드러냅니다.

또한, 그는 러시아 혁명 현장을 목격한 경험을 묘사하며 "붉은 깃발이 휘날리는 거리에서 나는 인류의 새로운 희망과 절망을 동시에 보았다. 그곳에는 혁명의 열기와 함께 인간의 피와 땀 그리고 눈물이 섞여 있었다."라고 적었습니다. 이 문장에서 카잔차키스는 혁명의 현장을 생생하게 그리면서도 그것이 가져오는 감정의 복합성을 시적인 언어로 표현하고 있습니다.

카잔차키스의 자서전은 이러한 방식으로 독자들에게 그의 삶의 순간들을 단순한 사건의 나열이 아닌 깊이 있는 문학적 경험으로 전달합니다. 그는 자신의 경험을 시와 잠언 같은 문체로 승화시켜 자서전을 하나의 예술 작품으로 만들었습니다. 이로 인해 독자들은 그의 삶의 이야기를 읽으며, 마치 한 편의 시를 감상하는 듯한 감동을 받게 됩니다.

니코스 카잔차키스는 죽는 날까지 '인간의 본질'과 '어떻게 살 것인가'를 고민하며 평생을 보냈습니다. 그는 이러한 질문에 대한 답을 찾기 위해 여러 스승을 찾아다녔고, 그들에게 배움으로써 자신의 삶이 교조주의적 부자연스러움에 빠지는 것을 막았습니다. 카잔차키스는 단순한 지식 습득에 머무르지 않고, 배움을 통해 자신의 철학과 삶의 방식을 끊임없이 재정립했습니다.

카잔차키스가 찾은 자유는 단순한 외적 자유를 넘어서 영혼과 육체의 자유를 포함하는 것이었습니다. 그는 인간의 자유를 영혼의 해방과 육체의 해방 모두를 포괄하는 개념으로 이해했습니다. 이러한 자유에 대한 열망은 어린 시절부터 시작되었습니다. 그의 어린 시절 성경 과목을 가르치던 교사는 성경에 대한 질문을 금지하고, 하나님의 섭리에 대해 구체적인 질문을 하는 것을 죄악시했습니다. 이러한 억압적인 교육 환경은 오히려 카잔차키스의 내면에 금지된 질문들에 대한 열망을 더욱 강하게 키웠습니다.
　예를 들어, 어린 카잔차키스는 교사의 가르침에 대해 끊임없이 의문을 품었습니다. 그는 "왜 하나님은 이렇게 행동하시는가?", "인간의 고통에는 어떤 의미가 있는가?"와 같은 질문을 마음속에 품었습니다. 하지만 이런 질문을 직접적으로 표현하는 것은 금지되어 있었기에, 그는 내면에서 더욱 깊이 탐구하게 되었습니다. 이러한 경험은 그에게 자유에 대한 갈망을 심어주었고, 이는 그가 평생 추구한 주제가 되었습니다.
　카잔차키스는 성인이 되어 여러 나라를 여행하며 다양한 스승을 만났습니다. 그는 호메로스, 붓다, 니체, 베르그송, 조르바와 같은 인물을 통해 각기 다른 삶의 철학과 자유의 의미를 배웠습니다. 호메로스의 서사시는 그에게 인간의 영웅적 본질과 고대 그리스의 정신을 가르쳤고, 붓다의 가르침은 그에게 내적 평화와 고통의 극복 방법을 일깨워주었습니다. 니체의 철학은 그에게 인간 존재의 복잡성과 불확실성에 대한 이해를, 베르그송은 시간과 창조성에 대한 새로운 시각을 제공했습니다. 조르바로부터는 삶을 생동감 있게 즐기고, 죽음을 두려워하지 않는 용기를 배웠습니다.
　결국 카잔차키스는 74세의 나이로 생을 마감했습니다. 백혈병을 앓던 중 아시아 독감이 그를 덮쳤고, 마지막 순간까지 더 많은 시간을 작품과 인생을 위해 구하던 그는 영면에 들었습니다. 카잔차키스는 생을 마감하는 순간까지 다양한 스승으로부터 배운 것을 통해 자신의 철학과 삶의 방식을 계속해서 발전시켰습니다.

그는 단순히 지식을 축적하는 것을 넘어서, 배움을 통해 자신의 존재와 삶의 의미를 끊임없이 탐구했습니다. 그의 자서전에는 이러한 배움의 과정과 자유에 대한 끝없는 추구가 담겨 있습니다. 카잔차키스는 마지막 순간까지도 새로운 지식과 경험을 통해 자신의 삶을 풍요롭게 만들고자 했습니다. 그의 시신은 크레타로 옮겨져 안치되었고, 묘비에는 "나는 아무 것도 바라지 않는다. 나는 아무것도 두려워하지 않는다. 나는 자유다"라는 그의 좌우명이 새겨졌습니다. 이는 그가 평생 추구했던 자유와 진리를 상징하는 문구로, 그의 삶과 철학을 잘 나타내고 있습니다. 니코스 카잔차키스에게 자서전 쓰기는 그의 내면세계와 개인적인 경험 그리고 철학적 사유를 탐색하고 표현하는 근본적인 수단이었습니다. 그의 자서전 쓰기는 단순히 생애의 사건을 열거하는 것을 넘어서 자기 삶을 통해 더 광범위한 인간 조건에 관해 탐구하는 작업이었습니다. 니코스 카잔차키스의 『영혼의 자서전』은 자서전 쓰기에 편견을 가진 사람들에게 자서전이란 무엇인지를 일깨워 줍니다.

그의 자서전은 카잔차키스에게 존재의 의미와 신과의 관계, 정의와 미(美) 그리고 사랑에 대한 철학적 사유의 장이 되었습니다. 그는 자기 삶을 통해 독자들에게 인생과 존재에 관해 깊은 물음을 던지고 세계에 대한 더 넓은 이해로 나아갈 수 있게 합니다. 이는 자서전이 단순한 이야기의 나열이 아닌 삶의 근본적인 질문에 대한 성찰의 자리임을 보여 줍니다.

마지막으로 카잔차키스는 자신의 개인적인 이야기를 통해 인간의 보편적인 조건을 탐구합니다. 그의 경험은 우리가 모두 공유하는 인간적인 조건의 실체를 드러내며, 독자들이 자기 삶 속에서 공감하고 이해할 수 있는 공간을 마련합니다. 그의 글 속에서 우리는 특정한 개인의 경험을 통해 인간으로서 경험하는 보편적인 감정과 상황을 발견하게 됩니다.

자서전은 한 개인의 삶이 그려 내는 수많은 얼굴을 가지고 있습니다. 그것은 단순히 과거를 회고하는 행위를 넘어서 역사적 증언이자 영혼의 깊은 표현의 역할을 담당합니다. 카잔차키스의 『영혼의 자서전』은 이러한 면모를 생생하게 드러내며, 자신의 시대를 살아간 한 인간으로서의 체험을 더 넓은 인류 공동의 기억과 감정의 캔버스 위에 섬세하게 그려 냅니다.

작가는 자신이 살아온 시대의 사회적, 문화적, 정치적 배경을 뛰어넘어 그 시대의 목소리와 숨결을 전달하는 동시에 자신의 가장 개인적인 감정과 생각 그리고 가치관을 솔직하게 드러냅니다. 그의 글은 자신의 영혼을 통해 인간의 본질을 탐구하며, 우리가 모두 공유하는 삶의 진리와 감정의 진실성을 탐색하는 여정입니다.

또한, 자서전은 문학적 창작의 원천으로서의 가치를 지니고 있습니다. 카잔차키스는 자신의 실제 경험을 바탕으로 작품을 구성함으로써 그의 소설과 시에 진정성과 신뢰성을 불어넣습니다. 개인적인 이야기가 보편적인 테마와 어우러져 문학의 아름다움을 창조해 내는 예술작업입니다.

길 위의 예수, 영적 순례로서의 자서전

신약성경 마가복음에 묘사된 예수님은 '길 위의 예수'로 표현할 수 있습니다. 길 위에 있는 예수님의 사역을 따라가다 보면 그분의 발걸음이 닿는 곳곳에서 일어나는 변화와 기적을 묘사합니다. 예수님은 단순히 한 장소에 머무르지 않으셨습니다. 그분은 길 위에서 가르치시고, 길 위에서 치유하시며, 길 위에서 사람들을 만나셨습니다. 그리고 그분의 길은 단순한 지리적 경로를 넘어서 인간 영혼이 걸어가야 할 영적 여정의 메타포가 되었습니다.

영적 순례라는 개념은 종교적인 맥락에서든 일상 속에서든 우리 각자가 인생이라는 여정을 통해 경험하는 깊은 내면의 탐색을 의미합니다. "길 위의 예수"라는 주제는 이러한 순례를 구체적으로 탐구하는 데 완벽한 틀을 제공합니다. 그분의 길은 단순히 지리적인 이동이 아니었습니다. 그것은 신앙의 본질과 영적 진리를 발견하는 과정이었습니다.

예수님의 삶은 자신을 넘어서는 무언가를 향한 끊임없는 탐구였습니다. 갈릴리의 어촌에서 시작된 그분의 여정은 유대의 시골길을 지나 예루살렘의 성문에 이르기까지 변함없는 사랑과 자비를 전파하며 이어졌습니다. 이 길 위에서 예수님은 가르치고 병든 자를 치유하며 사회적으로 소외된 이들과 함께했습니다. 이는 단순한 이동이 아니라 하나님 나라의 가치를 현실에 구현하는 영적 순례였습니다.

예수님의 발자취를 따르는 것은 그분의 가르침을 실천하는 것을 넘어 그분이 보여 준 영적 순례의 길을 걷는 것을 의미합니다. 그것은 겸손과 섬김의 자세로 일상을 살아가는 삶입니다. 길 위에서의 예수님은 끊임없이 자기를 비워 내며 하나님의 뜻을 이루기 위해 자기 삶을 바치셨습니다. 이러한 헌신은 순례자들에게도 동일한 자세를 요구합니다. 영적 성장은 자기희생과 타인에 대한 봉사에서 나오기 때문입니다.

영적 순례자로서 길 위의 예수님을 따를 때 우리는 우리 자신의 내면을 들여다 보고, 우리 삶에서 가장 중요한 것이 무엇인지를 재평가하게 됩니다. 예수님의 순례는 우리가 일상의 번잡함을 넘어서 진정한 자아와 연결되는 묵상의 시간을 가질 수 있도록 돕습니다. 그것은 우리가 신앙의 본질에 다가서게 하며, 우리 자신의 신념과 가치를 실천하는 삶을 살도록 영감을 줍니다.

종국적으로 '길 위의 예수'라는 주제는 그분의 발걸음이 남긴 영적 울림을 통해 인간으로서 우리의 가장 깊은 목적을 탐구하고, 영적 순례의 길을 걸으며, 하나님과 깊은 연결을 경험하도록 초대받습니다. 그 길 위에서 각 순례자는 자신만의 속도로 자신만의 방식으로 자신만의 여정을 만들어 갑니다. 이 여정은 끝없는 자기 발견의 길이며 끝없는 사랑과 은혜로의 초대입니다.

한 권의 책, 영적 출애굽으로서의 자서전

자서전 쓰기는 우리 각자의 영적 출애굽 여정에 비유할 수 있습니다. 우리 삶의 이야기를 기록하는 행위는 마치 애굽 노예 생활에서 벗어나 약속의 땅을 향해 나아가는 이스라엘 백성의 여정과 같습니다. 그 여정은 간단하지 않았습니다. 그들은 홍해를 건너고, 광야를 여행하며, 믿음을 시험받았습니다. 그러나 결국, 그들은 자기들의 정체성을 이해하고, 야웨의 도움으로 미래를 향해 한 발자국씩 나아갔습니다.

인생의 탐험은 예측할 수 없으며 우리는 종종 지도 없이 길을 찾아야 합니다. 매일 우리는 새로운 경험을 하며, 때때로 우리는 예기치 않은 도전을 만납니다. 그것은 직업 상실, 사랑하는 사람과의 이별, 심각한 질병의 발병 또는 다른 형태의 개인적 시련일 수 있습니다. 이런 순간은 우리의 믿음과 인내를 시험합니다.

예를 들어, 갑작스럽게 일자리를 잃는다면 그것은 사막에서의 방황과 같은 시련이 될 수 있습니다. 우리는 불확실성의 사막을 헤매면서 생계를 위한 새로운 기회를 찾아야 합니다. 혹은 심각한 질병에 직면했을 때 우리는 자기 삶과 건강에 대해 깊은 성찰을 하게 됩니다. 이것은 마치 이스라엘 백성이 출애굽 할 때 홍해 앞에서 막힌 것처럼 느껴질 수 있습니다. 하지만 이러한 도전을 극복함으로써 우리는 우리 자기 능력과 하나님의 도움을 발견하게 됩니다.

자서전을 쓰는 과정은 이러한 시련을 기록하면서 그것들이 우리를 어떻게 성장시켰는지를 탐구합니다. 우리는 각자의 홍해를 건너고 각자의 광야를 여행합니다. 우리는 그 길에서 우리가 어떻게 믿음과 희망 그리고 사랑을 유지했는지 우리의 삶에서 중요한 교훈을 배웠는지를 기록합니다. 자서전 쓰기는 우리가 겪은 각종 시련을 이겨내고, 우리 자신의 약속의 땅을 향해 나아가는 우리의 발걸음을 문서로 만드는 작업입니다. 그것은 우리가 어떻게 자기 내면의 약속된 땅, 즉 자기실현과 자유 그리고 평화를 찾아 나섰는지를 말해 줍니다.

  인생의 여정은 마치 한 권의 책과 같습니다. 우리는 각자의 삶이라는 원고에 글을 써 나가며 자신만의 이야기를 서서히 엮어 갑니다. 어떤 페이지에는 햇살처럼 밝고 따스한 추억이 담겨 있어 우리를 미소 짓게 합니다. 그것은 졸업식 날의 환호, 사랑하는 이와의 첫 만남, 자녀의 탄생과 같은 순간일 수 있습니다. 그 기쁨의 순간들은 글자가 되어 우리 이야기의 밝은 장을 장식합니다.

  반면에 삶의 다른 페이지는 시련과 슬픔의 흔적으로 얼룩집니다. 아픈 이별, 실패의 쓴맛, 실수와 후회의 순간이 날카로운 펜촉으로 쓰이며 그 페이지들은 우리의 내면 깊은 곳에 감정의 흐름을 남깁니다. 이러한 장들은 삶의 어려운 교훈들과 우리가 그것들을 어떻게 헤쳐 나갔는지를 담고 있습니다.

  그러나 모든 페이지가 모이고 모든 장이 이어지면 우리는 한 인간의 전체적인 모습을 볼 수 있는 서사(narrative)를 갖게 됩니다. 우리 각자의 '인생 서사'는 우리의 삶이라는 이야기의 각각의 순간이 얽히고설킨 복잡한 태피스트리(tapestry)와 같습니다. 그것은 우리의 성취와 좌절, 사랑과 상실, 기쁨과 슬픔이 모두 포함된 하나의 풍부한 서사입니다.

  이 서사의 아름다움은 완벽함에 있지 않습니다. 오히려 그것은 우리가 마주한 난관들을 극복하는 과정에서 그리고 시련 속에서 우리가 발견한 교훈과 성숙에서 찾을 수 있습니다. 인생 서사는 우리가 쓴 글자들, 즉 우리의 선택과 행동, 우리가 만든 관계와 우리가 이룬 변화를 통해 서서히 드러나는 이야기입니다. 그것은 우리가 지금껏 걸어온 길과 앞으로 나아갈 방향을 모두 포함하며, 결국에는 우리 각자만의 독특한 여정과 삶의 의미를 드러내는 작품이 됩니다.

자아 탄생, 어거스틴의 『고백록』

자서전 쓰기는 단순한 과거의 기록을 넘어 새로운 자아를 창조하는 과정이라 할 수 있습니다. 이 과정은 고대의 성인 어거스틴의 『고백록』처럼 자신의 존재를 탐구하고 자기 이해를 심화하는 여정의 출발점이 됩니다. 어거스틴이 자신의 과거를 성찰하고 하나님과의 관계 속에서 새로운 자신을 발견한 것처럼 자서전 쓰기는 개인이 자기 삶을 통합하고, 개인의 내면에 숨겨진 의미와 목적을 발견하는 경로를 제공합니다.

이 변화의 여정은 우리가 과거의 경험을 데이터로 수집하고 현재의 자아와 대화를 시작하는 과정에서 비롯됩니다. 우리가 살아온 삶의 풍부한 경험은 우리의 가치와 신념을 형성하고, 매 순간 내리는 선택에 영향을 미칩니다. 이러한 자기 탐구 과정에서 개인 유물이나 기록물은 감정과 사건의 연대기를 구성하는 중요한 자료가 됩니다.

자서전을 구성하는 방식은 이야기를 풀어 나가는 방식에 중요한 역할을 합니다. 연대순, 테마별 또는 인물 중심 등 우리가 선택하는 구조는 독자가 우리 삶의 복잡한 패턴을 이해하고, 그 속에서 목적과 방향성을 찾을 수 있게 도와줍니다. 이 구조 속에서 진정성과 자기 성찰은 자서전 쓰기의 핵심 원리로 작용합니다. 우리는 감정과 생각 그리고 행동을 있는 그대로 드러냄으로써, 자기 자신에 대한 더 깊은 이해를 추구하고, 때로는 불편할 수 있는 진실과 마주하며 성장합니다.

이러한 성찰적 과정은 우리의 이야기에 담긴 지배적인 내러티브를 이해하고, 그것이 우리 자신과 세계와의 관계를 어떻게 형성하는지를 분석하는 데 필수적입니다. 자서전은 우리의 관점과 상호 작용 방식에 대한 깊은 이해를 통해 우리와 외부 세계 사이의 상호 작용을 드러내는 태피스트리를 펼쳐 보여 줍니다.

자서전을 작성하는 것은 인내심이 필요한 일입니다. 우리는 경험과 변화의 과정을 정밀하게 기록하며, 때로는 그 과정이 시간이 걸리고 헌신을 요구할 수도 있습니다. 그러나 이 인내는 결국 우리가 자신에 대한 깊은 이해뿐만 아니라 새로운 통찰력과 관점을 발견하는 데 도움을 줍니다.

자서전을 통한 성찰적 여정은 결국 새로운 자아의 출현으로 귀결됩니다. 자기 이해의 여정은 내면과 외부 세계 사이의 괴리를 메우는 중요한 탐험이 됩니다. 데이터 수집에서 시작해 구조 설정, 성찰적 사유, 내러티브 구축에 이르기까지 인내와 끈기를 통해 자기 발견과 개인적 성장을 향한 길을 잇습니다.

자서전 쓰기는 우리가 살아온 삶의 다리를 놓습니다. 과거의 우리, 현재의 우리 그리고 미래의 우리 사이에 위치하며 변화하는 자신을 만들어 가는 과정에서 우리의 이야기를 받아들이고, 이야기를 쓰며, 궁극적으로 우리의 내면과 외부 세계 사이에 존재하는 심오한 연결을 발견하는 것입니다. 이러한 과정은 새로운 시대의 요구에 부응하며 우리 자신을 재창조하는 데 중요한 역할을 합니다.

신앙과 자기 탐구; 그리고 자서전의 만남

『자기 성찰의 예술』은 성경과 어거스틴의 『고백록』, 에릭슨의 심리사회적 발달이론, 맥아담스의 『이야기 심리학』을 근간으로 쓰였습니다. 따라서 이 책은 인간의 발달과 자아 정체성의 형성에 관한 학문적 토대 위에 서 있습니다. 성경과 어거스틴의 『고백록』은 인간 영혼의 깊이와 영적 성장을 탐색하는 영적, 신학적 맥락을 제공합니다. 에릭슨의 발달이론은 인간 발달의 단계를 통해 개인의 성장 과정을 구조화하며, 맥아담스의 『이야기 심리학』은 개인의 삶을 서사로 구성하고 이해하는 방법론을 제시합니다.

성경

성경은 자서전 쓰기와 영적 여정을 탐구하는 이들에게 고갈되지 않는 우물처럼 다가올 수 있습니다. 옛이야기들이 품고 있는 깊이 있는 지혜는 우리 자신을 성찰하고 영적으로 성숙을 향한 안내자 역할을 합니다. 이 고대의 글은 다양한 성서 인물의 삶 속에서 우리가 심오하게 연결될 수 있는 신념과 가치에 관한 탐구로 이끕니다.

성경 속 인물, 예를 들어 아브라함과 야곱, 요셉과 모세, 다윗과 사울 그리고 베드로와 바울과 같은 인물의 삶은 변화와 성장의 여정을 담담하게 드러내며, 우리에게 자기 삶을 돌아볼 수 있는 거울이 됩니다. 특히, 이 책에서 사례로 제시하는 요셉과 야곱, 모세와 다윗의 이야기는 자서전을 쓰는 이들에게 실제적인 참고 자료가 되어 주며, 이들의 경험에서 우러나오는 교훈은 우리 삶을 성찰하고 앞으로 나아가는 방향을 잡는 데 큰 도움을 줍니다.

또한, 성경은 영적인 성장이라는 여정을 명확하게 보여 주는 다채로운 예를 담고 있습니다. 이러한 이야기를 에릭슨이 제시한 발달 단계와 비교해 본다면 영적 성장의 각 단계와 그 특징이 어떻게 드러나는지를 발견하는 데 많은 통찰을 얻을 수 있습니다. 이를 통해 우리는 영적 성장이라는 과정을 더욱 깊이 있게 이해할 수 있으며, 자신의 발전을 위해 이를 적극적으로 활용할 수 있습니다.

그러한 성경의 이야기는 우리에게 단순히 영감을 주는 것을 넘어서 아브라함이나 모세, 바울 같은 인물이 자신의 믿음과 가치관을 어떻게 확립하고 표현해 나갔는지를 생생하게 보여 줍니다. 이러한 이야기는 우리가 자신의 신념과 가치를 탐구하고 표현해 나가는 데 있어, 자서전 쓰기의 과정에서 강력한 안내자가 되어 줍니다.

어거스틴의 『고백록』

성스러운 고백으로 알려진 어거스틴의 『고백록』은 서양 문학 속 자서전의 한 기념비적인 작품입니다. 그의 글은 단순한 과거에 대한 회고를 넘어, 인간의 내면 깊숙이 자리한 영혼의 목소리를 들려주는 극적인 성찰의 서사로 우리 앞에 펼쳐집니다. 어거스틴은 자기 삶을 통해 영적인 진리를 탐구함으로써 문학에 새로운 영역을 개척했습니다.

이 내면의 여정은 철학적이고 신학적인 깊이를 가지며, 개인적 경험을 통해 하나님과의 관계, 인간 본성, 죄와 은총에 대한 이해를 넓혀 가는 길이 됩니다. 『고백록』의 텍스트는 내면적 성찰의 필요성을 강조하며, 자아를 깊이 파고드는 자서전 장르의 핵심적인 요소를 확립했습니다.

어거스틴은 자신의 인생, 특히 죄인에서 성자로의 변화를 섬세하게 그리면서 인간이 어떻게 변화하고 영적으로 성장할 수 있는지를 보여 줍니다. 이 기록은 자서전이 단순한 과거 사실의 나열에 그치지 않고, 영혼의 변화와 발전을 추적하는 내적 여정에 중점을 둠으로써 인간적 발전의 가능성을 탐색하는 것을 의미합니다.

개인적인 영적 여정의 서술은 어거스틴에게서 진솔하고 소박한 톤으로 다가옵니다. 그는 하나님과의 관계에 대한 깊은 연결을 강조하며, 자서전이 개인적인 삶뿐만 아니라 그 삶이 보편적인 존재나 진리와 어떻게 연결되는지를 탐색하는 데 있어 중요한 차원을 부여합니다.

자신의 죄악과 약점을 고백하는 것으로 어거스틴은 자신의 진정성을 드러내고, 자서전이 자기를 있는 그대로 드러내며 진실한 자기 이해를 가능하게 하는 진솔함을 요구한다는 것을 보여 줍니다. 이러한 진솔함은 다른 이들과의 공감을 가능하게 하며 자서전이 지닌 치유의 힘을 드러냅니다.

어거스틴은 『고백록』이라는 자서전을 통해 자신의 개인적 경험을 보편적 진리와 연결 짓는 문학적 기법을 사용했으며, 자서전 장르가 단순한 사실의 나열을 넘어 복합적인 사상과 감정을 표현하는 문학의 수단으로 발전할 수 있음을 보여 줍니다.

마지막으로 어거스틴은 자기 삶을 당대의 문화, 사회, 정치적 맥락과 대화하며, 자서전이 개인의 역사뿐만 아니라 시대의 역사적 상황 속에서 개인이 어떻게 살아가고 있었는지를 반영하는 텍스트가 될 수 있음을 시사합니다.

이 모든 측면을 통해 『고백록』은 자서전 장르의 깊이와 폭을 확장하고, 인간 실존의 근본적인 질문에 대한 탐구와 내적 세계 그리고 외적 삶의 상호 작용을 탐구하는 데 중요한 역할을 했습니다. 이러한 접근은 후대의 수많은 작가에게 영감을 주었으며, 자서전을 쓰고자 하는 이들에게 여전히 중요한 지침을 제공합니다.

에릭 에릭슨의 심리사회적 발달이론

『자기 성찰의 예술』로서의 자서전 쓰기는 인간 정체성의 실체를 탐구하는 데서 근본적인 의미를 찾습니다. 에릭슨의 심리사회적 발달이론은 이러한 탐구에 체계를 부여합니다. 그는 인간 생애를 8단계로 구분하며, 각각의 단계에서 우리는 독특한 발달 과제와 마주하고, 각 단계의 과제를 성공적으로 극복함으로써 성숙해 간다고 설명합니다. 자서전 쓰기는 바로 이 과제들과의 만남 그리고 각 단계에서 우리 삶의 서사를 풀어내는 과정으로 다음과 같은 의미 가지고 있습니다.

첫째, 자서전을 쓰는 행위는 우리에게 자아 돌아보기의 기회를 제공합니다. 우리가 각 발달 단계에서 겪은 경험은 단편적인 기억에 불과할 수 있으나, 이를 문자로 옮기면서 우리는 삶의 연속성을 통해 자기 삶을 이해할 수 있는 틀을 마련하게 됩니다. 에릭슨이 강조한 것처럼 각 단계는 우리의 정체성 형성에 중대한 영향을 끼칩니다. 따라서 자서전을 통해 우리는 어린 시절의 놀이가 어떻게 자아의 초기 발달에 이바지했는지, 젊은 성인으로서의 관계가 자신감과 친밀감을 어떻게 형성했는지를 성찰하게 됩니다.

둘째, 자서전은 개인적 성장의 문서화를 가능하게 합니다.

에릭슨에 따르면, 각 단계는 특정한 덕목을 내포하고 있습니다. 예를 들어, 청소년기의 정체감 대 혼돈의 단계를 지나면서 자신만의 정체성을 확립하는 것, 이후 성인기의 친밀감 대 고립의 단계에서는 깊은 인간관계를 형성하는 것 등입니다. 자서전은 이러한 발달 단계를 거치는 과정에서의 성취와 도전을 기록함으로써 자기 이해를 심화시키고, 삶의 의미를 찾는 여정에 동반자가 됩니다.

셋째, 자서전은 우리가 삶에서 마주친 갈등과 위기를 해석하고 재해석하는 통로를 열어 줍니다.

에릭슨의 이론에 따르면 인생의 어려운 순간들은 발달의 기회이기도 합니다. 자서전을 통해 우리는 과거의 갈등을 돌아보고, 당시의 결정이 현재의 나에게 어떤 영향을 끼쳤는지를 파악할 수 있습니다. 이 과정에서 우리는 자기 용서와 이해를 심화시킬 뿐만 아니라 자기 삶에 대한 깊은 통찰을 얻게 됩니다.

넷째, 자서전은 우리 삶의 서사를 다른 사람들과 공유하는 매개체입니다. 우리가 쓴 이야기는 다른 이들에게 용기와 영감을 줄 수 있으며, 세대 간의 경험을 연결하는 가교 역할을 할 수 있습니다. 또한, 우리의 삶이 더 큰 역사적, 문화적 맥락 속에 있다는 것을 인식하게 하고, 이를 통해 우리는 자신을 둘러싼 세계와의 관계를 더욱 명확히 할 수 있습니다.

이처럼 『자기 성찰의 예술』로서의 자서전 쓰기는 우리가 살아온 삶의 궤적을 추적하고, 발달 과정의 각 단계에 대한 깊은 이해를 통해 자신의 정체성을 다지는 데 귀중한 수단이 됩니다. 지나온 길을 서술함으로써 우리는 미래의 길을 밝히는 등불을 지니게 됩니다.

맥아담스의 『이야기 심리학』

『자기 성찰의 예술』로서의 자서전 쓰기는 맥아담스의 『이야기 심리학』이라는 통찰력 있는 안경을 씀으로써 더욱 풍성해집니다. 이러한 접근은 우리의 삶을 단순한 사건의 나열이 아니라 서사적 구조를 가진 이야기로 보는 데 초점을 맞춥니다. 개인적인 경험을 넘어서 우리의 삶은 내러티브의 형태로 재구성될 수 있으며, 이 과정에서 의미를 찾고 자신을 이해하며, 삶의 지향점을 설정합니다.

우리는 각자의 삶을 하나의 서사로 구성함으로써, 존재의 근본적인 질문들에 대해 대답할 수 있습니다. 이 서사에서는 주인공인 '나'가 어떻게 세상과 상호 작용하고, 도전을 극복하며, 발전하는지가 드러납니다. 맥아담스에 따르면 삶의 이야기는 자아의 통합성을 강화하고, 자신의 정체성을 명확하게 하며, 우리가 누구인지 왜 여기에 있는지에 대한 이해를 심화시킵니다.

자서전 쓰기는 이러한 서사적 구조를 통해 삶의 중대한 순간들을 발굴하고, 그것들이 현재의 자신에게 어떤 의미가 있는지를 탐구합니다. 예를 들어, 어린 시절의 어떤 사건이 성인이 된 지금의 직업 선택에 영향을 미쳤는지, 혹은 가족과의 관계가 자신의 대인 관계에 어떤 패턴을 남겼는지 등의 통찰을 얻을 수 있습니다. 자서전은 이렇게 개인적 경험을 연결 짓고, 그것을 통해 자신의 인생 이야기를 구성하는 데 필수적인 도구가 됩니다.

또한, 『이야기 심리학』은 삶의 사건들을 단순한 연대기적 사실을 넘어서 더 큰 주제와 모티브로 연결 짓습니다. 이를 통해, 우리는 과거의 사건들을 현재의 자기 이해와 미래의 계획에 연결할 수 있으며, 우리 삶의 사건들에 깊이와 의미를 부여합니다. 자서전은 삶의 퍼즐 조각들을 맞추어 가는 과정이며, 각 조각이 어떻게 하나의 명료한 그림을 이루는지를 보여 줍니다.

맥아담스의 관점에서 볼 때, 자서전 쓰기는 단순히 과거를 기록하는 행위를 넘어 삶의 서사를 창조하고, 재구성하는 창의적인 작업입니다. 우리는 자기의 이야기를 통해 삶의 의도와 목적을 규명하고, 자기만의 정체성을 형성해 나갑니다. 결국, 자서전은 '성찰의 예술'로서의 우리가 자기 삶을 주체적으로 해석하고, 이를 통해 자아실현의 여정을 걸을 수 있게 하는 데 귀중한 역할을 합니다.

위에서 제시한 성경, 『고백록』, 발달심리학, 『이야기 심리학』과 다양한 이론적 배경이 있는 책은 『자기 성찰의 예술』을 저술하는 데 있어서 인간의 내면적 세계와 삶의 이야기를 깊이 있게 탐구하고, 자서전 쓰기를 통해 개인적인 이해와 성찰을 끌어내는 강력한 근거를 제공합니다. 이 책들은 독자가 자기 삶을 회고하고, 자신의 정체성을 재구성하며, 인생의 의미를 찾는 데 있어서 독창적이고 창조적인 접근을 할 수 있도록 안내합니다.

또한, 『자기 성찰의 예술』은 단순한 이론적 가이드가 아닌 실제적 조력자로 자리매김할 것입니다. 자서전 작성의 A부터 Z까지, 즉 주제 선정에서 마지막 초안의 교정에 이르기까지의 과정을 포괄하는 이 책은 자기 성찰을 깊이 하고자 하는 이들의 손에서 자기들의 이야기를 펼치는 데 있어서 소중한 나침반으로 작용할 것입니다. 『자기 성찰의 예술』은 단순히 이론적 배경을 소개하는 데 그치지 않고 실제 작가들의 경험에서 우러나온 실질적인 조언과 지침을 아낌없이 나누며, 자서전을 편안하고도 의미 있게 쓰는 방법을 가르쳐 줍니다.

이 책을 통해 독자는 자기 인식의 여정에 올라 자기만의 이야기를 발굴하는 법을 배우게 됩니다. 삶의 순간들을 단편적인 기억에서 벗어나 연결된 서사로 재구성함으로써 새로운 자아의 탄생을 경험하게 하는 것이 이 책의 목표입니다. 독자는 자기 삶 속에서 중요한 이정표들을 찾아내고, 그것으로부터 자신의 이야기를 엮어내는 기술을 익히게 될 것입니다.

자기 성찰의 여정은 때로는 혼란스럽고, 예측할 수 없는 길일 수 있지만 『자기 성찰의 예술』이라는 이 가이드북은 그 길을 걷고자 하는 이들을 위한 확실한 이정표가 될 것입니다. 자신만의 삶을 문학적 서사로 전환하는 이 과정은 자기 발견의 길목에서 개인적 성장을 이루는 데 중요한 역할을 할 것임을 확신합니다.

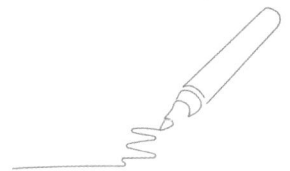

제1장

자기 성찰 기술하기

1. 자서전 쓰기, 자기 통합의 여정

1) 자서전 쓰기 - 성장과 통찰력의 탐구

자서전 쓰기는 자아를 표현하고 삶의 여정을 기록하는 과정으로 개인의 내면세계와 외부 환경 간의 상호 작용을 담아냅니다. 이는 과거 경험을 통해 성장의 의미를 재조명해 더 깊은 통찰력을 얻는 데 도움을 줍니다. 또한, 자아를 형성하고 발전시키는 과정을 미러링(Mirroring)해 자아 탄생의 새로운 이해와 의미를 찾을 수 있게 합니다.

(1) 내면세계의 기록
자서전 쓰기는 우리의 삶과 경험을 담아내는 과정으로 개인적인 이야기와 내면적 성찰을 담고 있습니다. 이를 통해 과거의 사건, 감정, 사고 등을 문서로 남김으로써, 우리는 그 기록된 내용을 통해 자아를 발견하고 이해하려는 목적을 갖게 됩니다. 이 과정은 우리의 다양한 측면과 성장의 과정을 되돌아보고 내면의 세계를 조명하며, 그 안에 내재한 감정과 생각을 표현하는 과정을 의미합니다. 이런 내면세계의 기록은 우리의 성장과 변화를 기록하고 나아가 자아의 심도 있는 이해와 발전을 위한 유용한 도구가 됩니다.

(2) 성장과 통찰력의 탐구
자서전 쓰기의 주요 목적은 개인의 성장과 발전을 위한 통찰력을 얻기 위함입니다. 과거의 경험과 선택을 돌아보며, 그 의미와 영향을 분석함으로써 자아의 정체성을 명확히 하고 깊이 이해하게 합니다. 이러한 과정은 우리의 삶에서 중요한 가치와 목표를 발견하는 데에도 도움을 줍니다. 또한, 자서전 쓰기는 다른 사람들과 우리의 경험을 공유해 공감과 이해를 이끌어 내는 역할을 합니다.

(3) 새로운 자아 탄생

어거스틴의 『고백록』은 자서전 쓰기의 대표적인 사례입니다. 어거스틴은 자기 삶을 돌아보며 신앙, 도덕, 삶의 의미에 대한 탐구를 이어갔습니다. 이 책을 저술한 이유는 자신의 과거 행위와 영혼을 돌아보며 신앙과 삶의 의미를 찾고자 했기 때문입니다. 이를 통해 어거스틴은 자아 탄생의 새로운 이해와 통찰력을 얻을 수 있었고, 자신의 신념을 탐구하며 성장하는 과정을 담아냈습니다.

2) 자서전 쓰기 - 불편한 기억을 마주하는 과정

자서전 쓰기는 불편한 기억과 고통을 마주해야 합니다. 과거의 상처를 직시하고 표현하는 과정은 감정적인 해방과 자아를 회복하는 기회가 됩니다. 이 과정은 어려움과 용기가 필요하지만, 과거를 솔직하게 마주하고 이해함으로써 내면의 치유와 성장을 추구할 수 있는 중요한 단계입니다.

(1) 고통과 자아 회복

자서전 쓰기는 때로는 과거의 힘들었던 경험과 고통을 마주하게 만들 수 있습니다. 이는 과거의 상처를 다시 생각하고 기록하는 과정에서 감정적인 어려움을 동반할 수 있습니다. 그러나 이러한 고통을 직면하고 작성함으로써 자아 회복의 기회가 열리게 됩니다. 과거를 정면으로 바라보고 글로 표현함으로써 그 과정 자체가 자아의 회복과 강화를 이끌어낼 수 있게 합니다.

(2) 힘든 감정경험 표현과 해석

불편한 기억과 감정적인 고통을 글로 표현하고 해석하는 과정은 자서전 쓰기의 핵심입니다. 이를 통해 지난 경험들에 더 깊은 의미를 부여하고 정리할 수 있습니다. 감정적인 측면을 다루는 것은 독자들에게 더 큰 공감과 이해를 이끌어 낼 수 있는 열쇠가 될 수 있으며, 이는 작성자와 독자 모두에게 변화와 치유를 가져올 수 있습니다.

(3) 자아 강화를 위한 자기치유의 길

불편한 기억과 고통을 마주하는 것은 용기를 요구합니다. 이러한 어려움을 극복하려는 노력은 자아 강화의 핵심입니다. 자서전 쓰기를 통해 자신의 과거를 직시하고 받아들이는 과정은 자기 치유의 길을 열어 줄 수 있습니다. 이는 자아의 성장과 변화를 이루는 중요한 단계로서, 자신을 이해하고 받아들이는 과정을 거쳐 내면의 치유와 평화를 찾을 수 있는 가능성을 제시합니다.

3) 자서전 쓰기 – 성장과 통찰력 획득

자서전 쓰기를 통한 성장과 통찰력은 과거 경험을 정직하게 정리하고 분석함으로써 획득됩니다. 또한, 자아의 깊은 이해와 성장을 이루어 내는 과정입니다. 개인적인 이야기와 감정을 쓰는 과정에서 자신의 선택과 행동에 대한 통찰을 얻고 이를 통해 미래의 목표를 설정하고 자기를 발전시킬 수 있습니다. 이는 자아의 성장과 긍정적인 변화를 이끌어 내는 유용한 도구입니다.

(1) 자아의 발견과 성장 과정

자서전 쓰기는 과거의 경험과 감정을 되돌아보는 과정을 통해 자아를 발견하고 이해하는 기회를 제공합니다. 자기 삶의 다양한 단면과 모습을 살펴보면서 자아의 복잡성과 다양성을 인식하고 받아드리게 됩니다. 이는 자아의 성장과 발전을 위한 첫걸음이며, 과거와 현재의 연결고리를 찾아내어 통합함으로써 자신의 이해력을 확장하는 과정입니다.

(2) 재해석을 통한 자기 성찰

자서전 쓰기는 과거의 불편하거나 아픈 기억을 직시하고 새롭게 해석하는 기회를 제공합니다. 이러한 재해석의 과정은 과거의 상처를 치유하고 그로 인해 형성된 심리적 패턴을 파악하는 데 도움이 됩니다. 새로운 관점에서 사건을 바라보며 자기에 대한 깊은 성찰을 실현하고, 그로 인해 내면의 변화와 성장을 이룰 수 있습니다.

(3) 자아의 새로운 인식

자서전 쓰기는 자기 이야기를 다시 살펴봄으로 자아에 대해서 새로운 시각을 발견하는 계기를 제공합니다. 과거의 선택과 경험을 통해 현재의 자아를 이해하고, 지금의 시점에서 과거를 평가하며 더 나은 미래를 위한 방향을 설정할 수 있습니다. 이러한 과정은 자아에 대한 더 깊고 폭넓은 이해와 수용을 통해 성장과 변화로 나가는 통로가 됩니다.

4) 자서전 쓰기 - 나만의 길을 쓰다

자서전 쓰기는 '나만의 길을 쓰다'라고 바꾸어 표현할 수 있습니다. 이 표현은 자유로운 표현과 창의성을 강조하는 주제로 개인의 고유한 경험과 역량을 바탕으로 새로운 길을 개척하고 나아가는 과정을 나타냅니다.

이 주제는 관행에 얽매이지 않고 독자적인 방식으로 성장하며 혁신적인 아이디어를 실현하는 모습을 강조하며, 자아의 독특한 이야기와 여정을 통해 다양성과 자기 식별을 존중하고 주도적으로 나아가는 의미를 담고 있습니다.

(1) 치유와 재구성

자서전 쓰기는 과거의 상처와 아픈 경험을 직시하며 그 통과 과정을 문학적으로 풀어내는 기회를 제공합니다. 자기에 대해서 이렇게 공개적으로 나누는 것은 자아의 치유를 도모하고, 그 과정에서 자아의 강화와 심리적 회복을 이끌어 내는 역할을 합니다. 기록된 이야기를 통해 상처를 다시 쓰고 재구성함으로써 내면의 치유와 성장이 가능해집니다.

(2) 과거의 단편, 미래의 서막

자서전 쓰기는 과거의 단편적인 사건들을 일관적인 흐름으로 연결하고 그 속에서 미래의 가능성과 방향성을 탐색합니다. 이를 통해 과거의 이해와 현재의 행동 사이에 의미 있는 관계를 찾아내며, 자아의 성장과 발전에 대한 새로운 인식을 얻을 수 있습니다. 미래의 서막으로서 자서전 쓰기는 새로운 시작을 암시하며, 지금부터 미래를 어떻게 채워 나갈지에 대한 영감을 제공합니다.

(3) 내면분석과 자아의 통합

자서전 쓰기는 내면의 다양한 모습과 감정을 표현하고 분석함으로써 자아의 깊이 있는 이해와 통합을 이끌어 냅니다. 과거의 경험과 현재의 감정을 정직하게 기록하고 자아의 모순적인 면을 받아들이는 과정을 통해 내면의 탄생이 일어나며 이를 통해 더욱 강화된 자아의 통일성과 조화로움을 찾아낼 수 있습니다.

5) 자서전 쓰기 - 에릭슨의 발달 단계와 내면 탐구

성장 단계와 내면 탐구는 개인의 발달 과정과 내적 이해를 연결시키는 중요한 주제입니다. 에릭슨의 발달 이론은 다양한 단계에서의 과제와 정체성 형성을 강조하며, 자서전 쓰기는 이러한 과정을 통해 내면세계를 탐구하고 성장의 순간들을 담아냅니다. 이 주제는 자아의 발전과 내면 성장의 상호 작용을 다각도로 조명하며 이해하는 데 도움을 줍니다.

(1) 에릭슨의 정체성 형성
에릭슨의 발달 심리학 이론은 인간의 삶을 8단계로 나누고 각 단계에서의 과제와 도전을 강조합니다. 이론에서 강조한 정체성 형성 단계는 자기를 찾고 이해하는 과정을 의미합니다. 자서전 쓰기는 이러한 단계에서 과거의 경험을 재조명하고 그 의미를 발견하는 데 도움을 줄 수 있습니다. 자아의 발전과 성장을 위한 중요한 과정으로 작용합니다.

(2) 에릭슨의 관점을 통한 자서전 쓰기
에릭슨은 정체성 형성 단계에서 자아의 일치와 연속성을 중요하게 여깁니다. 에릭슨은 자서전 쓰기와 과거 경험을 통해 자아의 일치와 연속성을 찾아내는 데 도움을 줄 수 있다고 보았습니다. 그는 과거에서 현재로 이어지는 성장과 변화의 과정을 자세히 살펴보고, 미래에 대한 더 나은 방향을 설정할 수 있다고 보았습니다. 자서전 쓰기는 내면세계를 조명하고 자아를 탐구하는 강력한 도구입니다.

(3) 자서전 쓰기의 융합
에릭슨은 관점을 통한 자서전 쓰기를 접근하면, 각 발달 단계에 따른 과제와 성취를 자아의 이야기에 반영할 수 있습니다. 이를 통해 자아의 성장과 발전을 더욱 명확하게 이해하고, 에릭슨의 이론에서 제시한 발달적 과정을 더욱 의미 있는 방식으로 탐색할 수 있습니다. 내면의 여정을 통해 개인의 정체성을 발전시키는 데에 자서전 쓰기가 공감과 통찰력을 제공합니다.

6) 자서전 쓰기 - 개인적 신앙과 자기 탐구

에릭슨의 『청년 루터』와 같은 개인의 자서전 쓰기는 개인적인 신앙과 자기 탐구를 공유함으로써 내면세계와 믿음의 개인적인 측면을 강조합니다. 루터는 자신의 내면에서 신앙과 의문을 탐구하며 신앙의 진정한 의미를 발견하려는 개인적인 과정을 묘사합니다. 마찬가지로 자서전 쓰기는 다양한 개인이 자신의 내면세계와 믿음을 탐구하고 이를 통해 성장하는 과정을 기록합니다. 이러한 과정은 믿음과 신앙이 개인의 고유한 경험과 탐구를 통해 더욱 깊어지고 강화되는 모습을 볼 수 있습니다.

(1) 루터의 신앙과 성장 이야기

『청년 루터』에서 에릭슨은 16세기 종교개혁자 마틴 루터의 신앙과 성장 이야기를 다루며, 루터의 내면세계와 정체성 형성에 주목합니다. 특히, 에릭슨은 루터의 개인적인 신앙 경험을 통해 자아 탐구의 중요성을 강조하며, 개인의 신앙과 성장을 연결 짓는 과정을 서술합니다.

(2) 과거와 현재의 연결

『청년 루터』에서 에릭슨은 루터의 과거 경험과 현재의 연결을 강조하며, 자서전 쓰기를 통해 과거와 현재를 연결하는 중요성을 설명합니다. 에릭슨은 루터의 과거적인 신앙 고난과 현재의 자아 탐구를 대조하며, 자서전 쓰기를 통한 과거와 현재의 조화를 강조합니다.

(3) 개인과 역사의 융합

『청년 루터』 자서전 쓰기는 루터의 개인적인 신앙과 16세기 종교개혁의 역사적 맥락을 융합해 개인과 역사의 유기적인 상호 작용을 보여 줍니다. 에릭슨은 루터의 내면 성장과 동시에 역사적 맥락에서의 역할을 통해 개인과 역사의 융합이 어떻게 자아 탐구와 성장을 형성하는지 설명합니다.

7) 자서전 쓰기 – 자아 탐구

에릭슨은 자아 발달과 내면세계를 탐구하는 데 관심을 가졌으며, 그의 글쓰기는 이러한 내면적 탐구를 표현하는 방법 중 하나입니다. 그의 글은 과거 경험과 현재 감정을 통해 자아의 발전과 성장을 탐구하며 독자와 공감을 나누는 역할을 합니다. 이를 통해 그의 성찰적인 글쓰기는 자아 탐구와 공감을 결합해 깊은 의미를 전달합니다.

(1) 내면 여정과 글쓰기의 접목

에릭슨은 자아 발달에 대한 탐구를 통해 내면세계를 탐색하고 이해하는 데 관심을 가졌습니다. 그의 글쓰기는 이러한 내면 여정을 표현하고 공유하는 방법 중 하나로서 자아의 깊은 측면을 글을 통해 드러냅니다. 내면의 복잡성과 다양성을 글쓰기를 통해 표현함으로써 독자들에게 공감과 영감을 전달합니다.

(2) 글쓰기로 드러난 자아 탐색

에릭슨의 글쓰기는 그의 내면 탐구와 자아 발견의 과정을 반영합니다. 그가 경험한 사건, 감정, 고민 등을 글로 기록함으로써 자신의 내면세계를 드러내고 분석합니다. 이를 통해 독자들은 그의 개인적인 성장과 변화를 엿볼 수 있으며, 자아 탐구의 중요성과 가치를 인지하게 됩니다.

(3) 에릭슨의 글쓰기의 의미

에릭슨의 글쓰기는 다양한 경험을 통해 얻은 통찰력과 공감을 표현하는 수단으로 작용합니다. 그의 글은 독자들과 공감을 공유하며, 사회적으로 중요한 주제와 인간의 내면세계를 연결시키는 역할을 합니다. 이를 통해 글쓰기는 단순한 표현이상으로 자아의 깊은 의미와 탐구의 결과를 전달하는 도구로 작용합니다.

8) 자서전 쓰기 - 과거, 현재, 미래의 연결

자서전 쓰기는 과거의 경험을 정리하고 현재의 이해를 높이며 미래의 방향성을 찾는 과정을 통해 인생의 연속성을 강조합니다. 과거의 기억과 선택은 현재의 모습을 형성하며, 이를 통해 미래의 목표와 성장 방향을 설정할 수 있습니다. 이로써 자서전 쓰기는 인간 발달의 복잡한 상호 작용을 통해 내면세계를 탐구하고 발전시키는 중요한 수단이 됩니다.

(1) 사회와 문화의 향유

자서전 쓰기는 마치 자기의 개인적인 이야기를 다양한 색채로 수놓은 풍경화와 같습니다. 이 작품들은 우리의 경험을 넓은 사회적, 문화적 배경과 연결시켜 줌으로써 우리의 이해와 공감을 더욱 풍성하게 만들어 줍니다. 우리는 개인적인 미소나 눈물이라도, 사회와 문화적 풍경에 녹아들어 더 큰 의미를 지닐 수 있음을 발견하게 됩니다.

(2) 상호 작용의 조각맞춤

자서전은 마치 자기 인생의 모자이크 작품과 같습니다. 각각의 작은 조각은 자기의 경험과 상호 작용을 상징하며, 이들이 모여 하나의 큰 그림을 이루어 내는 것을 통해 복잡한 인간 발달의 이해와 성장을 탐구합니다.

우리는 각 조각이 서로 어떻게 영향을 주고 받으며 조화롭게 어우러져 성장을 이루어 내는지를 발견하게 됩니다.

(3) 외부의 힘과 내면의 성장
자서전은 마치 우리의 내면세계를 깊이 파헤치는 여정과 같습니다. 각 장면은 외부의 사회적, 문화적 힘이 내면에 어떤 영향을 미치며 어떻게 우리의 성장을 도모하는지를 탐구합니다. 우리는 마치 소용돌이치는 강물에 떠밀리듯 외부의 힘들이 우리의 내면을 강화시키고 변화시키는 과정을 더 깊이 이해하고 발견하게 됩니다.

(4) 자서전 쓰기 - 영향력과 메시지
자서전 쓰기는 우리의 과거와 현재를 연결하는 다리로 작용하며, 우리의 성장과 변화를 탐구합니다. 우리의 경험과 감정을 풀어내어 공유함으로써 독자들과 공감과 이해를 이끌어 내며, 더 넓은 시각과 통찰력을 제공합니다. 이는 마치 우리 삶의 메시지를 해독하고 나아갈 방향을 찾는 지침서로 작용하는 것과 같습니다.

(5) 자서전 쓰기의 시간 여행
우리의 과거, 현재, 미래가 마치 시간의 강을 따라 흐르듯, 자서전 쓰기는 그 흐름을 타고 내면의 각각의 성장 단계와 연결됩니다. 우리는 마치 세월의 흐름을 일기처럼 따라가며, 지난 날들의 순간들이 어떻게 우리를 형성해 왔는지를 탐색합니다.

(6) 감정의 언어로 번역
자서전 쓰기는 마치 우리의 감정과 경험을 언어로 번역하는 작업과도 비슷합니다. 그 과정에서 우리는 자신만의 언어로 과거의 상처, 즐거움,

변화를 풀어내어 공유하고자 합니다. 이는 마치 감정의 사전을 만들어 가는 과정이며, 독자들과 공유함으로써 우리의 감정이 더욱 의미 있는 것으로 느껴집니다.

(7) 내면의 거울

자서전 쓰기는 우리의 내면을 마치 거울에 비추어 보는 거울과 같습니다. 과거의 장면들과 감정들이 마치 거울에 비친 모습처럼 드러나며, 우리는 그 모습을 통해 자기를 더 깊이 이해하고 발전시킬 수 있습니다. 이는 마치 내면의 성장을 위한 자아의 거울 역할을 합니다.

(8) 발자취의 풍경

자서전 쓰기는 마치 우리의 인생이 남긴 발자취들을 따라 걷는 듯한 느낌을 줍니다. 우리는 과거의 경험과 선택들이 남긴 발자취를 따라가며, 그 풍경을 탐색하고 다시 생각하며 성장할 수 있습니다. 이는 마치 우리의 발자취를 통해 인생의 길을 되돌아보는 것과 같은 느낌을 줍니다.

(9) 퍼즐 조각의 조립

자서전 쓰기는 마치 우리의 인생 퍼즐을 하나씩 조각해 가며 조립하는 과정과 유사합니다. 우리는 과거의 사건, 감정, 선택들을 하나씩 조각내어 어떤 모습으로 조립할지 고민하며, 그 결과로써 우리의 인생 퍼즐이 완성되어 가는 모습을 발견합니다. 이는 마치 우리의 내면 조각들이 하나로 어우러져 나아가는 모습을 떠올리게 합니다.

종합적으로, 자서전 쓰기는 전체성을 향한 여정이라 할 수 있습니다. 우리의 인생 이야기는 강물처럼 계속 변합니다. 자서전 쓰기는 우리 과거의 사건들을 하나로 모아 전체 그림을 만드는 것부터 시작됩니다. 자서전 쓰기는 인생의 우여곡절을 통해 우리 자신을 배우는 작업입니다. 개인적인 이야기는 우리 모두가 관련된 진실을 드러내고 인생의 큰 이야기에서 우리 모두를 연결합니다.

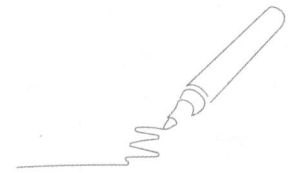

2. 『고백록』, 새로운 자아 탄생의 여정

1) 『고백록』 - 인간성의 탐구와 자아의 재통합

성 어거스틴의 『고백록』은 그가 자기 삶의 여정을 통해 신앙과 성찰을 탐구하고자 했습니다. 어거스틴은 과거의 타락과 회개, 신앙의 발견을 기록해 인간 본성과 하나님의 은총에 대한 탐구를 담았습니다. 이 작품은 자신과 하나님과의 관계를 내면적으로 탐구하며, 독자들에게 믿음과 변화의 과정을 공유함으로써 인간의 성장과 변화를 이해하고자 했습니다. 이로써 우리는 자서전을 통해 자아의 탐색과 성장을 통해 더 큰 의미와 목적을 발견하고 이해할 수 있습니다.

(1) 하나님과의 관계에 대한 이해
어거스틴은 『고백록』을 통해 자기 삶에서 하나님과의 관계에 대한 깊은 이해를 탐구했습니다. 그는 자신의 과거 타락과 회개의 경험을 통해 하나님의 존재와 의미를 더욱 중요하게 인식하게 되었습니다. 이를 통해 어거스틴은 하나님과 인간 간의 상호 작용과 의미를 살펴봄으로써 인간의 삶과 신앙의 연결을 보다 깊게 이해하고자 했습니다. 그의 믿음과 신앙의 변화는 우리에게 자서전이 내면세계와 믿음의 탐구를 하게 합니다. 이로써 하나님과 더 큰 의미와 관계의 중요성을 배울 수 있는 영감을 제공합니다.

(2) 인간의 본성에 대한 탐구
어거스틴은 『고백록』에서 자신의 내면에 대한 솔직한 탐구를 통해 인간의 내면세계와 본성을 들여다보았습니다. 그는 죄와 타락으로부터 해방되기 위해 인간의 본성을 탐구하고, 그 내면에서 나타나는 욕망과 갈망을 분석하며 그로 인해 인간이 어떻게 행동하게 되는지를 이해하고자 했습니다. 이를 통해 어거스틴은 독자들에게 인간의 내면세계와 본성을 미묘하게 조명하며, 인간의 불완전한 모습을 진솔하게 드러내고자 했습니다.

(3) 개인적 성장과 발달

어거스틴은 『고백록』을 통해 자신의 성장과 발달에 대한 과정을 솔직하게 고백하고, 자기 자신을 향한 내면적인 탐구를 이어나갔습니다. 그는 자신의 어린 시절부터 성인으로 성장하며 겪은 경험과 변화를 통해 어떻게 더 나은 사람이 되고자 했는지를 드러내었습니다. 어거스틴의 고백은 독자들에게 인간의 성장과 발달의 본질을 이해하고, 자아의 연속성과 변화를 경험하며 성장하는 과정을 공감하고 진취적으로 나아가는 영감을 전달하고자 했습니다.

(4) 사회적 책임

어거스틴은 『고백록』을 통해 자기 삶이 사회적인 의미와 책임을 가지는 것에 대한 중요성을 강조했습니다. 그는 자기 행동과 선택이 사회에 어떠한 영향을 미치는지를 고찰하며, 자기 행동이 더 큰 사회적 의미와 연결되는 것을 이해하고자 했습니다. 어거스틴은 자기 삶을 통해 다른 사람들과의 관계와 사회적 책임을 더 깊이 이해하고 공유하려는 의지를 나타내었습니다. 이를 통해 독자들에게 사회적 책임의 중요성과 개인의 행동이 사회에 미치는 영향을 심각하게 고민하고 반영하는 자세를 전달하고자 했습니다.

(5) 신앙과 철학적 논쟁

어거스틴은 자신의 신앙과 철학을 탐구하며 진리를 깊이 이해하고자 했습니다. 그는 논쟁과 토론을 통해 자신의 의견을 강화하고 발전시키며,

다른 사람들의 견해와 생각을 존중하며 학습하고자 했습니다. 어거스틴은 자기 생각을 통해 더 나은 인간 이해와 인간의 지혜를 찾아내어 사회와 철학적인 발전에 기여하고자 하는 열망을 가졌습니다. 그의 노력은 더 높은 진리를 찾아가는 데에 큰 영감을 주었으며, 그의 작품은 오늘날까지도 인간의 이해와 인간성을 탐구하는데 영감을 제공하고 있습니다.

『고백록』은 어거스틴의 자서전적인 접근을 통해 '새로운 자아 탄생의 과정'을 탐구하며, 과거의 중요한 사건들을 현재의 시각에서 새롭게 평가하고, 이를 통해 자아의 개념, 내면의 모습, 타인과의 관계성이 새롭게 발견되는 과정을 다루고 있습니다. 이러한 과정은 개인의 인생을 이해하고 자아를 발견하며 정서적 치유, 유산 보존, 개인적 표현, 성장과 발달의 과정을 도울 중요한 수단으로 여겨집니다.

이 과정 속에서 과거의 기억과 경험이 새로운 해석의 시각에서 조명되며, 개인은 이전의 자아에서 벗어나 새로운 자아의 탄생을 경험합니다. 이를 통해 의미 없는 자아의 모습이 새로운 목적과 의미를 가진 자아로서 다시 탄생하게 됩니다.

이 '새로운 자아 탄생의 과정'은 과거의 경험을 새롭게 조명하고 새로운 시각에서 자아를 발견하며, 이를 통해 자아의 재통합과 새로운 자아의 탄생을 이루는 중요한 과정입니다. 이러한 과정을 통해 삶에 대한 목적과 의미를 회복하고, 절망이 아닌 새로운 의미의 발견으로서 자아의 재통합을 추구하는 과정이 됩니다.

2) 『고백록』-자기 본질의 발견

자서전 쓰기는 자기 발견과 자기표현의 도구입니다. 개인이 자기의 경험, 감정, 생각, 신념 등을 탐구하고, 이를 글로 표현하는 과정은 매우 의미 있는 일입니다. 이를 통해 개인은 자기 삶에서 중요한 순간들과 그들이 개인에게 미친 영향들을 이해하고, 자기 인생의 방향성을 재검토하고, 미래에 대한 비전을 개발할 수 있게 됩니다.

(1) 과거 경험의 조명

자서전 쓰기는 과거의 중요한 사건과 경험을 다시 평가하고 조명함으로써 개인은 자기 삶의 기반이 되는 경험을 발견하고 이해할 수 있습니다. 이를 통해 과거의 선택과 결정이 어떻게 현재의 자아를 형성하는 데 영향을 미쳤는지를 파악하게 되며, 이해력을 통한 자아 정체성의 확립을 실현하게 됩니다.

① 기억 속으로의 심층 분석

이처럼 자서전을 쓰려면 작가 자신의 기억을 깊이 탐구해야 합니다. 이는 종종 잊혀지거나 간과될 수 있는 경험을 다시 회상하는 것을 의미합니다. 어린 시절의 순간부터 중요한 인생의 이정표에 이르기까지 특정 사건을 회상함으로써 작가는 그 사건의 중요성과 영향력을 되돌아볼 수 있는 기회를 얻게 됩니다.

② 원인 및 결과 분석

이러한 과정을 통해 작가는 과거 사건을 분석해 패턴을 추적할 수 있습니다. 예를 들어, 십대 시절에 내린 결정이 성인이 되어 직업을 선택하는 촉매제가 되었을 수도 있습니다. 이 과정을 기록해 보면 과거 행동이 현재 상황에 미치는 직간접적인 영향을 보여 줌으로써 명확성을 제공합니다.

③ 감정적 카타르시스

감정적이거나 충격적인 경험에 대해 글을 쓰면 치료가 될 수 있습니다. 그것은 뿌리깊은 감정을 외부화 할 수 있게 해 줍니다. 예를 들어, 과거의 가슴 아픈 일을 자세히 설명하면 현재의 관계 역학에 대한 통찰력을 제공하고 자기 방어 행동이나 두려움을 밝힐 수 있습니다.

④ 관점 재구성

시간이 지남에 따라 과거 사건에 대한 우리의 이해와 관점이 바뀔 수 있습니다. 한때 부정적으로 보였던 사건이 이제는 성장 기회로 여겨질 수도 있습니다. 자서전은 과거의 경험을 재구성하고 성숙의 렌즈를 통해 이를 바라보고 지혜를 얻을 수 있는 기회를 제공합니다.

⑤ 정체성 형성

시간이 지나도 지속되고 반복되는 행동이나 주제, 가치 또는 열정을 인식하는 것은 자서전 작성의 핵심 측면입니다. 예를 들어, 어린 시절부터 시작되어 성인이 될 때까지 지속된 예술에 대한 사랑은 개인의 정체성에 있어 예술의 근본적인 역할을 강조합니다. 이러한 이해는 작가의 진정한 자아에 대한 인식을 확고히 합니다.

본질적으로, 자서전에서 과거 경험을 조명하는 것은 단순히 인생 이야기를 서술하는 것이 아닙니다. 그것은 자기 인식의 여정을 해독해 과거와의 화해와 미래에 대한 명확성을 허용합니다.

(2) 내면세계의 탐구

자서전 쓰기는 개인의 내면세계를 탐구하는 과정으로 자신의 감정, 생각, 욕망 등을 더 깊이 이해하게 됩니다. 이를 통해 자신의 가치관과 신념을 더욱 명확하게 정립하고, 이를 토대로 자신의 역할과 목표를 찾아 나아갈 수 있습니다. 내면세계를 탐구함으로써 자아의 본질을 발견하고 확립하는 데에 자서전 쓰기의 역할은 크다고 볼 수 있습니다.

① 성찰적 여정
자서전을 쓰려면 깊은 성찰이 필요합니다. 작가들은 외부 사건뿐만 아니라 내부 반응, 즉 그들이 어떻게 느꼈는지, 어떻게 반응했는지 그리고 결정적인 순간에 수반된 내부 독백을 다시 살펴봅니다. 예를 들어, 중요한 인생 사건을 설명하려면 내부에서 발생한 의심, 두려움, 희망 및 추론을 자세히 설명하는 것이 포함될 수 있습니다.

② 명확한 가치와 신념
작가가 인생 이야기를 여행하면서 반복되는 가치와 신념을 보여 주는 패턴이 나타납니다. 결정을 설명하고 행동을 정당화하면 핵심 원칙에 대한 통찰력을 얻을 수 있습니다. 예를 들어, 누군가가 자신의 이야기에서 직업보다 가족을 일관되게 우선시한다는 것은 깊은 가치를 나타냅니다.

③ 억압된 욕망 발굴
이 과정을 통해 억압되었거나 간과되었던 욕망이 드러날 수도 있습니다. 누군가는 자신이 다른 직업을 추구함에도 불구하고 항상 예술가가 되고 싶었다는 것을 깨달을 수도 있습니다. 예술이 그들의 서사에서 위안을 주는 역할을 했던 사례에서 알 수 있듯이 말입니다.

④ 마음의 진화
작가들은 수년에 걸친 생각의 궤적을 도표화함으로써 자신의 사고방식의 진화를 목격합니다. 초기 장에서는 젊은 시절의 낙천주의나 반항심이

반영될 수 있지만, 후반부에서는 지혜, 회복력, 심지어 냉소주의가 반영될 수도 있습니다. 이러한 진화는 정신적 성장과 변화에 대한 명확성을 제공합니다.

⑤ 개인의 역할과 목표 정의

내면세계가 해부됨에 따라 작가가 자신의 목적과 열망에 대해 명확성을 얻는 것이 일반적입니다. 예를 들어, 어떤 사람이 다른 사람을 도왔던 순간을 지속적으로 강조한다면, 이는 돌봄인이나 멘토로서의 본질적인 역할을 강조해 서비스나 지도에 중심을 둔 목표를 지향한다는 것을 의미합니다.

요약하자면, 자서전을 통해 내면세계를 탐구하는 것은 정신의 광대한 통로를 탐색하는 것과 유사합니다. 그것은 층위를 드러내고 핵심 원리를 이해해 억압된 욕망을 실현하고, 궁극적으로 경험과 성찰의 태피스트리 속에서 자신의 본질을 발견하는 과정입니다.

3) 『고백록』 - 자기를 만들어 가는 서사

(1) 이야기의 이중적 성격: 창조와 영향력

① 이야기의 정의 및 영향

이야기는 우리 존재의 토대입니다. 단순히 정보를 전달하는 것 이상으로, 정보는 우리의 감정을 형성하고 가치관을 지시하며 태도에 영향을 미칩니다. 우리가 이야기를 만들면 그 이야기가 우리를 형성합니다. 우리가 만나는 모든 감정, 생각, 경험은 우리 삶의 이야기의 한 장을 이룹니다. 이 이야기는 우리의 존재를 기록할 뿐만 아니라 우리의 개인적 성장을 돕고, 도전 과제를 해결하는 데 도움을 주며, 우리의 가치를 강화합니다.

② 스토리텔링의 역설

흥미로운 역설은 우리가 이야기의 건축가인 동시에 이러한 이야기가 우리의 정체성을 조각한다는 것입니다. 이러한 이야기를 통해 우리는 세상에서 우리의 위치를 식별하고, 그 신비를 풀며, 우리의 작업 방식을 결정합니다.

(2) 정체성과 사회적 결속의 기둥으로써의 이야기

① 역사적 이야기와 정체성

출애굽기와 같은 획기적인 이야기는 단순한 사건 연대기를 뛰어넘습니다. 여기에는 감정, 가치, 상황별 뉘앙스가 주입됩니다. 이스라엘 백성의 출애굽과 같은 이야기는 국가적 정체성을 형성하고 신앙을 심화하며 희망을 키우는 데 중추적인 역할을 합니다. 그들은 추상적인 사건을 집단적 기억과 정체성의 시금석으로 변화시킵니다.

② 내러티브를 통한 소셜 연결

이야기는 우리의 다양한 사회적 태피스트리를 매끄럽게 엮어 주는 복잡한 실입니다. 공유하면 개인의 세계를 생생하게 엿볼 수 있으며 격차를 해소하고 공감력을 키울 수 있습니다. 이러한 내러티브는 보편적인 언어가 되어 심오한 연결을 촉진하고, 상호 이해를 강화하며, 서로 다른 경험을 통합하는 유대를 강화해 조화롭고 상호 연결된 사회를 보장합니다.

(3) 자서전: 개인적인 유산 만들기

① 자기 문서화

자서전을 쓰는 것은 영혼의 깊은 곳으로의 심오한 여행입니다. 수많은 경험과 감정, 교훈을 한데 엮어 인생의 태피스트리를 포착하려는 세심한 노력입니다. 개인은 펜으로 종이에 적으면서 자신의 존재의 복잡성을 살펴보고, 반복되는 주제를 인식하고, 도전에 정면으로 맞서고, 자기 이야기를 정의하는 승리의 순간을 즐기며 반성적인 항해를 시작합니다.

② 정체성에 대한 탐구

자서전 쓰기 과정은 성찰과 창의성의 융합입니다. 개인은 자신의 인생 궤적을 객관적으로 분석함으로써 자신의 근본적인 가치, 뿌리 깊은 신념, 높은 열망을 찾아냅니다. 이 연습은 거울이자 지도 역할을 합니다. 즉, 자아의 현재 본질을 반영하는 동시에 미래의 성장과 진화를 향한 진로를 계획하는 것입니다. 자신의 이야기를 기록하면서 개인은 자신의 정체성을 확립할 뿐만 아니라 자신이 원하는 미래의 자신을 위한 청사진을 스케치합니다.

본질적으로, 모든 이야기는 기록된 역사, 친밀한 회고록 등 단순한 사건의 연대기를 초월합니다. 그들은 지혜, 감정, 유산을 담고 있는 심오한 그릇입니다. 강력한 도구 역할을 하는 그들은 인식을 형성하고, 정체성을 형성하고, 개인 간의 격차를 해소하고, 사회 구조를 함께 엮고 시간과 공간에 걸쳐 공유된 인간 경험을 반영합니다.

4) 『고백록』 - 성찰에서 유산까지

맥아담스에 따르면 자서전을 쓰는 것은 깊은 자기 성찰을 제공하고 개인의 삶을 형성하는 주제와 패턴을 찾아냅니다. 이는 정서적 치유와 회복력 구축을 위한 치료적 배출구 역할을 합니다. 자서전은 개인의 유산을 보존하고 미래 세대를 위한 역사적 통찰력을 제공합니다. 창의적인 표현을 위한 플랫폼으로 독자와의 더 깊은 관계를 조성합니다. 이러한 성찰적 여정은 개인의 성장을 촉진하고 행동, 가치 및 미래의 열망을 개선합니다.

(1) 자기 성찰과 명확성

자서전을 쓰는 것은 근본적으로 자기 성찰의 행위입니다. 개인은 자신의 과거를 탐구하면서 자신의 신념, 가치 및 행동을 형성한 중요한 주제와 패턴을 인식하기 시작합니다. 이 새로 발견된 명확성은 강점, 약점 및 대인 관계 역학을 강조하면서 삶의 여정에 대한 자세한 로드맵을 제공합니다. 자신의 과거를 보다 명확하게 이해함으로써 개인은 자신의 핵심 가치와 미래의 열망에 보다 긴밀하게 부합하는 결정을 내릴 수 있습니다.

(2) 정서적 치유 및 탄력성

과거의 트라우마나 어려운 경험을 다시 방문하고 직면하는 것은 치료가 될 수 있습니다. 이러한 사건을 표현함으로써 통제력과 관점을 얻는 경우가 많습니다. 글쓰기 행위는 감정을 처리하고 분류하는 수단으로 작용해 감정적 회복력과 종결력을 향상시킬 수 있습니다. 이러한 이야기를 공유하면 독자나 사랑하는 사람의 검증과 지원을 위한 길이 열리며 치유 과정이 더욱 촉진될 수 있습니다.

(3) 유산 보존 및 역사적 통찰력 제공

자서전은 추억, 경험, 통찰력의 모자이크를 보존하는 개인 아카이브(archive)가 됩니다. 개인적인 가치를 넘어 이러한 이야기는 미래 세대에게 과거를 바라보는 시각을 제공하고 역사적, 문화적 통찰력을 심어 줍니다. 이는 작가의 고유한 도전과 성취로 가득 찬 유산이 계승되어 가족 전설이나 더 넓은 사회 역사의 태피스트리를 풍성하게 하도록 보장합니다.

(4) 창의적 표현과 정서적 연결

자서전을 쓰는 것은 단순히 기록하는 행위일 뿐만 아니라 창의적인 표현의 행위이기도 합니다. 작가는 자기 삶의 이야기를 엮음으로써 청중과 깊이 소통하고 공감과 상호 이해를 키울 수 있습니다. 이 과정은 작가에게 자신의 경험, 감정, 관점을 완전히 표현할 수 있는 길을 제공하고 그 대가로 인정받고 진정으로 경청되는 느낌을 주어 카타르시스를 주는 경우가 많습니다.

(5) 개인적 성장과 발전

자서전을 집필하는 여정은 이야기 자체만큼이나 변화를 가져옵니다. 작성자가 유해한 패턴이나 행동을 식별하면 이를 적극적으로 해결하고 재조정할 수 있는 기회가 제공됩니다. 과거의 승리를 축하하는 것은 자신감을 키우고 자기 가치를 강화합니다. 글쓰기에 필요한 규율과 창의성은 개인의 발전, 가치, 목표, 미래에 대한 열망을 더욱 세밀하게 조정하는 데에도 크게 기여합니다.

결론적으로 자기 발견의 여정에서 자서전 쓰기는 다면적인 도구로 등장합니다. 그것은 성찰을 위한 거울, 감정적 상처를 위한 유제 그리고 개인의 고유한 유산을 보존하는 그릇 역할을 합니다. 단순한 스토리텔링을 넘어 작가와 독자 사이의 간격을 메우고 심오한 연결을 조성합니다. 궁극적으로 그것은 단순히 삶을 이야기하는 것이 아니라 삶을 재구성하고 이해함으로써 작가가 개인적 성장과 미래에 대한 보다 명확한 비전을 향해 나아가도록 추진하는 것입니다.

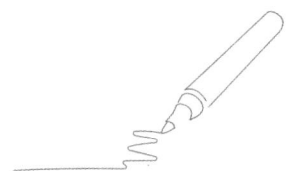

3. 자서전, 인생 내러티브 만들기

1) 자서전 – 나를 찾는 과정

(1) 자서전을 통한 자기 발견의 여정
인생은 선택, 도전, 결정적인 순간으로 가득 찬 구불구불한 길입니다. 우리가 이 여정을 거치는 동안 자서전을 쓰는 행위는 우리가 가는 길을 잠시 멈추고 반성할 수 있게 해 줍니다. 그리고 우리의 강점, 약점, 욕구를 인식할 수 있는 길을 제공합니다. 성찰하는 글쓰기는 개인적인 발견, 정서적 치유, 유산 보존, 자기표현, 개인적 성장 촉진 등 다양한 목적을 제공합니다. 스냅샷처럼 이렇게 기록된 기억은 우리의 정체성을 하나로 묶어 우리의 존재와 선택에 대한 일관된 그림을 제공합니다.

(2) 상호 연결성
우리의 개인적인 이야기는 고립되어 있지 않습니다. 그것들은 우리 주변의 사람 및 사건과 깊이 얽혀 있습니다. 우리 삶에 초안을 작성한다는 것은 우리 삶의 여정에 영향을 미치는 외부요인을 인정하는 행위입니다. 우리의 선택은 다른 사람의 삶에 영향을 미치며, 다른 사람의 선택이 우리의 삶에도 영향을 미칩니다. 이러한 상호 연결성은 우리의 관점을 확장해 우리 삶의 배경뿐만 아니라 사회와 역사의 더 넓은 캔버스 내에서 우리의 역할을 이해하도록 촉구합니다.

(3) 경험의 태피스트리
우리가 자서전에 기록하는 각각의 기억은 우리의 독특한 경험에 대한 증거입니다. 함께 엮어질 때, 이 순간은 다양한 경험으로 가득 찬 우리 삶의 복잡한 태피스트리를 보여 줍니다. 단순한 자기 성찰을 넘어서는 이 여정은 존재의 본질 자체에 대한 탐구가 되며, 삶은 분리된 순간들의 연속이 아니라 서로 얽힌 이야기와 교훈으로 가득 찬 응집력 있는 내러티브임을 강조합니다.

2) 자서전 - 의미 찾기

(1) 자서전으로 인생의 여정 탐색하기
인생은 백지 상태로 나타나 우리가 이야기를 새길 때까지 기다리고 있습니다. 하지만 삶의 복잡성 속에서 우리는 때때로 목적을 찾으며 표류하는 느낌을 받습니다. 자서전을 쓰는 행위는 우리 역사를 안내하는 나침반으로 등장합니다. 과거 경험을 되돌아봄으로써 우리는 패턴을 식별하고, 교훈을 얻고, 우리를 형성해 온 주제를 찾아냅니다. 이 회고적 활동은 도전 과제의 중요성을 조명하고 개인 성장에 대한 통찰력을 제공합니다.

(2) 미래를 상상하고 꿈을 실현
과거가 우리를 형성하는 동안 우리의 미래는 우리의 방향을 기다리고 있습니다. 자서전은 단지 회상에 관한 것이 아닙니다. 우리의 열망, 꿈 그리고 우리가 갈망하는 삶을 분명히 표현할 수 있는 기회입니다. 이러한 비전을 단어로 표현함으로써 우리는 꿈과 현실 사이의 격차를 해소하는 실질적인 형태를 제공합니다. 이러한 적극적인 접근 방식을 통해 우리의 열망은 단지 덧없는 생각이 아니라 실현을 기다리는 구조화된 목표가 되도록 보장합니다.

(3) 자서전 저작 행위는 유산과 개성 초월
개인적인 성찰과 비전 제작을 넘어 우리의 이야기는 세상에 지울 수 없는 흔적을 남기는 힘을 가지고 있습니다. 자서전적 서술을 통해 우리는 우리의 고독한 존재보다 더 큰 무언가를 공유하고, 영감을 주고, 그 일부가 될 수 있습니다. 우리의 경험, 도전, 지혜를 전수함으로써 우리는 다른 사람들에게 영향을 미치고 미래 세대를 위한 씨앗을 심습니다. 이러한 나눔 행위를 통해 우리는 문을 열고 인간의 경험 깊이와 삶의 여정의 보편성을 엿볼 수 있습니다.

3) 자서전 - 발견과 반성의 여정

(1) 발견의 숲

숨겨진 보석과 같은 잊혀진 기억을 찾아내는 작업이 중요합니다. 광활한 자서전 속으로 모험을 떠나는 것은 신비한 숲을 탐험하는 것과 같습니다. 구불구불한 길을 따라가는 각 단계는 소중한 추억부터 깨달은 통찰력까지 경이로움을 드러냅니다. 더 깊이 파고들수록 더 많은 보물이 나타나 인생 이야기의 복잡한 태피스트리를 향상시킵니다. 울창한 숲속의 보물 사냥꾼처럼 작가는 시간의 안개에 가려져 있던 기억과 선명함이 반짝이는 순간들을 만나게 됩니다.

(2) 도전과 우회

숲이 절벽이나 사나운 짐승과 같은 장애물과 놀라움을 모두 제공하는 것처럼 자서전을 쓰는 과정에는 어려움과 예상치 못한 반전이 따릅니다. 두꺼운 수풀을 마주하거나 가파른 경사를 헤쳐 나가는 것은 삶의 역경과 내면의 투쟁에 직면하는 것을 상징합니다. 그러나 이러한 과제는 단순한 좌절이 아닙니다. 그들은 더 깊은 이해를 위한 길을 열어 주는 성장 촉매제입니다. 또한, 길을 따라가는 동료 여행자들을 만나 이야기와 경험을 공유하고, 관점을 넓히고, 더 깊은 공감 능력을 키울 수 있습니다.

(3) 성찰과 출현

숲을 빠져나오는 것처럼 자서전 쓰기를 마치면 깊은 성취감과 성찰을 느끼게 됩니다. 작가는 자신이 걸어온 여정을 되돌아보며 자기 탐구를 변화시키는 힘을 인식합니다. 자신의 숨겨진 면을 발굴하는 것부터 삶의 복잡성과 씨름하는 것까지 이 과정은 새로운 지혜로 다음 장을 받아들일 준비가 된 활력 넘치는 정신으로 마무리됩니다.

4) 자서전 - 플롯 만들기

(1) 서사의 기초: 구조적 중추로서의 플롯

서사적인 줄거리와 웅장한 건축 디자인 사이의 유사점을 그리는 이 테마는 흥미진진한 이야기 뒤에 숨은 복잡한 장인정신을 드러나게 합니다. 건물의 안정성이 기초에 달려 있는 것처럼 내러티브도 탄탄한 플롯에 달려 있습니다. 플롯은 스토리의 다양한 요소를 연결하고 연속성과 참여를 보장하는 안내 스레드 역할을 합니다. 작가는 이러한 구조적 백본의 가치를 이해함으로써 이야기의 복잡성을 탐색하고 독자에게 깊은 공감을 불러일으키는 이야기를 전달할 수 있습니다.

(2) 청사진 구성: 초기 장면 및 소개

내러티브의 시작을 탐구하면서 이 섹션에서는 처음부터 독자의 상상력을 포착하는 기술을 조명합니다. 첫인상은 마치 거대한 건물의 입구처럼 분위기를 결정합니다. 효과적인 소개는 중심인물을 간략하게 설명할 뿐만 아니라 임박한 갈등과 도전에 대한 씨앗을 미묘하게 심습니다. 이러한 초기 브러시 스트로크(Stroke)는 독자의 기대를 안내하고 전개되는 이야기의 궤적을 설정하는 나침반 역할을 합니다.

(3) 구성: 진행, 관련성 및 테마 개발

내러티브의 핵심을 탐구하는 이 부분에서는 각 장, 각 페이지, 각 줄이 목적에 부합하는 스토리텔링 기술을 풀어냅니다. 모든 왜곡, 전환 및 계시는 중심 주제를 강화하기 위해 조정되어야 합니다. 건축업자가 모든 벽돌을 의도적으로 사용해 구조적 무결성을 보장하는 것처럼 작가는 내러티브의 핵심 메시지를 지원하고 풍부하게 하기 위해 각 장면을 꼼꼼하게 제작해야 합니다. 이러한 엄격한 과정을 통해 이야기는 진화하고 심화되며 추진력을 얻게 되어 독자들에게 발견과 성찰의 방향을 제공합니다.

(4) 정점: 이야기의 클라이막스이자 전환점

클라이막스는 긴장이 최고조에 도달하고 중추적인 결정이 내려지는 내러티브의 최고의 순간입니다. 구조의 정점이 그 웅장함을 정의하는 것과 마찬가지로 이 중요한 시점은 이야기의 전체 궤적을 좌우할 수 있습니다. 여기에서는 주인공의 선택, 용기, 성격이 테스트되어 여파와 최종 해결 방법이 결정됩니다. 스토리와 청중 모두에게 깊은 영향을 미치는 감정, 도전, 계시의 크레센도(Crescendo)입니다.

(5) 자전적 서사의 예술성: 개인 경험의 태피스트리

개인화된 이야기의 아름다움을 강조하는 이 섹션에서는 자신의 과거를 탐구하고 변화시키는 힘을 강조합니다. 자서전적인 이야기를 만드는 것은 단순히 사건을 나열하는 것이 아닙니다. 그것은 성찰, 계시, 교묘한 스토리텔링이 어우러진 섬세한 춤입니다. 명작이 기술과 감성의 융합에서 탄생하는 것처럼 강력한 자전적 이야기는 개인적인 통찰력과 문학적 기교가 얽혀서 탄생합니다. 이러한 과정을 통해 작가들은 자기 삶을 기록할 뿐만 아니라 세대를 넘어 울려 퍼지는 시대를 초월한 유산을 만들어 냅니다.

5) 지배적인 이야기 인식하기

(1) 주요 스토리의 이해: 그 기원과 영향

이 섹션에서는 지배적인 내러티브의 개념과 그것이 문화, 역사, 정치, 경제 등 다양한 분야에서 어떻게 출현했는지 살펴봅니다. 이는 사회적 가치와 인식을 형성하는 데 있어 이러한 이야기의 광대한 범위를 강조합니다. 그러나 이 섹션은 또한 지배적인 내러티브가 통합될 수 있지만 다양성과 독특한 관점을 무시할 수 있으므로 그들의 전반적인 영향력에 대한 이해가 필요하다는 우려를 제기합니다.

(2) 양파 껍질 벗기기: 지배적인 서사를 인식하고 도전하는 과정

양파 껍질에 비유한 이 주제는 우리 존재의 핵심 진실을 가리고 있는 지배적인 이야기를 인식하는 복잡한 과정을 더 깊이 탐구합니다. 이 섹션에서는 오랜 신념, 특히 성별, 인종, 경제적 지위와 관련된 신념에 대한 자기 탐구와 비판적 검토의 중요성을 강조합니다. 확인되지 않은 지배적 내러티브의 잠재적인 부작용을 강조하면서 다양성을 포용하고 선입견에 대한 도전을 장려합니다.

(3) 포용적 사회로 가는 길: 정체성과 가치 형성에 있어 인식의 역할

이 부문은 개인 및 사회 수준 모두에서 지배적인 이야기를 인식하는 변화의 힘을 강조합니다. 이러한 일반적인 이야기를 이해하고 도전함으로써 개인은 자신의 가치, 정체성 및 인식을 재정의해 개인적 성장을 이룰 수 있습니다. 이 섹션에서는 또한 협소하게 정의된 내러티브에서 벗어나 사회가 결속과 이해를 촉진하면서 보다 포용적이고 공평하며 다양한 미래를 위한 길을 열 수 있다는 점을 강조합니다.

6) 지배적인 이야기 사례

(1) 아메리칸드림

미국 정신에 뿌리를 둔 '아메리칸드림'은 배경에 관계없이 누구나 투지와 결단력을 통해 성공할 수 있다는 믿음을 중심으로 전개됩니다. 역사적으로 이 이야기는 이민자의 경험과 새로운 땅에서의 후속 성취에 의해 촉진되었습니다. 많은 사람에게 희망의 상징으로 여겨지는 반면, 비평가들은 이것이 모든 사람에게 기회 균등을 방해하는 구조적 문제를 모호하게 만들 수 있다고 주장합니다.

(2) 영웅의 여정

전형적인 성격의 '영웅의 여정'은 떠나고, 엄청난 도전에 직면하고, 승리를 거두고, 변신해 돌아오는 영웅의 여정을 기록합니다. 수많은 문화적 설화와 신화에서 발견되는 이 이야기는 개인적 성장의 틀을 제공하고 역경을 극복할 수 있는 인간 정신의 잠재력을 강조합니다.

(3) 피해자 서사

이 서사는 개인이나 집단을 피해자로 묘사하며, 종종 외부 세력의 손에 겪는 고통을 강조합니다. 공감을 키우고 진정한 문제에 대한 관심을 끌 수 있지만, 무심코 무력감을 조장하거나 개인이 자신의 선택 의지를 인식하지 못하게 할 수도 있습니다.

(4) 성공 사례

무명에서 벗어나 큰 성공을 거둔 개인의 이야기는 많은 사람에게 영감의 등대가 됩니다. 그러나 그들은 때때로 성공이 물질적 또는 사회적 성취에 의해서만 정의된다는 개념을 영속화해 잠재적으로 다른 형태의 개인적 또는 지역 사회 중심 성취를 훼손할 수 있습니다.

(5) 종교적 서사 - 출애굽기 여행

히브리어 성경에 뿌리를 둔 출애굽기 이야기는 이스라엘 백성이 모세의 지도 아래 애굽의 압제에서 탈출한 이야기를 담고 있습니다. 속박으로부터의 해방과 신앙의 힘을 상징하는 이 작품은 다양한 사회, 정치 운동에 깊은 영향을 미쳤습니다.

(6) 종교적 서사 - 십자가의 길

기독교 신앙의 중심인 이 서사는 예수 그리스도의 수난, 십자가에 못 박히심, 부활을 연대순으로 기록합니다. 그것은 희생, 구속, 구원이라는 주제를 구현하며 기독교 교리와 신앙의 도덕적 나침반에 깊은 영향을 미칩니다.

(7) 넝마에서 부자로

'아메리칸드림'과 유사하면서도 구별되는 '넝마에서 부자로' 이야기는 개인이 빈곤에서 부로 올라가는 과정을 설명합니다. 이는 사회 경제적 이동성의 잠재력을 강조하는 동시에 자본주의 가치를 강화하거나 시스템 장벽으로 인해 많은 사람이 직면하는 과제를 간과할 수도 있습니다.

요약하자면, 지배적인 이야기는 사회적, 개인적 인식을 형성하는 널리 퍼져 있는 이야기입니다. 그들은 우리가 세상과 그 안에서 우리의 위치를 보고, 해석하고, 이해할 수 있는 거울과 렌즈를 모두 제공합니다. 그런데도 우리의 다양한 인간 경험에 대한 더 풍부하고 미묘한 이해를 촉진하기 위해 이러한 내러티브에 비판적으로 참여하는 것이 중요합니다.

제2장

에릭슨의 인간 성장 과학

1. 인간 성장 여정 추적

'인간 성장 여정 추적'은 우리의 삶 전반에 걸친 변화와 발달을 이해하는 중요한 주제입니다. 이 주제는 세 가지 주요 측면으로 나눌 수 있습니다.

(1) 신체적 성장
신체적 성장은 유아에서 성인까지의 신체 변화와 성장 과정을 다룹니다. 생물학적, 유전적 요인이 신체 발달에 미치는 영향과 영양, 운동, 건강 관리의 역할을 알아봄으로써 우리의 신체적 발전을 탐구합니다.

(2) 정신적 및 인지적 성장
정신적 및 인지적 성장은 아동에서 성인까지의 지적 발달과 교육, 학습, 사고력의 진화를 포함해 정신적 성장을 살펴봅니다. 언어, 사고, 문제 해결 능력의 변화와 발달 과정을 통해 우리의 인지 능력이 어떻게 변화하는지 이해합니다.

(3) 영적 성장과 개인의 발전
영적 성장과 개인적 발전은 종교, 신념, 신앙을 통한 영적인 성장과 윤리적 가치, 도덕적 행동, 자기 성찰 등의 내적 발전을 다룹니다. 도전, 위기, 성공, 실패를 통해 형성되는 내면의 자아와 성장 과정을 살펴봄으로써 우리의 영적 발전을 탐구합니다. 이 주제는 우리 삶의 다양한 영역에서 변화와 성장을 이해하며, 개인과 사회적 차원에서 발전하는 데 중요한 통찰력을 제공합니다.

1) 신체적 성장과 발달

(1) 유아기부터 성인기까지의 신체적 변화와 성장 과정

유아에서 성인까지의 신체적 변화와 성장은 놀라운 과정입니다. 처음에는 빠르게 성장하다가 점차 안정되며, 신체의 크기와 형태가 다양성을 띠게 됩니다. 이 기간 동안 우리의 신체는 뼈, 근육, 기관 등이 발달하면서 더 강건하고 복잡한 형태로 성장합니다.

(2) 생물학적, 유전적 요인이 신체 발달에 미치는 영향

생물학적 요인과 유전적 영향은 신체 발달의 중요한 영향 요소입니다. 유전자는 우리의 키, 체형, 피부색 등을 결정하며, 환경과 상호 작용해 신체 발달에 영향을 미칩니다. 이러한 요소들은 개인의 신체적 특성을 형성하고 신체 발달의 속도와 방향성을 결정합니다.

(3) 영양, 운동, 건강 관리 등이 신체적 성장에 미치는 역할

영양, 운동, 건강 관리는 신체적 성장과 발달에 핵심적인 역할을 합니다. 올바른 영양 섭취는 온전한 성장을 위해 필수적이며, 운동은 근육과 뼈의 발달을 촉진하고 건강한 신체 구조를 형성하는 데 도움을 줍니다. 또한, 적절한 건강 관리는 질병 예방과 신체 기능 최적화에 중요한 영향을 미칩니다.

이러한 과정과 영향 요소들이 결합해 우리의 신체적 성장과 발달이 진행되며, 각 개인마다 고유한 특성을 가지게 됩니다. 이로써 우리는 건강하고 강건한 신체를 유지하며, 더 나은 삶의 질을 얻을 수 있습니다.

2) 정신적 및 인지적 성장

(1) 아동기부터 성인기까지의 인지적 발달과 인지 능력의 변화

아동에서 성인까지의 인지적 발달은 지적 능력과 인지 능력의 변화를 보여 줍니다. 아동은 감각을 통해 세상을 탐색하고, 점차 추상적인 사고와 문제 해결 능력을 향상시키며 성인으로 성장하게 됩니다. 이 과정에서 지식과 이해력이 꾸준히 증가하며 성숙해집니다.

(2) 교육, 학습, 사고력의 진화가 정신적 성장에 미치는 영향

교육과 학습은 인지적 발달에 큰 영향을 미칩니다. 학습을 통해 새로운 지식을 습득하고, 다양한 분야에서 사고력을 키워 나가며 문제를 해결하는 방법을 습득합니다. 이러한 과정은 개인의 정신적 성장을 촉진하고, 지식과 인지 능력을 확장시킵니다.

(3) 언어, 사고, 문제 해결 능력 등의 변화와 발달 과정

아동에서 성인으로 성장함에 따라 언어 능력, 사고 방식, 문제 해결 능력 등도 변화합니다. 초기에는 기본적인 언어 습득과 사고 과정이 시작되며, 시간이 지나면서 추상적인 사고와 복잡한 문제 해결 능력이 형성됩니다. 이로써 인지적 발달은 개인의 사고력과 능력을 다양한 방식으로 향상시키게 됩니다.

이러한 변화와 발달 과정을 통해 우리는 지적으로 성숙해 가며, 새로운 아이디어를 생각하고 해결책을 찾는 능력을 강화합니다. 이는 우리의 인지 능력을 활용해 다양한 도전과 상황에 대처하는 데 도움을 줄 뿐 아니라 개인의 정신적인 성장과 성숙에도 영향을 미치게 됩니다.

3) 영적 성장과 개인적 발전

(1) 종교, 신념, 신앙을 통한 영적인 성장과 깊은 의미 탐구

종교와 신념은 개인의 영적인 성장을 이끌고 깊은 의미를 탐구하는데 중요한 역할을 합니다. 신앙은 삶의 의미와 목적을 찾는데 도움을 주며, 종교적 실천과 충실함을 통해 영적 성장을 이루어 나갈 수 있습니다. 이를 통해 개인은 내면적인 풍요와 희망을 찾아갑니다.

(2) 윤리적 가치, 도덕적 행동, 자기 성찰 등의 개인적 발전 과정

윤리적 가치와 도덕적 행동은 개인의 성장과 발전을 위한 중요한 요소입니다. 개인은 자기 행동과 선택을 통해 윤리적 원칙을 실천하고 도덕적 책임을 키워 나갑니다. 또한, 자기 성찰을 통해 자신의 강점과 약점을 인식하며 성장할 수 있는 기회를 얻게 됩니다.

(3) 도전, 위기, 성공, 실패를 통해 형성되는 내적 성장과 강화된 내면 자아

도전과 위기는 개인의 내적 성장을 형성하는 과정에서 중요한 역할을 합니다. 이러한 어려운 상황에서 성공과 실패를 경험하며 개인은 내면의 강인함과 적응력을 발전시키며 성장합니다. 이러한 경험을 통해 내면 자아가 강화되며, 더욱 견고한 심리적 토대를 형성하게 됩니다.

이러한 과정은 개인의 영적, 윤리적, 정서적 발전을 형성하며, 더욱 깊은 의미와 목적을 탐구하는데 도움을 줍니다. 각각의 경험과 과정은 우리를 더 나은 버전으로 성장시키는 데 기여하며, 내면적인 풍요와 성취감을 얻을 수 있게 합니다.

2. 인간 성장의 미스터리 풀기

그리스도인으로서, 우리는 하나님이 창조하시고 인도하시는 과정을 통해 인간 발달을 이해합니다. 하나님께서는 각 개인의 삶에 대한 계획과 목적을 가지시며, 발달이 그 계획의 일부임을 믿습니다. 신체 발달, 인지 발달, 사회 정서적 발달, 도덕성 발달, 언어 발달, 성격 발달은 모두 각 사람의 삶을 위한 하나님의 계획 일부입니다. 유전적, 환경적 요인이 발달에 중요한 역할을 하지만 궁극적으로 우리를 형성하시고 평생 우리를 인도하시는 분은 하나님이신 것을 인정합니다.

1) 인간 성장의 신화

신체적 발달은 하나님의 창조를 반영하며, 우리는 성령의 전으로서 우리의 몸을 돌보도록 부름받았습니다(고전 6:19-20). 이는 우리 몸이 하나님의 선한 의도에 따라 창조되었으며, 우리가 건강하게 성장하고 발달함으로써 하나님께 영광을 돌리는 데 기여할 수 있다는 의미입니다. 성장하는 몸은 하나님의 선물이며, 우리는 몸을 아끼고 돌보며 하나님의 뜻대로 사용하는 삶을 살아가야 합니다.

인지 발달은 하나님의 선물인 지성과 우리 주변의 세상을 추론하고 이해하는 능력을 반영합니다. 우리는 하나님께서 우리에게 마음과 지성을 주어 그분의 창조물을 탐구하고 그 의미를 깨닫는 데 사용하라고 부르신다고 믿습니다. 인지 발달은 하나님의 지혜와 창조의 아름다움을 더 깊게 이해하며, 이를 통해 우리 자신과 다른 사람들에게 봉사하고 섬기는 데 도움이 됩니다.

사회-정서적 발달은 하나님의 사랑과 공동체의 중요성을 반영합니다(막 12:31). 우리는 하나님의 사랑을 받아들이고 다른 사람들을 우리 자신과 같이 사랑하기 위해 발달하는 것이 중요합니다. 사회적 관계와 감정적 지능을 발전시킴으로써 우리는 서로에게 봉사하며 공동체 안에서 성장하는 경험을 얻을 수 있습니다. 이러한 발달은 하나님의 사랑을 세상에 더욱 확산시키는 역할을 하며, 우리의 영적 성장을 촉진시킵니다.

도덕적 발달은 우리가 의롭게 살고 그분의 뜻에 순종하기를 바라시는 하나님의 바람을 반영합니다(미 6:8). 하나님의 도덕적 원리와 가치관을 따르며 행동함으로써 우리는 하나님과의 관계를 굳건히 하고 주변 사람들에게 영적 영향을 미칠 수 있습니다. 도덕적으로 성장하는 과정은 우리가 하나님의 성품과 사랑을 더욱 반영하게 하며, 예수 그리스도를 본받아 삶을 살아가는 데 도움이 됩니다.

언어 발달은 우리가 다른 사람들과 상호 작용하고 의사소통하는 데 필수적인 능력입니다. 언어를 통해 우리는 감정, 생각, 아이디어를 표현하며 서로의 경험을 공유할 수 있습니다. 또한, 언어는 우리의 신앙과 관계를 표현하고 하나님과의 교제를 강화하는데 사용될 수 있는 강력한 수단입니다. 하나님과의 대화와 찬양을 통해 우리는 영적으로 성장하고 더욱 깊은 신앙을 얻을 수 있습니다.

성격 개발은 각 개인에 대한 하나님의 독특한 설계와 그분이 우리에게 주신 은사와 재능을 반영합니다. 우리는 하나님의 뜻을 알아보고 그에 맞게 행동하며 성장함으로써 더욱 성숙한 성격을 형성할 수 있습니다. 성격의 발달은 우리의 삶을 풍요롭게 만들며, 하나님의 뜻을 이루는 데 기여할 수 있는 기회를 제공합니다.

결론적으로, 각각의 발달 영역은 하나님의 선한 의도와 계획을 반영하며, 우리는 이러한 영역을 조화롭게 발달시키는 데 노력해야 합니다. 이러한 발달 과정을 통해 우리는 하나님과 더 가까워지고, 주변 사람들에게 봉사하며, 그분의 사랑과 진리를 세상에 전파하는 인간 성장의 여정을 걸어가게 됩니다.

2) 인간발달 유형 네 가지 모형

(1) 심리학-발달 유형 네 가지

① 삶을 통한 지속적인 변화

이 주제는 변화와 발전이 임신부터 죽음까지 일정하다는 믿음을 탐구합니다. 이러한 관점에서 보면 삶은 성장, 적응, 학습의 끊임없는 연속입니다. 정해진 단계 없이 개인은 자신의 경험과 습득한 교훈에 영향을 받아 끊임없이 진화하며 인간 발달의 유동성과 연속성을 나타냅니다.

② 단계적 발달 진행

인간 발달을 계단으로 생각하는 이 접근 방식은 성장의 불연속적 특성을 강조합니다. 개인은 각각 특정한 이정표로 표시되는 뚜렷한 단계로 진화한다고 가정합니다. 이러한 단계의 순서와 순서는 매우 중요하며, 각 단계는 다음 단계의 기초를 마련합니다. 이러한 관점은 개인의 단계별 필요와 역량을 강조하므로 연령에 적합한 교육 및 훈련 전략을 고안하는 데 특히 유용합니다.

③ 점성 개발 모델

생물학에서 영감을 얻은 이 모델은 발달을 순환적이고 파동적인 과정으로 묘사합니다. 이 관점에서 인생은 고유한 궤적과 패턴을 지닌 일련의 상호 연결된 순환입니다. 곡선형 진행은 주기적인 최고점과 최저점을 강조해 개인 성장 여정의 리드미컬한 썰물과 흐름을 암시합니다. 각 단계의 특징을 정확히 찾아냄으로써 이 이론은 각 주기에 특정한 발달 문제를 해결하는 데 도움이 됩니다.

④ 발달 변화의 종형 곡선

삶의 궤적을 종형 곡선으로 시각화한 이 모델은 인간 발달에 내재된 상승과 하락을 요약합니다. 이는 성장과 역량이 점진적으로 증가해 정점에 도달한 다음 쇠퇴를 경험하는 초기 단계를 나타냅니다. 수명에 대한 조감도를 제공함으로써 이 모델은 성장, 성숙 및 궁극적인 쇠퇴의 전반적인 패턴에 대한 통찰력을 제공해 발달 역학에 대한 전체적인 이해를 촉진합니다.

(2) 성경-발달 유형 네 가지 모형

성경에도 발달 유형 네 가지가 존재합니다. 기독교적 세계관에서 지속적인 변화라는 개념은 그리스도를 닮아가는 지속적인 과정인 성화의 개념으로 뒷받침됩니다.

① 지속적인 변화와 성화

이 주제는 성화 과정에 대한 기독교 신앙을 중심으로 전개되는데, 이는 그리스도를 더욱 닮아가기 위한 지속적인 변화의 여정을 의미합니다. 빌립보서 3:12에서 사도 바울은 말합니다.

> 내가 이미 얻었다 함도 아니요 온전히 이루었다 함도 아니라 오직 내가 그리스도 예수께 잡힌 바 된 그것을 잡으려고 쫓아가노라(빌 3:12).

그 과정에는 자신의 불완전함에 대한 자각과 그리스도께서 선례를 세우신 신성한 목적을 끊임없이 추구하는 것이 포함됩니다.

② 단계적 영적 성장

단계별 영적 진화의 개념에 초점을 맞춰 이 섹션에서는 영적 성숙의 점진적이고 계층적인 성격을 강조합니다.

> 그러므로 너희가 더욱 힘써 너희 믿음에 덕을, 덕에 지식을, 지식에 절제를, 절제에 인내를, 인내에 경건을, 경건에 형제 우애를, 형제 우애에 사랑을 더하라(벧후 1:5-7).

이 구절은 영적 성장이 단계적으로 발생하며 각 단계는 이전 단계를 기반으로 한다는 것을 암시합니다. 여기서의 믿음은 영적 여정의 각 단계가 서로 다르기 때문에 다음 단계로 진행하기 전에 특정 임무를 완수하고 학습해야 한다는 것입니다.

③ 파도와 같은 영적 진보

이 주제는 영적 성장의 파도 같은 진행을 탐구하며, 하나님과의 관계의 순환적이고 구축적인 성격을 강조합니다.

> 우리가 다 수건을 벗은 얼굴로 거울을 보는 것 같이 주의 영광을 보매 그와 같은 형상으로 변화하여 영광에서 영광에 이르니 곧 주의 영으로 말미암음이니라(고후 3:18).

이 구절은 영적 성장이 파도 속에서 일어나고 각 파도가 이전 파도 위에 쌓이는 것을 암시합니다. 신자들이 하나님의 영광을 묵상하고 그리스도의 속성을 구현하기 위해 노력할 때 그들의 영적 여정은 연속적인 파도와 유사한 최고점과 최저점을 겪으며 각각 전반적인 영적 변화에 기여한다는 믿음을 명료하게 설명합니다.

④ 인생의 계절과 발달 곡선
성경에는 발달 곡선에 따라 삶에도 계절이 있다는 생각이 반영됩니다.

> … 천하 만사가 다 때가 있나니 날 때가 있고 죽을 때가 있으며 심을 때가 있고 심은 것을 뽑을 때가 있으며 … (전 3:1-8).

이 구절은 인생에는 여러 단계가 있으며 각 단계에는 고유한 도전과 성장 기회가 있음을 시사합니다. 기독교인들은 이 단계에서 변화의 속도는 다를 수 있지만, 하나님은 인생의 모든 계절에 현존하시고 활동하시며 그들이 그분의 계획에 따라 성장하고 발달하도록 도우신다고 믿습니다. 이러한 관점을 뒷받침하는 기독교 신앙은 이러한 단계 전반에 걸쳐 흔들리지 않는 하나님의 임재로, 신자들의 성장 궤도를 인도하고 도우며 하나님의 신성한 계획에 부합하도록 보장합니다.

(3) 성장의 미스터리
인간의 성장과 발달은 신체적, 인지적, 감정적, 사회적 변화를 포함해 개인의 삶 전반에 걸쳐 발생하는 복잡하고 역동적인 과정입니다. 이 과정은 수년간의 연구로도 불완전하게 이해되고 있으며, 아직 알려지지 않은 것이 많아서 흥미롭고 지속적인 미스터리입니다.

인간의 성장과 발달의 신비 중 하나는 그 과정의 기초가 되는 정확한 매커니즘이 무엇인지에 대한 것입니다. 유전학이 중요한 역할을 한다는 것은 이해되지만, 유전자가 성장과 발달을 형성하기 위해 환경 요인과 상호 작용하는 정확한 방법은 아직 완전히 명확하지 않습니다. 더욱이 성장과 발달의 속도와 패턴은 사람마다 심지어 유사한 유전적 구성과 환경적 경험을 가진 사람들 사이에서도 크게 다릅니다. 이러한 변동성으로 인해 특정 개인이 어떻게 성장하고 발달할지 확실하게 예측하기가 어렵습니다.

인간 성장과 발달의 또 다른 미스터리는 초기 경험이 후기 발달에 미치는 영향입니다. 어린 시절의 경험은 신체적, 인지적, 감정적, 사회적 발달에 큰 영향을 미치며, 이후의 삶에 영향을 지속적으로 끼칩니다. 그러나 또 다른 미스터리는 같은 경험에도 다른 개인이 서로 다른 방식으로 반응한다는 것입니다. 이러한 변동성과 예측 불가능성은 인간 성장과 발달을 더욱 흥미롭게 만들고, 연구자들이 이를 탐구하고 이해하려는 동기를 불러 일으킵니다.

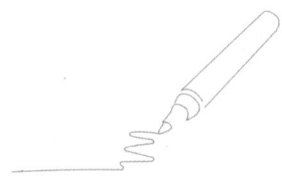

3. 인간 성장, 자기실현으로 가는 여정 8단계

자기실현으로 가는 여정 8단계	성품
제1단계: 신뢰감 vs. 불신감	희망
제2단계: 자율성 vs. 수치심 및 회의감	의지
제3단계: 주도성 vs. 죄책감	목적 및 의도
제4단계: 근면성 vs. 열등감	능력
제5단계: 정체감 vs. 정체감 혼미	충실
제6단계: 친밀성 vs. 고립감	사랑
제7단계: 생산성 vs. 침체감	돌봄
제8단계: 통합성 vs. 절망	지혜

인생은 성숙과 성장을 향한 여정으로서의 삶입니다. 이 은유적인 여정을 시작하면서 개인은 자신의 성격을 정의하고 미래의 궤도를 형성하는 다양한 도전과 경험, 교차로를 헤쳐 나가게 됩니다. 그들이 앞으로 나아갈 때, 삶의 끊임없이 변화하는 지형은 성취의 즐거운 정점부터 역경의 계곡까지 다양한 경험을 제공하며, 각 경험은 자신과 주변 세계에 대한 더 깊은 이해에 기여합니다.

개인은 다양한 문화, 사람, 환경과 상호 작용함으로써 자신의 시야를 넓힐 뿐만 아니라 자신의 인식, 가치, 신념을 다듬어 나갑니다. 학습과 진화의 이러한 지속적인 과정은 지혜, 성숙함 그리고 미래의 노력을 위한 북극성이 되는 풍부한 경험을 특징으로 하는 삶으로 정점을 이룹니다.

에릭슨의 이론은 다양한 삶의 단계에 걸쳐 개인의 심리사회적 진화의 복잡하고 얽힌 여정을 묘사하는 구조화된 틀을 제공합니다. 이 발달 이론은 프로이트의 정신 분석 원리에서 영감을 얻었지만 개인의 개인적 발달과 정체성에 영향을 미치는 사회적 상호 작용과 문화적 규범의 역할을 강조함으로써 다양해졌습니다.

이러한 발달 단계 전반에 걸쳐 개인은 특정한 갈등과 도전과 씨름하며, 그 해결은 긍정적인 성장이나 잠재적인 침체로 이어질 수 있습니다. 예를 들어, 유아기에는 신뢰와 불신 사이의 싸움이 미래 대인 관계의 기초를 마련하는 반면, 청소년기는 사회적 역할 속에서 개인의 정체성을 추구하도록 추진합니다. 에릭슨의 전체론적 관점은 인간 여정의 본질을 요약하며, 요람에서 노년기에 이르기까지 각 삶의 단계가 개인의 정신, 행동 및 전반적인 행복을 형성하는 데 중요하다고 주장합니다.

1) 제1단계: 신뢰감 vs. 불신감

(1) 에릭슨의 초기 발달 단계 소개

에릭슨의 심리사회적 발달이론에서 초기 단계는 출생부터 첫 번째 생일까지 지속됩니다. 프로이트의 구술 단계를 반영하는 이 기간은 신뢰의 기초를 마련하는 데 중요한 역할을 하며, 이는 이후의 건전한 상호 작용과 관계에 매우 중요합니다.

① 신뢰의 중요성

처음 몇 달 동안 형성된 신뢰는 삶에 장기적인 영향을 미칩니다. 이 단계에서 실수나 방치는 정신분열증이나 우울증과 같은 상태를 포함한 심각한 심리적 문제로 이어질 수 있습니다. 에릭슨에게 신뢰는 단지 즉각적인 관계에 관한 것이 아니라 평생 개인의 상호 작용의 분위기를 설정하는 것입니다.

② 돌봄인의 역할

초기에 유아는 주로 돌봄인과 유대감을 형성합니다. 이러한 유대감은 어린이가 세상에 대해 이해하는 데 매우 중요합니다. 보호자가 세심하고 영유아의 요구를 지속적으로 충족시켜 준다면 신뢰의 기반이 마련됩니다. 일관되지 않거나 소홀한 보살핌은 이러한 근본적인 신뢰를 무너뜨릴 수 있습니다.

③ 불신에 대한 에릭슨의 관점

에릭슨은 불신을 완전히 일축하지는 않았습니다. 그는 균형 잡힌 성장을 위해서는 어느 정도의 회의주의가 필수적이라고 믿었습니다. 하지만 그는 인격 성장의 기반은 신뢰라고 강조했습니다. 일관되고 양육적인 보살핌을 통해 유아는 세계와 그 주민의 신뢰성에 대한 타고난 믿음을 발전시킵니다.

④ "신뢰 vs. 불신" 이분법

"신뢰 vs. 불신" 단계를 탐색하는 것은 세상에 대한 어린이의 관점을 형성합니다. 만약 그들이 이 단계를 성공적으로 헤쳐 나가면, 그들은 세상을 신뢰할 수 있는 곳으로 여기고 긍정적인 미래 관계의 기반을 마련하게 될 것입니다. 일부 회의론은 유익할 수 있지만, 전체적인 신뢰는 인격 형성의 핵심입니다.

⑤ 신뢰 발달 위기의 결과

아이들이 이 단계에서 일관성 없는 보살핌이나 방치를 경험한다면, 아이들의 세계관에 심각한 영향을 미칠 수 있습니다. 그러한 아이들은 다른 사람을 신뢰하는 데 어려움을 겪을 수 있으며, 이는 불안감과 자기 의심으로 이어질 수 있습니다.

⑥ 신뢰가 성인기에 미치는 영향

초기 신뢰 단계를 성공적으로 통과한 성인은 자신과 타인에 대해 강력한 신뢰 기반을 갖고 있는 경향이 있습니다. 그들은 긴밀한 관계를 구축하고 긍정적인 삶의 전망을 유지할 수 있습니다. 반면, 유아기에 신뢰 위기를 겪은 사람들은 신뢰가 어렵고, 친밀한 유대 관계를 형성하는 데 어려움을 겪을 수 있으며, 관계에서 높은 불안을 경험할 수도 있습니다.

(2) 희망 hope - 일관성, 연속성, 동일감

① 신뢰의 기초와 어린 시절의 중요성

에릭슨은 우리의 초기 상호 작용이 우리의 세계관을 결정하는 데 중요한 역할을 한다고 가정했습니다. 유아와 주요 양육자, 특히 어머니 사이의 유대는 미래 인식의 토대를 마련합니다. 보살핌과 따뜻함, 일관성으로 양육된다면 아기는 자신의 환경을 신뢰하면서 자랍니다. 그러나 일관되지 않거나 부주의한 진료는 불신감을 조성할 수 있습니다. 이 기본 관계는 본질적으로 자신이 속한 세계의 신뢰성에 대한 개인의 믿음을 형성합니다.

② 희망의 진화와 평생의 역할

신뢰의 기반에서 희망이 나옵니다. 에릭슨은 단지 일시적인 감정이 아니라 희망을 개인의 삶 전체를 이끄는 뿌리깊은 믿음으로 보았습니다. 이는 어려운 시기 동안 등불 역할을 하며, 꿈을 불러일으키고 삶의 역경에 대한 회복력을 강화합니다. 초기 양육 경험에서 싹트는 이러한 본질적인 희망의 감각은 개인이 자신의 열망을 탐색하고 기대치를 조정하며 장애물을 극복할 수 있는 용기를 갖도록 힘을 실어 줍니다.

③ 신앙으로의 전환과 그보다 더 넓은 의미

사람이 성숙해짐에 따라 희망은 신앙의 형태를 띠게 되며, 이는 영적인 믿음뿐만 아니라 세상에 내재된 선함에 대한 깊은 신뢰도 포함합니다. 때로는 종교적 신념에 뿌리를 둔 이러한 믿음은 종종 개인에게 도덕적 나침반을 제공해 소란스러운 단계에서 위안을 제공하고 보호하고 배려하는 우주에 대한 개념을 강화합니다. 그것은 개인에게 목적과 방향을 부여합니다. 신뢰에서 희망 그리고 마지막으로 믿음에 이르는 이 여정은 정체성을 형성하고, 상호 작용을 안내하며, 삶 전반에 걸쳐 의미 있는 관계를 육성하는 데 중추적인 역할을 합니다.

④ "희망"에 대한 성경 사례

성경 창세기에 나오는 아브라함과 이삭의 이야기는 흔들리지 않는 신뢰에 대한 심오한 증거입니다. 아브라함은 사랑하는 아들 이삭을 제물로 바치라는 마지막 시험을 받았을 때에도 흔들리지 않았습니다. 그 대신 그는 하나님께서 결코 자신을 잘못된 길로 인도하지 않으실 것이라고 믿으며 하나님의 계획에 대한 깊은 신뢰를 나타냈습니다.

이 이야기는 더 높은 힘에 대한 우리의 헌신과 신뢰가 어디까지 갈 수 있는지 묻고 우리에게 도전합니다. 그러한 가슴 아픈 일 속에서도 하나님에 대한 아브라함의 신뢰는 겉보기에 극복할 수 없을 것 같은 도전에 직면했을 때에도 우리가 힘과 믿음을 찾을 수 있도록 격려합니다.

대조적으로, 누가복음 15장에서 탕자의 비유는 우리에게 용서와 구속의 본질을 엿볼 수 있게 해 줍니다. 이 이야기는 신뢰보다는 사랑, 화해, 용서하는 마음의 무한한 은혜에 관한 이야기입니다. 아들은 유산을 낭비하고 방탕한 삶을 살다가 질책을 기대하며 집으로 돌아오지만 아버지의 자비로운 포옹을 받습니다.

이 이야기는 우리를 향한 하나님의 무한한 사랑을 반영하며, 우리의 불안에도 불구하고 언제나 우리를 다시 환영할 준비가 되어 있습니다. 이는 실수가 우리를 정의하는 것이 아니며 겸손과 회개를 통해 사랑과 은혜로 돌아갈 길을 찾을 수 있다는 것을 가슴 아프게 상기시켜 줍니다.

본질적으로 두 이야기 모두 귀중한 삶의 교훈을 가르칩니다. 아브라함과 이삭은 하나님에 대한 신뢰의 중요성을 강조한 반면, 탕자는 변화를 가져오는 용서의 힘을 강조합니다. 그들은 함께 우리가 역경 속에서도 믿음, 신뢰, 사랑, 은혜에 기반을 둔 삶을 살도록 영감을 줍니다.

(3) 발달 단계 이론으로『고백록』읽기: 신뢰감 vs. 불신감

① 에릭슨의 초기 개발 단계 소개
질문: 어거스틴의 초기 생애는 그가 자란 환경에 대한 신뢰와 불신의 기초를 어떻게 반영합니까?
답변: 어거스틴의 초기 생애, 특히 그의 어머니 성 모니카와의 관계는 근본적인 신뢰를 보여 줍니다. 아들에 대한 모니카의 흔들리지 않는 신앙과 헌신은 그를 기독교로 다시 인도하는 데 중추적인 역할을 했습니다.

② 신뢰의 중요성
질문: 어거스틴의 젊은 시절에 대한 신뢰나 불신은 그의 이후 진로에 대한 결정과 신념에 어떤 영향을 미칩니까?
답변: 어거스틴의 초기 면죄부와 마니교에 대한 실험은 그가 성장한 기독교 신앙에 대한 불신이나 회의의 국면을 보여 줍니다. 그러나 그의 최종적인 개종은 신뢰와 믿음의 회복을 의미합니다.

③ 돌봄인의 역할

질문: 어거스틴의 삶에서 돌봄인(부모, 멘토)은 그의 신앙과 행동에 어떤 영향을 미쳤습니까?

답변: 모친 모니카의 인내와 멘토인 밀라노의 암브로스 주교로부터 어거스틴이 받은 지도는 그를 기독교로 인도하는 데 중추적인 역할을 했으며 돌봄인의 중요한 역할을 강조했습니다.

④ 불신에 대한 에릭슨의 관점

질문: 『고백록』에서 어거스틴이 건전한 회의론을 나타내는 순간이 있습니까?

답변: 마니교와 같은 다양한 철학 학파를 거쳐가는 어거스틴의 여정은 그의 회의주의와 진리 추구를 반영합니다.

⑤ 신뢰 vs. 불신의 이분법

질문: 어거스틴과 하나님과의 변화하는 관계는 신뢰와 불신 사이의 이분법을 어떻게 반영합니까?

답변: 어거스틴의 영적 여정은 신뢰와 불신 사이의 일련의 진통으로 볼 수 있습니다. 그의 죄 많은 젊음, 기독교에서 멀어짐 그리고 이후의 깊은 개종은 모두 이러한 역동성을 묘사합니다.

⑥ 신뢰개발 위기의 결과

질문: 어거스틴의 죄악된 행동과 기독교로부터의 분리가 신뢰 위기의 결과로 볼 수 있습니까?

답변: 어거스틴의 초기 고집은 그의 뿌리 깊은 기독교 가르침과 세상적인 쾌락의 유혹 사이에서 갈등은 그의 내적 위기의 표현으로 볼 수 있습니다.

⑦ 신뢰가 성인기에 미치는 영향

질문: 신뢰 위기에 대한 어거스틴의 해결은 그의 말년과 관계에 어떤 영향을 미칩니까?

답변: 하나님에 대한 신뢰와 믿음을 찾은 어거스틴은 계속해서 가장 영향력 있는 기독교 신학자 중 한 사람이 되었습니다. 그의 관계, 특히 그의 어머니와의 관계 그리고 하나님과의 관계는 회복된 신뢰를 심오하게 반영합니다.

2) 제2단계: 자율성 vs. 수치심 및 회의감

(1) 에릭슨의 두 번째 발달 단계 개요

에릭슨의 이론에 따르면 1~3세 사이에 어린이는 자신의 자율성과 자기 통제력을 이해하기 시작합니다. 이는 몸에 대한 통제, 특히 배변 훈련에 집중하는 프로이트의 항문 단계와 일치합니다. 유아는 자신의 의도적인 행동 가능성을 인식하면서 '나', '내 것'과 같은 용어를 사용해 자아의식을 주장합니다.

① 자율성 달성을 위한 과제

그러나 자율성 달성에는 장애물이 있습니다. 실수에 대한 지나치게 비판적이거나 통제적인 양육 방식은 아이에게 의심과 수치심을 불러일으킬 수 있습니다. 야뇨증과 같이 사소해 보이는 사건에 대한 비판에도 심각한 당혹감을 유발할 수 있습니다.

② 자율성 vs. 사회적 규범

자율성을 향한 여정은 중요하지만 사회적 기대를 이해하는 것과 균형을 이루어야 합니다. 배변 훈련과 같은 기술은 실용적일 뿐만 아니라 어린이에게 사회적 규범을 인지하는 역할도 합니다. 이러한 규범을 이해하고 따르지 못하면 자기 회의감과 퇴보를 초래할 수 있습니다.

③ 단계의 잠재적 결과

이 단계의 핵심은 자율성과 수치심 사이의 균형을 찾는 것입니다. 자율성은 자신감을 키우는 반면, 인지된 실패나 과도한 외부 통제로 인해 수치심과 의심이 발생합니다. 이 단계를 탐색하는 사람들은 자신감 있는 개인으로 성장합니다. 그러나 해결되지 않은 문제는 적응의 어려움, 완고함, 나중에 도움을 구하는 것에 대한 혐오감으로 이어질 수 있습니다.

④ 양육에 있어 균형의 중요성

아이들에게 자신을 주장하도록 가르치는 동시에 세상의 규범을 이해하도록 돕는 것은 보호자가 밟아야 할 좋은 선입니다.

(2) 의지 will - 허용과 통제

① 유아의 자율성과 의지의 출현

에릭슨은 1~3세 사이의 유아가 자율성을 주장하고 새로운 의지 감각을 받아들이는 역동적인 상호 작용에 참여한다고 가정합니다. 근육, 특히 항문 부위가 성숙해짐에 따라 배변에 대한 통제력을 갖게 됩니다. 걷고 탐색하기 시작할 때 명백히 드러나는 이동성의 증가는 그들의 독립성이 급성장하고 있음을 보여 줍니다.

이 단계에서는 스스로 식사하는 것을 선호하는 경향이 뚜렷해지며 자율성을 향한 여정에서 중요한 이정표가 됩니다. 특히, 항문 부위는 '유지'와 '배설'의 이분법을 상징합니다. 다른 근육 시스템과 마찬가지로 이 근육도 긴장과 이완 사이를 순환합니다. 이 시스템에 대한 통제력을 주장함으로써 어린이는 즉각적인 환경에 대한 강화된 힘을 얻고 접근하고 파악하는 능력이 향상됩니다.

② 자율성의 함정 탐색

그러나 자율성을 향한 길에는 어려움이 따릅니다. 에릭슨은 외부 지침의 중요성을 강조합니다. 이것이 없으면 아이는 정제되지 않은 난잡한 상태에 빠질 수 있는데, 이는 특정 행동을 유지하거나 포기할 시기를 현명하게 결정할 수 없음을 의미합니다. 구술단계로써 분노의 흔적이 지속되고, 아이들은 자신만의 고유한 신념에 집착할 것인가, 아니면 그것을 버릴 것인가의 딜레마에 빠집니다.

이 단계는 수치심과 의심으로 가려집니다. 수치심은 노출의 실현에 대한 반응인 반면, 의심은 보이는 것과 보이지 않는 것의 이중성을 인정하는 데 뿌리를 두고 있어 더욱 복잡합니다. 엉덩이와 같이 눈에 보이지 않는 숨겨진 신체 부위는 이러한 이중성을 예시하며 이러한 부위가 외부 힘에 의해 지배되는 듯한 느낌을 줍니다.

③ 돌봄인의 역할과 자율성의 장기적 영향

이 단계에서는 돌봄인의 영향이 매우 중요합니다. 어느 정도의 자율성을 부여할 것인지, 아동의 욕구와 필요 사항을 어떻게 해결할 것인지에 대한 부모의 결정은 아동의 발달에 큰 영향을 미칠 수 있습니다. 진정한 의지는 완고함과 같지 않습니다. 이는 장애물에 직면했을 때에도 충동을 현명하게 조절하고 충분한 정보를 바탕으로 결정을 내릴 수 있는 능력을 의미합니다.

에릭슨은 의지란 수치심과 의심에 직면할 때에도 개인의 자유를 행사하려는 단호한 헌신과 자기 규제가 조화롭게 조화를 이루는 것이 특징이라고 믿습니다. 이 아이들이 성인으로 성장함에 따라 이러한 양육을 통해 욕구와 충동에 대한 통제력을 갖게 될 것입니다.

이상적으로는 개인의 의지가 사회적 규범과 논리 내에서 기능하면서도 집단적 열망에 부응해 상호 권한 부여를 촉진해야 합니다. 균형 또는 그것의 부족, 이 단계에서 사랑, 분노, 협력, 반항과 같은 감정은 이후의 관계와 자기 인식을 형성합니다. 긍정적인 진전은 지속적인 자신감과 자기 가치로 이어지는 반면, 장애물은 지속적인 자기 의심과 부족감을 낳습니다.

④ "의지"에 대한 성경 사례

에덴동산에서 아담과 이브는 결정을 내릴 수 있는 자율성을 부여받았습니다. 이는 선악을 알게 하는 한 나무만 제외하고 모든 나무의 열매는 먹을 수 있는 자유로 상징됩니다. 하지만 그들은 금지된 선악을 알게 하는 나무의 열매를 먹기로 선택함으로써 자신들이 벌거벗었음을 깨닫게 되었고 수치심을 불러일으켰습니다. 이는 새로 발견된 독립성이 때로는 의심이나 수치심을 불러일으키는 선택으로 이어질 수 있는 자율성을 향한 어린이의 여정을 반영합니다.

모세의 이야기는 사회 규범에 대한 자율성과 저항의 태피스트리를 그립니다. 애굽 왕족으로 성장한 그는 사치스럽고 권력 있는 삶을 누릴 상황이 있었습니다. 그러나 그의 본질적인 도덕적 기준에 따른 행동으로 인해 그에게 모든 것을 부여한 바로 그 사회에 저항하게 되었습니다. 쫓겨났을 때도 자신의 히브리인 정체성을 발견하고 그의 백성을 자유로 이끄는 모세의 여정은 사회적 기대에 대한 투쟁과 궁극적인 자율성의 승리를 잘 보여 줍니다.

어린 양치기 소년 다윗은 왕이 될 가능성이 거의 없는 것처럼 보였을 수도 있습니다. 특히, 그의 나이 많고 인상적인 형들과 나란히 놓일 때 더욱 그렇습니다. 하지만 그가 골리앗과 용감하게 맞서는 것은 단지 육체적인 용기만이 아니라 뿌리 깊은 자율성을 보여 주는 것이었습니다. 명백한 단점에도 불구하고 다윗의 흔들리지 않는 믿음과 자신에 대한 신뢰는 의심을 이기는 자율성의 본질에 깊이 공감합니다.

(3) 발달 단계 이론으로 『고백록』 읽기: 자율성 vs. 수치감 및 회의감

① 에릭슨의 두 번째 발달 단계 개요
질문: 『고백록』에서 어거스틴은 어린 시절의 의지와 자율성에 대한 초기 주장을 어떻게 설명합니까?
답변: 어거스틴은 부모의 물건을 훔치거나 자신의 욕망을 전달하기 위해 짜증을 내는 등 유아기의 죄를 언급합니다. 이는 자율성을 주장하고 자신의 자아를 이해하려는 초기 시도로 볼 수 있습니다.

② 자율화를 위한 과제
질문: 어거스틴이 그의 자율성을 억압하거나 의심과 수치심을 심어준 권위자들의 상황이나 반응을 이야기하는 『고백록』의 사례가 있습니까?
답변: 어거스틴은 학업을 소홀히 하거나 그리스어 대신 라틴 문학을 즐겼다는 이유로 자주 처벌을 받았던 학교생활을 회상합니다. 이 에피소드는 그가 의심과 수치심을 느낀 순간이었을 것입니다.

③ 자율성 vs. 사회적 규범

질문: 어거스틴의 초기 행동은 개인의 자율성과 사회적 규범 사이의 투쟁을 어떻게 반영할 수 있나요?

답변: 어거스틴의 배 절도는 이러한 투쟁의 상징입니다. 그는 배고픔이나 부족함 때문이 아니라 범죄가 주는 순전한 스릴, 즉 사회적 규범에 대한 명백한 반항 때문에 도둑질 행위를 즐겼습니다.

④ 단계의 잠재적 결과

질문: 어거스틴의 후기 행동은 자율성 vs. 수치심 및 의심에 대한 그의 초기 투쟁의 결과를 어떻게 반영합니까?

답변: 어거스틴의 쾌락주의에 의한 끊임없는 쾌락추구, 마니교와의 관계, 심지어 관계까지도 그의 초기 갈등의 표현으로 볼 수 있습니다. 그의 젊은 시절의 반항심과 반항심은 진리와 목적을 찾는 영적인 여정으로 이어졌습니다.

⑤ 육아에 있어서 균형의 중요성

질문: 돌봄인, 특히 어거스틴의 어머니 모니카의 영향력은 어거스틴의 자율성과 사회적 기대의 균형을 맞추는 데 어떤 역할을 했습니까?

답변: 어거스틴의 기독교 복귀를 위한 모니카의 끈질긴 믿음과 기도는 그에게 자율성을 허용하는 것과 그를 사회적, 영적 규범으로 부드럽게 인도하는 것 사이의 균형을 이해하고 있음을 나타냅니다. 그녀의 영향력은 비록 압도적이지는 않았지만 어거스틴의 최종적인 개종에 결정적인 역할을 했습니다.

3) 제3단계: 주도성 vs. 죄책감

(1) 유아기 발달 및 언어 습득

4~5세가 되면 아이들은 자기를 표현하기 위해 언어를 사용하기 시작하고 주변 환경에 대해 호기심을 갖기 시작합니다. 그들의 확장된 어휘는 주변 세계를 더 잘 이해하는 데 도움이 됩니다. 게다가, 그들의 상상력은 질문에 대한 답을 찾는 데 도움이 됩니다. 이 주도성과 자율성단계에서 아이들은 자기 행동에 대해 목표를 설정하고 계획하고 책임을 져야 할 필요성을 느낍니다. 때로는 그들의 행동이 사회적 기대와 일치하지 않을 수 있으며, 영향을 받을 수도 있습니다. 건강한 발달을 위해서는 부모가 지나치게 제한하지 않고 지도하는 것이 중요합니다.

① 주도성의 의미

주도성에는 적극적이고 책임을 지는 것이 포함되며 자율성과 계획이 혼합되어 있습니다. 이전에는 이러한 행동이 반항적인 것으로 여겨졌으나 이제는 독립을 향한 움직임을 나타냅니다. 이 단계는 성취의 기쁨으로 표시됩니다.

② 더 넓은 관계 및 행동 역학

아동의 관계는 부모를 넘어 다른 가족 구성원까지 확장되므로 과도한 호기심과 공격성을 통제하는 것이 필수적입니다. 독립에 대한 열망과 인지된 경쟁으로 인한 잠재적인 죄책감 사이의 줄다리기는 어려울 수 있습니다.

③ 에릭슨의 "주도성 vs. 죄책감" 단계

4~6세까지의 이 단계는 어린이가 스스로 계획하고 행동하는 능력이 특징입니다. 그들은 자신의 성취에 자부심을 가지지만 죄책감과 불안에 직면할 수 있습니다. 특히, 일관되지 않은 양육을 경험해 잠재적인 수치심과 자존감 감소로 이어질 경우 더욱 그렇습니다.

④ 과제 완료 및 위기의 결과

과제를 성공적으로 완료하면 어린이의 목적의식, 자부심 및 자율성이 육성됩니다. 반대로, 위기 상황에서는 죄책감과 불안을 느낄 수도 있고, 자신감 부족으로 인해 새로운 경험을 회피할 수도 있습니다.

(2) 목적 및 의도 purpose - 환상의 이해와 현실적 제한

① 성별 및 초기 성인기 개념 탐구

이 기간 동안 아이들은 자신과 다른 사람의 성기에 점점 더 관심을 갖게 되며, 자신을 성인으로 보는 상상의 시나리오를 촉발합니다. 이 단계에는 종종 프로이트의 오이디푸스 콤플렉스를 연상시키는 부모 중 한 사람과의 경쟁심이 포함됩니다. 더욱이, 아이들의 행동은 창조하고 적극적으로 행동하려는 충동으로 특징지어지며 때로는 공격적인 자세를 취하기도 합니다.

이러한 공격성은 성별에 따라 다릅니다. 소년은 남근 침입 스타일로 설명되는 것을 보여줄 수 있는 반면, 소녀는 더 공격적인 '움켜쥐기' 스타일 또는 더 부드럽고 더 사랑스러운 태도를 보여 줄 수 있습니다.

② 의도와 초자아의 출현

이 시기에는 목적의식을 제공하고 행동을 안내하는 의도성 개념이 가장 중요해집니다. 확고한 의지를 가진 어린이는 잠재적인 영향이나 죄책감에 굴하지 않고 현실에 근거한 환상에 빠져 개인적인 목표를 달성할 수 있습니다. 동시에 이 단계에서는 초자아가 성숙해지면서 옳고 그름을 분별하는 아이의 능력이 향상됩니다. 불안의 출현은 죄책감을 불러일으킬 수 있지만 초자아의 역할은 행동을 규제해 행동이 다른 사람에게 해를 끼치거나 무시하지 않도록 보장하는 것입니다.

③ 목적 및 윤리적 행동 개발

진정한 목적의식을 갖고 움직이는 아이들은 단순히 자신의 욕구에 따라 충동적으로 행동하지 않습니다. 그들은 이해하려는 근본적인 의도와 함께 호기심을 가지고 자신의 요구에 접근합니다. 그들의 열망은 적절하다고 간주되는 범위 내에 묶여 있으며 항상 다른 사람에 대한 본질적인 존중을 담고 있습니다. 기능하는 초자아와 결합된 강력한 목적의식을 키우는 것은 아이들이 유아기의 망상을 뛰어넘어 진화할 수 있게 해 줍니다. 이러한 성숙을 통해 그들은 자신감과 용기를 가지고 칭찬할 만한 목표를 추구할 수 있습니다.

④ "목적 및 의도"에 대한 성경 사례

다윗왕의 이야기는 그가 청년 시절부터 시작되어 그가 어떻게 유대국의 왕이 되었는지 그리고 그가 왕으로서 어떤 업적과 죄를 저질렀는지를 다루고 있습니다. 다윗왕은 주도권과 야망을 보여 주는 청년으로 주도권 단계의 긍정적인 측면을 잘 보여 줍니다. 예를 들어, 그는 아무도 그렇게 할 용기가 없었음에도 전투에서 골리앗과 맞서고 물맷돌로 그를 죽임으로써 주도권을 나타낸 것은 아주 특별한 일이었습니다. 이러한 사실은 다윗왕이 대답하며 용감한 성격의 소유자였음을 보여 줍니다.

그러나 다윗왕은 유혹에 굴복해 밧세바와 간음을 범하고, 그녀의 남편인 우리아를 죽이는 죄를 범했습니다. 이 이야기는 죄의 단계의 소극적 측면을 반영하며, 당시의 도덕적, 사회적 기준에 어긋나는 행동 때문에 다윗왕의 죄가 어떻게 초래되었는지를 보여 줍니다. 이를 통해 다윗왕의 인간적인 면과 그의 결함을 보여 줍니다.

이러한 다윗왕의 이야기는 에릭슨 이론에서 살펴보면, 세 번째 단계에서 발생하는 주도권과 죄의식 사이의 역동성과 개인의 죄의식에 대한 사회적 및 도덕적 규범의 영향을 설명하는 사례가 됩니다. 이를 통해 우리는 인간의 복잡한 성격과 결함 그리고 삶의 여러 단계에서의 도전과 성장을 이해할 수 있습니다.

(3) 발달 단계 이론으로 『고백록』 읽기: 주도성 vs. 죄책감

① 유아 발달과 언어 습득

질문: 어거스틴은 언어 습득에 대한 그의 초기 노력을 어떻게 설명하며 이것이 그의 세계 이해에 어떤 영향을 미쳤습니까?

답변: 어거스틴은 어른들을 관찰하고 그들의 욕구를 해석하는 것으로 말하는 법을 배우는 것에 대해 말합니다. 그는 울음과 몸짓을 통한 의사소통의 초기 시도를 언어에 대한 그의 싹트는 이해와 동일시합니다. 그는 초기 시절에 대한 기억력이 부족하다는 점을 인정하지만, 자신의 세계를 형성하는 데 있어 언어의 필수적인 역할을 인정합니다.

② 어린 시절의 주도성과 자율성

질문: 어거스틴이 어린 시절에 주도성과 자율성을 보여준 사례가 『고백록』에 있습니까?

답변: 어거스틴은 자신의 학교생활과 공부보다 놀이를 더 우선시했던 것에 대해 회상합니다. 그는 학교에서 몰래 빠져나와 게임을 추구하는 데 주도권을 쥐었고, 초기 자율성과 의사 결정 능력을 보여 주었습니다.

③ 이니셔티브와 그 의미

질문: 어거스틴의 젊은 시절의 행동과 결정은 주도성에 대한 그의 이해를 어떻게 반영합니까?

답변: 과일 배가 필요하지 않았음에도 불구하고 배를 훔치려는 어거스틴의 결정은 주도적인 행동, 즉 적극적인 선택으로 볼 수 있습니다. 그것은 배고픔이 아니라 오히려 행위의 스릴, 즉 자기를 주장하려는 욕구에 의해 추진되었습니다.

④ 더 넓은 관계와 행동 역학

질문: 『고백록』에서 어거스틴이 친구 및 가족과 상호 작용한 것은 그의 젊은 시절의 관계 확장과 행동 역학을 어떻게 반영합니까?

답변: 어거스틴은 자신의 우정, 특히 그의 삶에 영향을 미쳤던 타가스테의 젊은 친구와 공유한 깊은 유대에 대해 자주 이야기합니다. 종종 동료의 영향에 의해 주도되는 그의 행동은 이 단계에서 행동을 형성하는 데 있어 외부 관계의 중요성이 커지고 있음을 보여 줍니다.

⑤ 에릭슨의 "주도성 vs. 죄책감" 단계

질문: 『고백록』에서 어거스틴이 주도권과 그에 따른 죄책감과 씨름하는 순간이 있습니까?

답변: 배를 훔치는 사건이 생생한 예입니다. 어거스틴은 주도적으로 친구들과 함께 그 행위를 저질렀지만, 나중에는 이 사소해 보이는 행위의 동기와 의미에 대해 깊이 반성하면서 죄책감에 시달렸습니다.

⑥ 과제 완료 및 위기 결과
질문: 어거스틴은 성공적으로 일을 완수해 자존감이 높아진, 또는 반대로 실패로 인해 불안이나 죄책감이 생겼던 어린 시절의 사건을 회상합니까?
답변: 어거스틴은 자신의 학교 교육과 그의 웅변에 대한 칭찬을 받았을 때 느꼈던 자부심을 회상합니다. 반대로, 그는 또한 그리스어보다 라틴어를 사랑하거나 장난스러운 행동으로 인해 징계를 받았을 때와 같이 수치심과 죄책감을 불러일으키는 악행에 대한 처벌 사례를 회상합니다.

4) 제4단계: 근면성 vs. 열등감

(1) 에릭슨의 발달 단계 개요
프로이트의 잠복기에 해당하는 이 단계는 6세부터 11세까지입니다. 에릭슨은 이 단계를 아이들이 인지적, 사회적 능력을 확장하고 더 넓은 사회적 능력을 습득하려고 노력하는 자아 성장의 중요한 단계로 보았습니다. 이는 가족 환경을 넘어서는 기술을 터득하는 단계에 속합니다.

① 근면 단계
사춘기에 도달하기 전에 아이들은 에릭슨이 "근면"이라고 부르는 단계를 경험합니다. 이들은 가정의 한계에서 벗어나 보다 광범위한 사회적 환경에 참여합니다. 습득하는 기술은 원시 사회의 사냥부터 현대 환경의 정규 교육에 이르기까지 사회 구조에 따라 다릅니다.

② 놀이와 또래 상호 작용의 중요성

이 연령층의 어린이들은 학문적 성취 외에도 협력적인 놀이와 작업을 강조합니다. 동료들과의 관계는 성취감과 인정을 제공하고 자신감과 존중감을 향상시킵니다.

③ 인정 및 가족의 지원

사회의 인정과 가족의 일관된 지원은 이 단계의 어린이에게 매우 중요합니다. 이러한 외부 검증은 자존감을 강화할 뿐만 아니라 성취도 강화합니다.

④ 자기 정체성의 형성

에릭슨은 아이들이 부지런해짐에 따라 뚜렷한 자기 정체성을 형성하기 시작한다고 제안합니다. 자기 능력과 역할을 인식해 노년에도 중요한 개인 정체성을 확립하고 미래 노력을 위한 로드맵을 제시합니다.

⑤ 지적 및 사회적 성장의 원천인 학교

학교 교육은 단지 학문적 노력이 아닙니다. 또래들과의 상호 작용은 아이들이 사회적 규범과 가치를 동화할 수 있는 귀중한 기회를 제공합니다. 또한, 개인의 정체성을 이해하고 목적의식을 도출하며 근면성을 키우는 데에도 도움이 됩니다.

⑥ 외부 격려의 역할

성인, 특히 부모가 의미 있는 작업을 할당하고 어린이의 노력에 감사할 때 건전한 직업윤리가 성장하도록 장려됩니다. 그러나 또래와의 지속적인 비교나 학교 준비가 부족하면 열등감을 느낄 수 있습니다.

⑦ 잠재력을 키우지 못하는 위험

이전 단계의 지속적인 실패나 해결되지 않은 문제는 어린이의 부적절함을 느끼게 할 수 있습니다. 이 단계에서 아이의 타고난 능력이 육성되지 않으면, 에릭슨은 그 능력이 무기한 휴면 상태로 남을 수도 있다고 경고했습니다.

(2) 능력 competence - 기술, 성취의 격려, 실패의 극복

① 능력의 정의 및 개발

능력은 개인이 다양한 일상 업무를 효율적으로 수행할 수 있도록 경험, 지식, 기술이 융합된 교양된 상태를 의미합니다. 유능한 사람은 자신의 노력에 자신감을 갖고, 자신의 강점과 한계를 인정합니다. 이를 극복하기 위해 적극적으로 노력해 역량을 향상시킵니다. 능력은 시간과 다양한 경험을 통해 진화합니다. 학교에서의 학업 능력, 스포츠에서의 운동 능력, 직장에서의 전문 적성 등 영역에 관계없이 자기 능력을 향상하고 숙달되기 위해서는 지속적인 노력이 필수적입니다.

② 능력과 감정의 상호 작용

그들의 재능에도 불구하고 가장 유능한 개인이라 할지라도 시기심과 같은 감정에 면역되지는 않습니다. 특히, 학생들 사이에서는 자기 평가가 상대적인 성취도에 의존해 동료와의 비교를 유발하는 경우가 많습니다. 그러한 병치는 시기심으로 이어진다면 자존심과 자신감을 약화시킬 수 있습니다.

그러나 진정으로 유능한 개인은 다른 사람의 성공을 축하함으로써 이러한 감정을 초월합니다. 그들은 그것을 영감으로 인식해 자기 개선에 박차를 가합니다. 자신의 고유한 강점과 성장 영역을 인식하고 다른 사람의

능력을 동기 부여 촉매제로 활용하는 것이 중요합니다.

③ 유능한 개인의 긍정적 특성과 사회적 영향

유능한 개인의 특징은 자신의 잠재력에 대한 확고한 믿음입니다. 문제 해결에 대한 자신감과 새로운 도전에 정면으로 맞서는 대담한 태도를 보여 줍니다. 지속적으로 기술을 연마함으로써 그들은 개인적인 잠재력을 향상시킬 뿐만 아니라 더 큰 커뮤니티에 건설적으로 기여합니다. 본질적으로 능력 개발의 여정은 개인의 발전만을 위한 것이 아닙니다. 이는 또한 개인이 사회에 건설적인 기여자가 되는 데서 정점에 이릅니다.

④ 능력에 대한 성경 사례

성경에는 능력에 대한 다양한 인물의 이야기가 담겨 있습니다. 이러한 이야기는 근면과 열등감에 대한 중요성을 강조하면서도, 그 과정에서 발생할 수 있는 도전과 어려움을 보여 줍니다. 다윗과 사울의 이야기에서는 다윗이 하나님의 선택을 받아 이스라엘의 왕이 되기 위해 노력하는 목동으로서의 모습이 그려져 있습니다.

다윗은 하나님에 대한 믿음과 자신의 근면과 능력으로 거인 골리앗을 물리치고, 그 경험을 바탕으로 위대한 지도자이자 왕이 되었습니다. 반면에 사울은 열등감과 불안감에 시달려 결국 몰락했습니다. 이 이야기는 근면과 능력의 중요성뿐만 아니라 열등감과 불안감의 부정적인 결과도 함께 강조합니다.

창세기에 묘사된 요셉의 이야기도 근면과 열등감의 개념을 보여 줍니다. 요셉은 형제들의 질투와 배척으로 인해 노예로 팔려 애굽에서 일하게 되었습니다. 그러나 그는 근면과 열심히 일함으로써 신임받는 종이 되었고, 결국 국가의 식량 공급을 책임지는 중요한 지위에 오르게 되었습니다. 이러한 과정에서 요셉은 열등감을 경험하기도 했지만, 그것을 극복하고 커다란 성공을 이루어냈습니다.

또 다른 예시로는 다니엘의 이야기가 있습니다. 다니엘은 바빌론으로 사로잡혀 가게 되었지만, 그는 자신의 근면과 능력으로 왕궁에서 신임받는 지위를 얻게 되었습니다. 그러나 그는 그 지위를 이용해 하나님의 뜻을 이루기 위해 노력하고, 그에게 주어진 임무를 성공적으로 수행하면서도 열등감과 고통을 경험했습니다.

이러한 성경적인 이야기는 근면과 열등감이 개인의 성장과 발달을 촉진하는 데 중요하다는 것을 보여 줍니다. 노력하고 열심히 일함으로써 개인은 자신의 역량과 능력을 키울 수 있고, 성장과 발달의 과정을 거쳐 개인적인 통찰력을 얻을 수 있습니다. 또한, 근면과 능력은 열등감과 불안감을 극복하는 데 도움을 줄 수 있습니다.

(3) 발달 단계 이론으로 『고백록』 읽기: 근면성 vs. 열등감

① 에릭슨의 발달 단계 개요

질문: 6~11세 사이의 어거스틴의 지적, 도덕적 발달은 이 발달 단계에 대한 에릭슨의 설명과 어떻게 일치합니까?

답변: 어거스틴은 이 기간 동안 자신의 학교생활을 되돌아보며 교사들이 도덕적인 실수보다 학문적 실수에 더 관심을 가졌다는 점을 지적합니다. 이것은 그의 더 넓은 사회적 노출과 인지적 성장을 보여 줍니다.

② 근면 단계

질문: 어거스틴이 가정 환경에서 벗어나 더 넓은 사회 활동에 적극적으로 참여하는 것을 묘사하는 『고백록』의 순간이 있습니까?

답변: 어거스틴은 자신의 학교 시절에 공부보다는 친구들과 놀이를 더 좋아했다는 이유로 자주 처벌을 받았다고 언급합니다. 이는 그가 더 넓은 사회 및

학습 환경에 진출했음을 나타냅니다.

③ 놀이와 또래 상호 작용의 중요성
질문: 어거스틴이 학창 시절 동료들과 상호 작용한 것이 그의 개인적 발전과 자기인식에 어떤 영향을 미쳤습니까?
답변: 어거스틴이 배를 훔친 것은 주로 친구들의 압력에 영향을 받았습니다. 이 사건은 동료들이 그의 도덕적 선택과 개인적 발전에 미친 영향을 강조합니다.

④ 인정 및 가족 지원
질문: 『고백록』에서 어거스틴은 그의 성장기 동안 가족 지원과 사회적 인정의 역할을 어떻게 설명합니까?
답변: 어거스틴은 그의 어머니 모니카와 그녀의 독실한 신앙에 대해 자주 언급합니다. 그녀의 인도와 기도는 그가 개종과 영적인 이해를 향한 여정에서 중요한 역할을 했습니다.

⑤ 자기 정체성 형성
질문: 그의 젊은 시절에 대한 어거스틴의 성찰은 그의 개인적, 영적 정체성의 형성을 어떻게 보여 줍니까?
답변: 어거스틴은 죄와 은혜에 대한 그의 내적 투쟁에 대해 종종 이야기하며, 결국 그가 기독교로 개종하게 되었습니다. 이러한 경험은 그의 자기 정체성과 영적 궤적을 형성합니다.

⑥ 지적, 사회적 성장의 원천인 학교
질문: 어거스틴은 지적 발달과 사회적 상호 작용 측면에서 자신의 학교 교육을 어떻게 묘사합니까?

답변: 어거스틴은 학교 교육의 대조적인 측면, 즉 개인적 발전과 자부심을 위한 도구로서의 학습과 사회 환경의 영향을 받은 청소년기의 도덕적 결점을 탐구합니다.

⑦ 외부 격려의 역할
질문: 어거스틴이 학창 시절 외부 격려의 효과나 부족함을 표현한 사례가 있습니까?
답변: 어거스틴은 자신의 웅변 능력이 칭찬받았고 그러한 인정이 어떻게 그의 자존심과 야망을 불러일으켰는지 언급합니다. 반대로 그는 비교와 처벌의 부정적인 영향에 대해서도 언급합니다.

⑧ 잠재력이 발달하지 않을 위험
질문: 어거스틴은 자신의 잠재력이 육성되지 않았다고 느꼈던 순간이나 부적절함을 느꼈던 순간을 회상합니까?
답변: 어거스틴이 자신의 젊은 시절의 범법, 특히 영적 추구보다 죄악된 쾌락을 향한 성향에 대해 한탄한 것은 처음에는 자신의 영적 잠재력을 깨닫지 못했다는 그의 인식을 반영합니다.

5) 제5단계: 정체감 vs. 정체감 혼미

(1) 초기 단계와 청소년기에 대한 에릭슨의 초점
에릭슨은 특히 신뢰 형성의 초기 단계와 청소년기에 관심을 가졌습니다. 이 단계에서 긍정적인 자기 정체성을 성공적으로 개발하면 이후 단계의 심리적 위기에 직면했을 때 더 나은 탄력성을 보장할 수 있습니다. 이러한 기반이 없으면 개인은 자신의 정체성을 오랫동안 고민할 수 있습니다.

① 청소년기의 급격한 변화와 역할 전환

청소년기 동안 개인은 급격한 신체적 성장과 변화하는 사회적 기대에 직면합니다. 이전의 가치와 관점은 쓸모없다고 느껴져 자신의 존재에 대한 탐구와 질문으로 이어질 수 있습니다.

② 자아정체성에 대한 탐구

이 시기는 '내가 존재하는 목적은 무엇인가?'와 같은 질문에 대한 십대의 성찰로 특징지어집니다. 답변을 찾지 못하면 정체성 혼란이 발생할 수 있습니다. 그러나 자신의 사회적 역할과 목적을 인식하는 사람들은 자아정체성을 성공적으로 확립할 수 있습니다. 이를 위해서는 처음 12년 동안의 경험과 요구 사항을 종합해야 합니다.

③ 에릭슨에 따르면 청소년기의 중심 과제

에릭슨은 청소년기의 주요 목표는 자기 정체성의 확립이라고 강조했습니다. 이는 자기 능력, 역할, 책임 및 세상에서의 위치에 대한 명확한 이해를 의미합니다.

④ 또래 그룹과 역할 모델의 역할

청소년들은 정체성을 추구하면서 종종 또래 그룹을 찾거나 존경받는 개인이나 영웅을 존경합니다. 동아리에 가입하거나 다양한 활동에 참여하는 것은 자기를 찾기 위한 노력인 경우가 많습니다.

⑤ 강한 정체성의 영향

강한 개성을 지닌 청소년은 사회적 인정을 받으며 정신적으로 건강한 성인으로 성장합니다. 대조적으로, 정체성 위기를 잘 헤쳐 나가지 못하는 사람들은 부정적인 성격 특성을 발전시키고 나중에 특정 인물에게 과도한 충성심을 보일 수 있습니다.

⑥ 청소년기 신체 이미지의 중요성

초기 청소년기에 형성된 신체 이미지는 성인기까지 지속되는 경우가 많습니다. 시간이 지남에 따라 신체적 변화가 발생하더라도 이러한 심리적 이미지는 변함없이 유지됩니다. 개인의 외모에 대한 대중의 반응은 이러한 자아상에 상당한 영향을 미치며, 이는 다시 성격 발달에도 영향을 미칩니다.

⑦ 현실에 대한 인식

다른 사람들이 자신에 대해 어떻게 생각하는지 인식하는 것은 주변 사람들이 갖고 있는 실제 의견보다 더 중추적입니다. 따라서 초기 가족의 인식은 지속적인 영향을 미칠 수 있습니다.

⑧ 신체 이미지 문제의 심리적 영향

청소년기의 신체 이미지 문제는 성인기의 부당한 열등감, 부정적인 자기 인식, 극단적인 경우 우울증이나 편집증과 같은 상태로 이어질 수 있습니다. 그러나 물리적 특성이 유일한 결정 요인은 아닙니다. 자신에 대한 개인의 '생각'이 열쇠를 쥐고 있습니다. 이 '사고' 과정은 시간이 지남에 따라 학습되고 수정될 수 있습니다.

(2) 충실 fidelity - 역할 실험, 가치 탐색, 진로 탐색, 사회집단

① 청소년기, 정체성 그리고 일관성을 위한 투쟁

청소년기는 개인이 자신 안에 존재하는 다양한 정체성을 예리하게 인식하게 되는 단계입니다. 다양한 사회 집단이 기대하는 다양한 역할을 탐

색하는 것은 부담스러울 수 있으며 불일치감을 유발할 수 있습니다. 청소년은 정체성을 확고히 하기 위해 자신의 핵심 자아와 일치하는 특정 요소를 선택적으로 수용하고 다른 요소는 거부함으로써 부정적인 정체성을 형성해야 합니다. 이것은 본질적으로 '나쁜' 정체성이 아니라 오히려 자신의 진정한 본질과 일치하지 않는 자아의 요소입니다.

에릭슨은 정체성 혼란이 전형적인 청소년 위기라고 지적합니다. 오이디푸스 콤플렉스 이전의 발달 문제에 뿌리를 둔 이 위기는 항상 병적인 것은 아니지만 때로는 개입이 필요할 수 있습니다.

② 사회적 요인의 영향과 의식의 발견

에릭슨은 사회적 요인이 정체성 형성에 미치는 엄청난 영향을 강조합니다. 급속한 사회 변화, 정교하고 자동화된 사회의 압력, 성별, 직업, 이념의 다각적인 도전은 정체성을 형성하는 데 중요한 역할을 합니다. 더욱이, 자신의 독특한 의식을 실현하는 것은 신나는 일이기도 하고 두려운 일이기도 합니다.

에릭슨은 하나님이 자신을 "나는 스스로 있는 나이다"(I am that I am, 출 3:14)라고 밝히시는 성경적 설명을 언급하면서 고양된 자기 인식 감각을 더 높은 존재에 대한 인식과 연결합니다. 이는 궁극적인 자기 이해가 영적인 깨달음에 뿌리를 두고 있음을 시사합니다.

③ 정체성 형성에 있어서 자부심, 충성심, 사회적 영향력 탐색

특히, 청소년기에 교만은 허영심, 자기중심주의, 심지어 종교적 우월함으로 나타날 수 있습니다. 이는 이 시기의 강화된 자기 중심주의의 자연스러운 파생물이지만, 진정한 자기 정체성과 과장된 자기 중요성을 구별하는 것이 필수적입니다. 충성심은 자존심에 대한 반대 미덕으로 나타납니다. 이는 자신뿐만 아니라 다른 사람과 더 높은 신념에 대한 충성도 강

조합니다. 종교적 관점을 채택하면 순수한 자기 중심성에서 더 높은 존재를 중심으로 하는 자아로 전환하는 것이 중요합니다.

청소년들은 과거의 경험과 미래의 포부를 고려해 지속적으로 자아상을 형성합니다. 윤리적 가치에 대한 충성심과 신실함은 특히 그들이 살고 있는 사회적, 문화적 맥락에서 자신을 정의하는 데 매우 중요합니다.

④ "충실"에 대한 성경 사례

성경에서 자기 정체성과 역할 혼란과 투쟁의 한 예는 모세의 이야기에서 볼 수 있습니다. 출애굽기 3:1-15에서 모세는 장인의 양떼를 치다가 떨기나무가 타는 환상을 보고 하나님의 음성을 들었습니다. 그는 처음에는 자신의 정체성과 목적에 대해 확신이 없었지만, 하나님의 인도와 자기 능력에 대한 자신감이 커짐에 따라 계속해서 이스라엘 백성을 애굽의 종살이에서 벗어나 백성의 지도자가 되었습니다.

이 이야기는 모세가 문화의 요구 사항과 자신의 목적의식과 씨름하고 마침내 지도자이자 하나님의 종으로서 자신의 위치를 찾는 과정에서 역할 혼란에서 더 명확한 자아 정체성으로의 여정을 보여 줍니다.

(3) 발달 단계 이론으로『고백록』읽기: 정체감 vs. 정체감 혼미

① 초기 단계와 청소년기에 대한 에릭슨의 초점

질문: 어거스틴은 자신의 신뢰와 자기 정체성 형성에 중추적인 역할을 했던 청소년기의 순간들을 회상합니까?

답변: 어거스틴은 젊었을 때의 악행, 특히 배를 훔친 일에 대해 자주 언급합니다. 그러한 행동은 필요에 의한 것이 아니라 단순한 장난에 대한 욕구에 의해 주도되었으며, 이는 청소년기 동안 신뢰와 도덕적 방향에 대한 어려움을 나타냅니다.

② 청소년기의 급격한 변화와 역할 전환
질문: 어거스틴은 청소년 시절에 직면했던 도전과 전환을 어떻게 설명합니까?
답변: 어거스틴은 감각적 쾌락으로 가득 찬 소란스러운 청소년 시절과 세속적 욕망과 영적 열망 사이에서 선택해야 했던 투쟁에 대해 이야기합니다.

③ 자기 정체성 탐색
질문: 어거스틴의 청소년기 성찰 여정은 자기 정체성에 대한 탐구를 어떻게 반영합니까?
답변: 『고백록』 전반에 걸쳐 어거스틴의 마니교, 신플라톤주의 그리고 마지막으로 기독교에 대한 추구는 정체성과 영적 목적에 대한 그의 깊은 탐구를 드러냅니다.

④ 에릭슨에 따르면 청소년기의 주요 임무
질문: 『고백록』에서 어거스틴은 청소년기에 자신의 정체성을 확립하는 작업을 어떻게 진행합니까?
답변: 회의주의에서 신앙으로의 어거스틴의 여정과 결국 기독교로의 개종은 영적, 도덕적 정체성을 확립하려는 그의 노력을 의미합니다.

⑤ 또래 집단의 역할과 역할 모델
질문: 『고백록』에는 어거스틴이 청소년 시절에 존경하거나 영향을 받은 인물이나 또래 집단이 있습니까?
답변: 어거스틴은 다양한 동료 집단, 특히 마니교의 영향을 받았습니다. 그는 또한 밀라노의 주교 암브로시우스를 영적 지도자로 우러러보았습니다.

⑥ 강력한 정체성의 영향

질문: 어거스틴은 강한 정체성의 안정감을 느꼈던 순간이나 정체성이 부족해 혼란스러웠던 순간을 표현합니까?

답변: 어거스틴이 처음에 마니교 종파에 매력을 느낀 것은 그가 강력한 정체성을 추구했음을 나타냅니다. 그러나 나중에 마니교 종파를 부인하고 기독교를 받아들인 것은 회복력 있는 영적 정체성을 확립했다는 것을 의미합니다.

⑦ 청소년기 신체 이미지의 중요성

질문: 어거스틴은 육체적 욕망, 외모 그리고 그것이 그의 도덕적 선택에 미치는 영향이라는 주제에 어떻게 접근합니까?

답변: 어거스틴은 젊었을 때 육체적인 욕망에 흔들렸다고 인정합니다. 이는 그의 도덕적, 영적 투쟁에서 신체와 외모의 영향을 반영합니다.

⑧ 현실 인식

질문: 어거스틴에 대한 가족의 인식은 그의 청소년기 동안의 자기 가치와 결정에 어떤 영향을 미칩니까?

답변: 어거스틴의 어머니인 모니카는 그의 기독교 복귀를 위해 꾸준히 기도했으며, 그녀의 확고한 신앙은 어거스틴이 자신에 대한 인식과 궁극적인 개종을 형성하는 데 중요한 역할을 했습니다.

⑨ 신체 이미지 문제의 심리적 영향

질문: 어거스틴은 자신의 육체적 욕망이 심리적으로 미치는 영향과 그것이 자신의 자기 인식을 어떻게 형성했는지 언급했습니까?

답변: 어거스틴은 현대 심리학이 이해하는 "신체 이미지"를 탐구하지는 않지만 종종 자신이 감각적 유혹에 굴복한 것을 한탄하며 이러한 욕망이 자신의 자기 인식에 미치는 심오한 심리적, 영적 영향을 나타냅니다.

6) 제6단계: 친밀성 vs. 고립감

(1) 에릭슨의 이론과 청소년기의 중요성

에릭슨의 심리사회적 발달이론은 다양한 삶의 단계에 걸쳐 자기 정체성의 형성을 강조합니다. 청소년기는 이러한 자기 정체성 형성 과정에서 중추적인 시기입니다. 개인이 자신의 정체성과 핵심 가치에 대해 깊이 성찰하는 시기는 청소년기입니다.

① 정체성 형성에서 친밀감의 역할

자기 정체성을 형성하는 동시에 관계에서 친밀감을 구축하는 것도 중요합니다. 친밀한 관계를 통해 개인은 다른 사람과 더 깊은 유대감을 형성할 수 있으며, 이는 자신의 정체성을 이해하고 구체화하는 데 더욱 도움이 됩니다. 이러한 친밀감을 달성하지 못하면 고립감이 지속되어 향후 친밀한 관계를 어렵게 만들 수 있습니다.

② 성인기 및 결혼 관계의 친밀감

개인이 성인기로 전환함에 따라 친밀감의 역할은 진화하고 더욱 중요해지며, 특히 직업 선택 및 인생 파트너 선택과 같은 결정에서 더욱 중요해집니다. 여기서 친밀감은 단순한 연결 이상의 의미를 갖습니다. 이는 중요한 다른 사람들, 특히 배우자와의 공유된 정체성을 찾는 것입니다. 이러한 친밀감의 깊이는 종종 결혼 생활의 성공을 결정하는 요인이 됩니다.

③ 친밀감 구축의 과제

친밀한 관계를 형성하는 것이 항상 간단한 것은 아닙니다. 이를 위해서는 깊은 이해, 공감 그리고 상대방의 필요와 욕구를 인식하고 존중하려는 의지가 필요합니다. 따라서 공감은 친밀감을 형성하는 초석으로 등장합니다.

④ 친밀감의 정의 확장

친밀감에 대한 에릭슨의 관점은 단지 낭만적이거나 성적인 관계를 넘어 확장됩니다. 직장 동료들과의 유대감과 같은 사회적 친밀감도 포함됩니다. 그러한 비낭만적 형태의 친밀감은 자기 정체성 형성 과정에 필수적입니다.

⑤ 친밀감 키우기의 필수 요소

정체성 형성의 초기 단계부터 친밀감을 키우는 것이 가장 중요합니다. 이는 고립감을 막는 보루 역할을 하며 미래에 진정한 친밀한 관계를 위한 무대를 마련합니다. 이를 달성하려면 지속적인 대화, 존중, 공감, 상대방에 대한 깊은 이해가 필요합니다.

(2) 사랑 love: 독립, 고독의 인내, 책임감, 상호 헌신, 상처의 아픔을 참아냄

① 성인기 친밀감의 중요성과 역동성

성인 초기는 결혼 제도에서 두드러지게 나타나는 친밀한 유대의 형성으로 특징지어집니다. 그러나 직장생활은 친밀감을 키우는 또 다른 중요한 영역을 제공합니다. 다양한 배경을 가진 사람들이 전문적인 환경에서 함께 모여 상호 존중과 이해를 바탕으로 독특한 관계를 형성합니다. 이러한 동료애는 동료 간의 유대감, 선배에 대한 존경심, 그룹에 대한 깊은 소속감과 애정으로 나타납니다.

② 친밀감의 성별 차이와 자기 공개의 역할

연구에 따르면 남성은 일반적으로 여성보다 대인 관계에서 친밀감이 덜한 것으로 나타났습니다. 남성은 여성에 비해 대인관계 기술과 자기 공개에 덜 능숙한 경향이 있습니다. 여성은 남녀 모두와 친밀감을 표현하는

데 능숙하지만, 남성은 주로 이성 관계에 대해 그러한 친밀감을 유보하는 경우가 많습니다. 그런데도 이는 개인의 경험과 성격이 중요한 역할을 하는 광범위한 일반화입니다.

친밀감의 핵심은 자기 공개를 요구하는데, 이는 자기 생각과 감정을 솔직하게 공유하고 그 대가로 공감을 기대하는 것을 수반합니다. 다른 사람의 감정과 관점을 인식하고 소중히 여기는 것은 친밀감을 더욱 향상시킵니다.

③ 도전 과제 탐색 및 대인 관계 친밀감의 중요성

대인 관계는 매우 중요하지만 어려움이 없는 것은 아닙니다. 부정적인 경험과 갈등은 당연합니다. 이러한 문제를 해결하려면 공감, 이해, 문제를 감정적으로나 이성적으로 볼 수 있는 능력이 필요합니다. 열린 대화는 분쟁을 해결하고 유대를 강화하는 초석이 됩니다. 따라서 대인관계 친밀감은 개인이 자기를 더 잘 이해하는 데 도움이 될 뿐만 아니라 관계 내에서 성장과 발전을 촉진합니다. 이러한 친밀감은 성별 모두에게 중요하며 더 건강한 대인 관계 역학의 기반이 됩니다.

④ "사랑"에 대한 성경 사례

친밀함 vs. 고립의 단계를 설명하는 성경의 한 예는 룻과 보아스의 이야기입니다. 모압 출신의 과부인 룻은 시어머니 나오미를 따라 베들레헴으로 돌아가기로 했습니다. 룻은 낯선 땅에서 나그네였음에도 불구하고 나오미와 베들레헴 사람들과 의미 있는 관계를 맺기로 했습니다. 이러한 결심은 결국 그녀가 나오미의 사망한 남편의 부유한 친척인 보아스와 친밀한 관계를 형성하게 했습니다. 그들의 관계를 통해 룻은 소속감을 형성하고 안정감을 찾을 수 있었고, 보아스는 자기 삶을 함께할 누군가를 찾았습니다.

그들의 이야기는 고립의 발전을 피하려고 의미 있는 관계를 형성하는 것의 중요성을 강조합니다. 또한, 배경, 문화 및 신념의 차이와 같이 친밀감을 추구할 때 발생하는 문제를 강조합니다. 그러나 이러한 어려움에도 불구하고 룻과 보아스는 이를 극복하고, 깊고 친밀한 관계를 형성해 친밀감과 고립의 단계를 성공적으로 탐색함으로써 얻을 수 있는 성장과 성숙을 보여 주었습니다.

(3) 발달 단계 이론으로 『고백록』 읽기: 친밀성 vs. 고립감

① 에릭슨의 이론과 청소년기의 중요성

질문: 어거스틴의 『고백록』은 그의 청소년 시절과 이 시절이 그의 자기 정체성을 형성하는 데 어떻게 결정적인 역할을 했는지를 조명합니까?

답변: 어거스틴의 『고백록』은 그의 청소년기와 청년 시절을 깊이 파고듭니다. 그는 젊은 시절의 무모함과 죄악을 자주 언급하며 자신의 정체성을 형성하는 데 있어 이 시대의 도전과 격동을 강조합니다.

② 정체성 형성에서 친밀감의 역할

질문: 어거스틴은 자신이 어린 시절 형성한 친밀한 관계를 어떻게 묘사하며, 그것이 그의 개인적 성장에 어떤 영향을 미쳤습니까?

답변: 어거스틴은 한 여성과 장기적인 관계를 유지했으며 그와 함께 아이를 낳았습니다. 그는 결코 그녀와 결혼하지 않았지만, 그들 관계의 깊이와 궁극적인 종말은 그에게 깊은 영향을 미쳤습니다. 이 관계는 친밀한 관계가 그의 정서적, 영적 여정에 어떤 영향을 미쳤는지 보여 주는 예입니다.

③ 성인기 및 부부관계에서의 친밀감

질문: 어거스틴이 성인이 되면서, 특히 결혼 관계의 맥락에서 친밀감에 대한 그의 이해는 어떻게 발전했습니까?

답변: 성에 대한 어거스틴의 견해는 크게 발전했습니다. 기독교로 개종한 후 그는 독신을 미덕으로 여기고 육체적 관계에서 거리를 두기 시작했으며 대신 더 깊은 영적 관계를 육성하기로 결정했습니다.

④ 친밀감을 구축하는 작업

질문: 『고백록』에서 어거스틴과 하나님의 관계는 깊은 이해와 공감과 같은 친밀감을 구축하는 임무를 어떻게 반영합니까?

답변: 『고백록』 전반에 걸쳐 어거스틴이 하나님과 나눈 성찰적인 대화는 심오한 친밀감을 보여 줍니다. 하나님의 이해와 자비에 대한 그의 탐구는 인간의 친밀한 관계에 필요한 깊은 이해와 공감과 유사합니다.

⑤ 친밀감의 정의 확장

질문: 어거스틴이 친구나 동료와의 관계처럼 낭만적이지 않은 형태의 친밀감을 강조하는 『고백록』의 사례가 있습니까?

답변: 어거스틴의 우정, 특히 알리피우스(Alypius)와 네브리디우스(Nebridius)와의 우정은 심오하고 비낭만적인 친밀감을 보여 줍니다. 특히, 밀라노에서 그들이 공유한 철학적, 정신적 여정은 그들의 유대 깊이를 반영합니다.

⑥ 친밀함을 키우는 필수 요소

질문: 『고백록』에 나오는 어거스틴의 여정은 그가 진정한 친밀감을 키우는 데 있어 발견한 필수 요소에 대한 통찰력을 제공합니까?

답변: 어거스틴과 하나님의 관계는 친밀감의 필수 요소, 즉 지속적인 대화, 깊은 존경, 깊은 이해의 예를 보여 줍니다. 그의 끊임없는 반성과 고백은 그러한 친밀감을 키우기 위한 노력과 깊이를 보여 준다.

7) 제7단계: 생산성 vs. 침체감

(1) 성인기의 본질
성인기는 개인이 이전 단계에서 확립한 자기 정체성을 바탕으로 의미 있는 행동을 취하는 시기입니다. 이 단계에는 지역 사회와 세계를 위한 영향력 있는 작업이 포함되며, 책임에 대한 성숙한 접근 방식을 강조하고 생태 위기와 같은 더 광범위한 문제를 해결합니다.

① 부모 역할과 생산성
대부분의 사람에게 성인이 되는 것은 부모가 되는 것과 동의어입니다. 부모는 사회적 전통과 가치를 자녀에게 전달할 책임이 있습니다. 그렇게 함으로써 그들은 생산성, 즉 성취감과 다음 세대에 대한 보살핌을 얻습니다.

② 부모 역할을 넘어서
생산성은 단지 육아에 관한 것이 아닙니다. 성인은 또한 사회 활동에 참여하고, 직장에서 젊은 동료를 지도하고, 학문 및 예술 분야에서 창의적으로 성취함으로써 생산성을 나타냅니다. 이러한 노력은 개인의 정체성과 사회적 역할을 더욱 공고히 합니다.

③ 침체의 위험
다음 세대에 대한 관심이 부족하거나 개인의 물질적 이익에 지나치게 집중하면 침체로 이어질 수 있습니다. 이는 소유욕이나 책임에 대한 무기력한 접근 방식으로 나타날 수 있습니다. 침체를 피하기 위해서는 목적을 찾고 세상에 대한 진정한 관심을 표현하는 것이 필수적입니다.

④ 자아실현과 평가의 필요성

성인기는 성찰과 새로운 목표 추구의 기회를 제공합니다. 의미 있는 참여와 자기실현을 찾는 것이 필수적입니다. 이 시점에서는 자기 능력을 현실적으로 평가하고 달성할 수 있는 목표를 설정하는 것이 중요합니다.

⑤ 성인기의 초석인 건강

최적의 건강은 성인기에 매우 중요합니다. 건강한 개인은 자기 잠재력을 극대화하고 활력 있게 새로운 도전을 할 수 있습니다. 따라서 균형 잡힌 식습관과 규칙적인 신체 활동을 유지하는 것이 무엇보다 중요합니다.

⑥ 관계 형성 및 육성

인생의 이 단계는 또한 새로운 유대를 형성하고 오래된 관계에 활력을 불어넣을 수 있는 기회를 제공합니다. 자신의 가치와 원칙에 부합하는 관계를 구축하는 것이 중요합니다.

⑦ 성인기: 성찰과 성장의 시기

요약하자면, 성인기는 인생에서 매우 중요한 단계입니다. 성찰, 목적 있는 행동, 개인적 성장의 기간입니다. 이 단계에서 개인은 만족스럽고 건강하며 조화로운 삶을 영위하는 데 집중해야 합니다.

(2) 돌봄 care: 베풂, 전수, 자기 것을 넘겨주는 것에 대해 감수할 수 있는 능력

① 개인적 성장에서 보호의 역할

보호는 안전, 편안함, 안정성을 제공하는 우리 개발의 핵심입니다. 보호를 통해 개인은 세상과 그 도전에 맞서는 데 필요한 자신감과 보안을 얻

습니다. 안전한 환경에 있으면 개인은 성장하고 위험을 감수할 수 있으며, 이는 개인의 성장과 탐구에 중추적인 역할을 합니다. 그러나 보호에만 의존하는 것은 개인을 너무 안주하거나 지나치게 의존하게 만들 수 있기 때문에 성장을 방해할 수 있습니다.

② 교육과 자아실현의 중요성

교육은 우리 성장의 기본 측면입니다. 이는 단순히 지식을 전달하는 것이 아니라 인본주의 심리학에 깊이 뿌리를 둔 개념인 자아실현을 촉진하는 것입니다. 매슬로(Maslow), 로저스(Rogers), 펄스(Perls)와 같은 저명한 심리학자는 건강한 자아의 지표로서 자아실현 달성의 중요성을 강조해 왔습니다. 교육을 통해 개인은 자기 인식, 개인적인 통찰력을 얻고 잠재력을 최대한 발휘하기 위해 노력합니다. 교육은 개인적인 탐구와 이해에 필요한 도구와 지침을 제공합니다.

③ 전체적인 성장을 위한 균형 달성

보호와 교육의 균형을 맞추는 것은 포괄적인 개인 개발에 필수적입니다. 보호는 보안을 제공하지만, 교육은 지식과 비판적 사고 능력을 심어 줍니다. 에릭슨의 생산성 개념은 이 두 측면의 조화가 끝없는 가능성과 지속적인 학습으로 이어질 수 있음을 시사합니다. 피할 수 없는 의무와 관련된 양면성을 극복하는 것은 보호의 일부이지만, 진정한 성장을 위해서는 교육이 반드시 동반되어야 합니다. 이러한 균형을 맞추면 개인이 자기 잠재력을 최대한 활용하고 미래에 긍정적으로 기여할 수 있어 더욱 풍부한 삶의 경험이 보장됩니다.

④ "돌봄"에 대한 성경 사례

생산성 vs. 침체의 개념을 보여 주는 성경의 한 예는 아브라함과 사라의 이야기입니다. 성서 기록에 따르면, 아브라함과 사라는 아이를 가질 수 없었고 아이를 갖기에는 너무 늙었다고 여겨졌습니다. 그러나 하나님은 아브라함에게 그가 많은 민족의 조상이 될 것이며 그의 후손이 많을 것이라고 약속하셨습니다.

이 약속은 자신의 가치와 신념을 후손에게 물려주기 위해 헌신한 아브라함에게 생산성과 의미의 원천이 되었습니다. 처음에는 자녀를 가질 수 있는 능력이 정체되었음에도 하나님의 약속에 대한 아브라함과 사라의 믿음은 생산적인 결과로 이어져 약속대로 아들 이삭을 낳았고, 많은 후손을 남겼습니다.

성경에 나오는 다윗의 사례는 생산성 vs. 침체의 개념이 실제로 어떻게 적용되는지에 대한 예를 제공합니다. 그의 삶에서 다윗은 다음 세대에 크게 기여하고 자기 능력과 가치를 물려주었다는 점에서 생산적인 개인이었습니다. 예를 들어, 그는 이스라엘 백성을 많은 승리로 이끌었고 강력한 왕국을 세운 위대한 전사였습니다. 그는 또한 오늘날에도 여전히 널리 읽히고 존경받는 많은 시편을 썼으며 지식을 전파하고 지속적인 영향을 미치는 그의 능력을 보여 주었습니다.

동시에 다윗은 다음 세대를 위해 희생해야 했습니다. 예를 들어, 그는 아내 및 자녀와의 관계를 포함해 개인 생활에서 많은 도전과 갈등에 직면했습니다. 이러한 어려움에도 불구하고 그는 다음 세대를 키우고 자신의 가치와 유산을 물려주기 위해 최선을 다했습니다.

이런 식으로 다윗의 삶은 중년의 위기를 극복하고 성인기에 성취감을 얻는 데 중요한 생산성과 침체 사이의 균형을 보여 줍니다. 다음 세대에 대한 생산적인 공헌을 통해 그는 공허함과 지루함을 극복하고 주변 세상에 지속적인 영향을 미칠 수 있었습니다.

(3) 발달 단계 이론으로 『고백록』 읽기: 생산성 vs. 침체감

① 성인기의 본질
질문: 어거스틴의 청년기에서 성인기로의 전환은 책임을 이해하고 더 넓은 문제를 해결하는 그의 진화를 어떻게 반영합니까?
답변: 쾌락주의적인 청년에서 독실한 기독교인 성인이 된 어거스틴의 여정은 개인적으로나 더 넓은 사회 문제에 있어서 책임에 대한 그의 성숙한 접근 방식을 보여 줍니다. 그는 즐거움 그 자체를 추구하는 것에서 존재, 진리, 신앙에 대한 더 깊은 질문을 숙고하는 것으로 나아갑니다.

② 부모의 역할과 생산성
질문: 어거스틴과 어머니 모니카의 관계는 어거스틴의 전통, 가치관, 목적의식에 대한 이해를 어떻게 형성했습니까?
답변: 모니카는 어거스틴의 개종을 위해 기도하고 그에게 기독교 가치관을 심어 주는 등 그의 삶에서 중추적인 역할을 했습니다. 그녀의 흔들리지 않는 신앙과 인내는 어거스틴의 궁극적인 기독교 복귀에 직접적인 영향을 미쳤으며, 이는 개인 성장에 대한 부모 지도의 깊은 영향을 반영합니다.

③ 부모의 역할을 넘어서
질문: 어거스틴이 부모의 맥락 밖에서, 아마도 우정이나 학업 추구에서 생산성을 보여 주는 사례가 『고백록』에 있습니까?
답변: 카르타고에서 어거스틴의 우정과 수사학에 대한 학문적 노력은 그의 지적 생산성을 보여 줍니다. 교사, 친구, 철학 그룹과의 상호 작용은 가족을 넘어 사회적 역할에 대한 그의 성장과 참여를 보여 줍니다.

④ 불경기의 위험

질문: 어거스틴이 마니교 및 기타 세속적 추구에 참여하는 것은 그의 여정에서 잠재적인 정체 또는 소유욕을 어떻게 상징합니까?

답변: 어거스틴의 마니교와 기타 세속 철학에 대한 탐구는 그가 참된 신앙에서 벗어난 시기를 나타냅니다. 영적인 성장보다 개인의 물질적, 지적 이익을 우선시하면서 기독교 밖에서 답을 구했던 시기는 정체나 소유욕의 시기로 볼 수 있습니다.

⑤ 자아실현과 평가의 필요성

질문: 『고백록』에 나타난 어거스틴의 성찰과 자기평가는 어떻게 그를 자아실현으로 인도하였습니까?

답변: 어거스틴의 깊은 자기 성찰, 특히 자신의 죄와 영적 투쟁에 대한 성찰은 그로 하여금 자신의 진정한 자아와 하나님과의 관계를 이해하도록 촉진합니다. 그의 개종은 그의 자아실현 순간으로 볼 수 있습니다.

⑥ 건강, 성인기의 초석

질문: 어거스틴은 신체 건강에 대해 광범위하게 논의하지 않지만, 『고백록』에서는 그의 영적, 정서적 건강이 어떻게 전개됩니까?

답변: 『고백록』에서 어거스틴의 영적 건강이 우선시됩니다. 죄에서 구원으로 나아가는 그분의 여정은 영적 질병에서 건강으로의 이동을 상징합니다. 그의 정서적 혼란과 궁극적인 평화는 또한 성인기의 정서적 건강의 썰물과 흐름을 묘사합니다.

⑦ 관계의 형성과 양육

질문: 알리피우스와 암브로스와의 관계처럼 어거스틴의 관계는 그의 개인적 성장과 신앙 이해에 어떻게 도움이 됩니까?

답변: 어거스틴과 절친한 친구이자 그를 따라 그리스도교에 입문한 알리피우스 그리고 그에게 성경의 우화적 해석을 소개한 암브로스와의 관계는 그의 개종에 중요한 역할을 했습니다. 이러한 관계는 그의 이해력을 키워 주고 그의 믿음을 심화시켰습니다.

⑧ 성인기: 성찰과 성장의 시기 질문
질문: 『고백록』은 어거스틴의 성년기 여정을 성찰과 변화, 성장의 시기로 어떻게 요약하고 있습니까?
답변: 『고백록』은 근본적으로 성찰적인 작품입니다. 어거스틴이 자신의 과거 죄, 실수, 변화에 관해 이야기하는 것은 성인기의 성장 과정을 자세히 기록해 줍니다. 그의 끊임없는 성찰과 하나님과의 대화는 이 삶의 단계 변화적 성격을 강조합니다.

8) 제8단계: 통합성 vs. 절망

(1) 노년기의 어려움
노년기에는 신체적 쇠퇴, 은퇴, 사랑하는 사람의 상실 등을 포함한 일련의 어려움이 따릅니다. 이러한 변화는 종종 사람을 취약하게 만들고 삶의 의미에 의문을 제기하게 만들 수 있습니다.

① 성찰과 평가
에릭슨의 심리사회적 발달이론의 마지막 단계인 노년기는 개인에게 자기 삶의 여정을 성찰할 기회를 제공합니다. 지금은 성취, 배운 교훈, 남기고 간 유산을 평가할 때입니다.

② 절망 vs. 지혜

죽음이라는 현실에 직면하면 절망감을 느낄 수 있습니다. 그러나 자기 삶을 평가하고 그 고유한 가치를 인식함으로써 개인은 절망감에서 지혜를 얻는 것으로 전환할 수 있습니다.

③ 감사와 인생철학

노년기는 삶의 경험, 도전, 선물에 감사하는 시기입니다. 이러한 감사를 통해 개인은 삶의 본질에 대한 더 깊은 이해를 얻고 개인적인 철학을 형성할 수 있습니다.

④ 인생 단계의 통합

노년기에 얻은 지혜는 단지 이 단계의 산물이 아니라 이전 7단계의 경험이 축적된 것입니다. 이는 전체적인 관점을 제공해 개인의 삶 전체에 대한 더 풍부한 관점과 이해를 끌어냅니다.

⑤ 노년을 위한 준비

노년의 지혜를 온전히 받아들이려면, 노년의 어려움을 일찍부터 이해하고 예상해야 합니다. 성찰과 자기 인식의 기초를 구축하면 나중에 복잡한 문제를 해결하는 데 도움이 될 수 있습니다.

⑥ 노년기 포용의 중요성

에릭슨의 관점은 목적과 의미가 있고 노년기에 접근해야 할 필요성을 강조합니다. 습득한 지혜를 활용하면 황혼기에도 더욱 만족스럽고 풍요로운 삶을 살 수 있습니다. 본질적으로 노년기는 피할 수 없는 어려움을 가져오는 동시에 성찰, 감사, 지혜를 얻을 비교할 수 없는 기회도 제공합니다.

(2) 지혜 wisdom: 죽음에의 직면

① 인생의 마지막 단계에서의 지혜와 수용

인생의 마지막 단계는 자신의 인생 여정을 전체적으로 받아들이는 것이 특징입니다. 이 기간은 자신의 과거를 되돌아보고 궁극적으로 죽음을 받아들이는 데서 감사와 만족감을 느끼는 시기입니다. 과거 세대와의 연결에 대한 새로운 감각이 있고, 인간의 존엄성과 사랑을 소중히 여기는 연속체 일부라는 인식이 있습니다.

이 단계에서는 또한 어린아이와 같은 순수함이 부활해 젊음. 위에 구축된 방어가 사라지고 보편적으로 공감하는 지혜가 솟아오르는 것을 볼 수 있습니다.

② 인생 여정을 받아들이는 데 따른 어려움: 혐오감, 절망, 우울증

모든 사람이 이 단계와 관련된 성숙과 자기 통합을 달성하는 것은 아닙니다. 과거에 대한 후회, 혐오, 비판적인 감정을 잘 받아들이지 않고, 그 감정을 다른 사람에게 투사하는 사람. 노인 인구가 많고 평균 수명이 표준화된 현대 사회 구조는 노인들의 절망감과 낙담을 더욱 악화시킵니다. 우울증은 해결되지 않은 슬픔과 상실감으로 인해 심각한 문제가 됩니다. 이러한 방어 메커니즘에서는 한때 관심을 끌었던 세계가 이제는 경멸의 시선을 받습니다.

③ 에릭슨의 평생 발달 접근 방식과 비판

에릭 에릭슨(Erik Erikson)의 접근 방식은 성격 발달이 유아기에만 국한되지 않고 평생 계속된다는 점을 강조해 프로이트의 신념에 도전합니다. 에릭슨의 모델은 인간 이해에 대한 전체적인 접근 방식을 도입해 정신 분석적 관점에 문화적 요소를 추가했습니다. 그러나 그의 이론은 모호한 개

넘적 구조로 인해 비판받아 왔으며, 이로 인해 그의 원리를 바탕으로 한 실증적 연구는 부족하게 되었습니다.

④ "지혜"에 대한 성경 사례

솔로몬왕은 그의 부와 지혜와 권세로 유명했습니다. 그러나 인생이 끝날 무렵, 그는 자신의 성취와 부에 환멸을 느끼고 그것이 그에게 진정한 행복이나 성취감을 가져다주지 못한다는 것을 깨달았습니다. 전도서에서 솔로몬은 자기 삶과 그 모든 것의 의미를 반성하고 모든 것이 헛되며 부와 향락을 좇는 것이 헛되다고 결론짓습니다.

그러나 초기의 절망에도 불구하고 솔로몬왕은 진정으로 중요한 것은 하나님을 경외하고 그의 계명을 지키는 것임을 인정함으로써 궁극적으로 그의 삶에서 고결함을 찾았습니다. 참된 지혜와 성취는 하나님과 관계를 맺고 하나님을 기쁘시게 하는 삶을 사는 데서 온다는 것을 깨달았습니다. 이런 식으로 솔로몬왕은 자기 삶의 한계에도 불구하고 삶의 의미와 목적을 찾았고 결국 평화와 연합을 찾을 수 있었습니다.

통합성 vs. 절망의 주제를 설명하는 성서의 한 가지 예는 다윗왕의 이야기입니다. 다윗왕은 위대한 지도자이자 하나님의 마음에 합한 사람이었지만 간음을 범하고 헷 사람 우리아를 죽이는 등, 그의 생애에서, 많은 실수를 저질렀습니다. 이러한 실수에도 불구하고 다윗왕은 자신의 죄를 인정하고 회개하며 슬픔을 표현하고 하나님께 용서를 구했습니다. 그의 행동에 대한 책임을 받아들이고, 구속을 추구하는 이 과정은 이 단계의 통합성 측면의 예입니다.

한편, 다윗왕의 아들 압살롬은 아버지에게 반역해 그의 왕국을 차지하려고 했습니다. 다윗의 충성스러운 추종자들의 노력에도 불구하고 압살롬은 결국 전투에서 죽임을 당했습니다. 다윗왕은 자기 아들의 죽음을 듣고 슬픔과 절망이 가득한 상태에서 부르짖었습니다.

··· 내 아들 압살롬아 내 아들 내 아들 압살롬아 차라리 내가 너를 대신하여 죽었더면, 압살롬 내 아들아 내 아들아 ··· (삼하 18:33).

이때 다윗왕은 후회와 절망감으로 몸부림치면서 이 단계의 절망적인 면모를 경험하고 있었습니다. 그러나 이러한 절망의 순간에도 불구하고, 다윗왕은 궁극적으로 하나님과 관계에서 하나 됨과 목적을 발견했습니다. 이는 그의 많은 찬양과 경배의 시편에서 알 수 있습니다. 이것은 다윗왕이 자기 삶을 받아들이고 하나님과의 관계에서 의미와 목적을 찾을 수 있었기 때문에 이 단계의 통합성 측면을 보여 주는 것입니다.

(3) 발달 단계 이론으로 『고백록』 읽기: 통합성 vs. 절망

① 노년의 어려움

질문: 어거스틴은 명시적으로 노년에 초점을 맞추고 있지 않더라도 노화에 따른 취약성에 대해 어떻게 논의하거나 암시합니까?

답변: 어거스틴의 『고백록』은 주로 그의 어린 시절을 포착하지만, 그는 종종 인생의 덧없는 성격과 인간 조건의 취약성을 암시합니다. 이는 젊음의 일시적인 성격과 노화에 따른 피할 수 없는 어려움에 대한 명상으로 볼 수 있습니다.

② 성찰과 평가

질문: 『고백록』에서 어거스틴은 자기 삶의 궤적과 선택, 배운 교훈을 어떻게 성찰합니까?

답변: 어거스틴의 작품 전체는 성찰의 행위입니다. 그는 쾌락주의적인 젊은 시절, 영적인 어려움 그리고 궁극적인 개종을 포함한 자신의 과거를 자세히 조사하고, 자기 삶의 선택과 신앙을 찾도록 이끈 신성한 인도를 평가합니다.

③ 절망 vs. 지혜

질문: 영적인 절망에서 지혜로의 어거스틴의 여정은 노년기에 직면할 수 있는 실존적 고민을 어떻게 반영합니까?

답변: 어거스틴의 영적 황폐 기간, 특히 회심 전의 기간은 일종의 실존적 절망을 구현합니다. 그러나 하나님의 은혜를 묵상하고 받아들임으로써 그는 이러한 절망에서 벗어나 자신의 신앙과 삶에 대한 심오한 지혜로 나아갑니다.

④ 감사와 인생철학

질문: 어거스틴은 자신의 경험, 심지어 어려운 일에도 감사를 어떻게 표현하며, 이것이 그의 인생철학을 어떻게 형성합니까?

답변: 어거스틴은 종종 하나님의 자비와 은혜에 감사를 드립니다. 그는 자신의 죄를 이야기하면서 그들이 전한 교훈에 대해 감사를 표하며, 이는 하나님의 사랑에 대한 이해를 형성하고 인생철학의 초석을 형성합니다.

⑤ 인생 단계의 통합

질문: 어거스틴은 자신의 여정과 신앙에 대한 총체적인 이해에 도달하기 위해 인생의 여러 단계에서 경험한 것을 어떻게 통합합니까?

답변: 어거스틴은 어린 시절의 장난, 청소년기의 유혹, 청년기의 지적 추구를 통합해 인생의 이야기를 매끄럽게 이어갑니다. 이러한 경험의 정점은 하나님을 향한 그의 길에 대한 전체적인 견해를 제공합니다.

⑥ 노년을 위한 준비

질문: 노년을 직접적으로 언급하지는 않지만, 어거스틴의 성찰과 자기 인식은 인생의 이후의 어려움을 이해하고 대처하는데 어떻게 기초를 마련합니까?

답변: 특히, 젊은 시절 어거스틴의 엄격한 성찰과 깊은 자기 인식은 자신을 이해하는 것의 중요성을 상징합니다. 이러한 내면의 명확성은 삶의 후반 단

계의 복잡성과 도전에 직면하기 위한 준비로 볼 수 있습니다.

⑦ 노년기 포괄성의 중요성
질문: 어거스틴은 자신의 인생 단계를 논하면서 포용성과 삶의 경험에 대한 전인적 참여의 가치를 조명합니까?
답변: 어거스틴은 노년 포용성을 직접적으로 언급하지는 않지만, 죄악과 성스러운 삶의 다양한 경험에 대한 그의 깊은 참여는 존재의 모든 측면을 포괄하는 삶의 철학을 제시하며, 이는 노년기에 요구되는 포용성으로 추론될 수 있습니다.

종합적으로 에릭슨의 심리사회적 발달이론은 인간의 성장과 성숙의 과정을 자아실현을 향한 여정으로 설명합니다. 이 여정은 개인이 삶의 각 단계에서 직면하는 도전에 응대하며 지속적으로 성장하고 발달하는 과정을 의미합니다. 이 여정은 여행으로 비유될 수 있으며, 여행을 통해 인간은 자신의 가치관, 목표, 역량을 발견하고 향상하는 과정을 겪게 됩니다.
첫 단계는 변화하려는 의지를 가지는 순간으로, 이는 삶에서의 성장의 시작점입니다. 목적지를 정하고 가는 길을 찾는 단계에서 개인은 자신의 가치관과 목표를 깊이 생각하며, 이루는 방법을 모색합니다. 여행을 통해 새로운 경험과 지식을 얻으며 지속적으로 발달하고 성장합니다.
이 과정에서 인간은 새로운 문화와 사람들을 만나며 자신의 세계관을 넓히고 다양한 관점을 수용하고 이해하는 능력을 기를 수 있습니다. 또한, 여행을 통해 자신만의 경험과 추억을 쌓으며, 삶에서의 흔적을 남기는 준비를 합니다.
여행이 끝나고 집으로 돌아오는 것과 같이 인간도 자신의 성숙한 모습을 바탕으로 다시 돌아가며 자기 삶을 귀환합니다. 이 단계에서는 이전에 배운 것을 바탕으로 더욱 성숙하고 풍요로운 삶을 살아갈 준비를 하게 됩니다.

제3장

맥아담스(Dan P. McAdams)의 새로운 자아 탄생 여정

1. 맥아담스의 이야기로 존재하는 나

1) 과거, 현재, 미래

나의 이야기는 나의 삶과 더불어 존재합니다. 그 안에는 나의 과거, 현재, 미래에 관한 이야기, 나의 삶이 속한 문화와 사회적 위치 그리고 나의 미래에 대한 희망과 꿈이 모두 담겨 있습니다. 이 이야기는 나를 이루고, 나의 삶에 대한 이해와 성장을 끌어내는 중요한 요소 중 하나입니다.

나의 이야기는 나를 이루는 많은 요소를 담고 있습니다. 그중 하나가 나의 과거에 관한 이야기입니다. 나는 어떤 경험을 했으며, 그것이 내게 미친 영향이 무엇이었는지를 나의 이야기 안에 담고 있습니다. 나의 과거는 나를 이루는 중요한 요소 중 하나이며, 나의 삶을 이해하는 데도 중요한 역할을 합니다.

또한, 나의 이야기는 나의 현재에 관한 이야기도 담고 있습니다. 나는 어떤 감정을 느끼고, 어떤 생각을 하며, 어떤 선택을 하고 있는지를 나의 이야기 안에 담고 있습니다. 나의 현재는 내가 향해 가고 있는 방향을 나타내 주는 중요한 지표 중 하나이며, 내가 내린 선택들이 내 미래를 결정하는 데도 중요한 역할을 합니다.

또한, 나의 이야기 안에는 나의 미래에 대한 희망과 꿈이 담겨 있습니다. 나는 내가 이루고 싶은 목표와 그것을 위해 내가 해야 할 일, 더 나은 미래를 위한 계획 등을 나의 이야기 안에 담고 있습니다. 이러한 희망과 꿈은 나를 이루기 위한 동력이 되어 주며, 나의 삶을 살아가는 데 큰 역할을 합니다.

마지막으로, 나의 이야기 안에는 나의 삶이 속한 문화와 사회적 위치도 함께 담겨 있습니다. 나는 어떤 가치관을 가지고 살아가는지, 어떤 규범과 규율을 따르는지 그리고 나의 생활 방식이 어떤 영향을 받는지에 대한 것이 모두 내 이야기 안에 담겨 있습니다. 나의 삶이 속한 문화와 사회적 위치는 나의 이야기를 이해하는 데도 큰 역할을 합니다.

이러한 이유로, 나의 이야기는 나의 삶과 더불어 존재합니다. 그 안에는 나의 과거, 현재, 미래에 관한 이야기, 나의 삶이 속한 문화와 사회적 위치 그리고 나의 미래에 대한 희망과 꿈이 모두 담겨 있습니다. 이 이야기는 나를 이루고, 나의 삶에 대한 이해와 성장을 끌어내는 중요한 요소 중 하나입니다.

2) 이야기의 재구성과 개인적인 성장

이야기는 우리 삶에서 매우 중요한 역할을 합니다. 이는 우리 자신의 정체성에 관해 이야기하는 것이기 때문입니다. 이야기할 수 없을 때 인간은 병들게 되며, 우리 이야기가 우리 삶에서 역할을 할 수 없을 때 우리는 삶의 목적과 의미를 상실하게 됩니다. 이때 우리는 이야기의 재구성이 필요하게 됩니다. 이것이 곧 이야기 심리학에서 이해하는 심리치료의 과정이며 상담의 과정입니다.

우리 이야기는 우리 자신과 다른 사람들에게 우리 삶을 이해할 기회를 제공합니다. 이를 통해 우리는 서로를 더 잘 이해하고, 서로를 더 잘 돌봄으로써 사회적으로 더 건강한 관계를 유지할 수 있습니다. 이야기는 또한 우리 경험과 기억을 기록하는 데 도움이 됩니다. 우리 이야기를 기록함으로써 우리는 우리 자신의 유산을 보존하고 미래 세대에게 우리 이야기를 전달할 수 있습니다.

또한, 우리는 '나는 누구인가?'라는 질문 앞에서 자기 삶을 이야기로 설명하는 모습을 발견합니다. 이를 통해 우리는 우리 자기를 더 잘 이해하고, 우리의 강점과 약점을 파악할 수 있습니다. 이러한 과정은 우리의 개인적인 성장과 발달을 촉진하는 데 도움이 되며, 우리가 더 큰 자신감과 삶의 목적의식을 가지게 될 수 있도록 도와줍니다.

하지만 때로는 우리 이야기가 우리에게 부정적인 영향을 미치기도 합니다. 우리 이야기가 혼란스러울 때, 우리는 자신의 이야기를 재구성하는 것이 필요합니다. 이것이 바로 이야기 심리학에서 이해하는 심리치료의 과정이며 상담의 과정입니다. 이러한 과정을 거치지 않게 되면 우리는 대체로 대용물에 빠져들게 되며, 우리가 술, 마약, 사랑이 없는 섹스, 돈, 권력 등 다양한 대상을 선택하게 만들며, 우리의 삶에서 의미와 목적을 상실하게 만듭니다.

따라서 우리의 삶에서 이야기하는 것은 우리 자기 삶을 이해하고자 하는 노력의 일환이며, 이는 우리의 개인적인 성장과 발달에 매우 중요한 역할을 합니다. 우리는 우리의 이야기를 잘 이해하고 재구성함으로써 우리의 삶에서 의미와 목적을 찾을 수 있으며, 더 건강하고 의미 있는 삶을 살아갈 수 있습니다.

3) 건강한 담론, 건강한 사회

이야기는 우리가 경험하고 느끼는 삶의 모습을 가장 적절하게 드러내는 근원적인 은유로서 역할을 합니다. 건강한 사회는 건강한 이야기를 지니고 있으며, 이러한 이야기를 통해 사람들은 죄책감과 불안감으로부터 해방감을 얻을 수 있습니다. 이러한 이야기들은 어느 민족, 어느 문화에나 공동체를 드러내고 하나로 묶어 주는 역할을 합니다. 그리스 신화는 이러한 대표적인 예시 중 하나입니다.

이야기는 우리가 살아가며 겪는 다양한 경험을 담아내는 중요한 수단입니다. 우리들의 삶의 모습은 우리가 말하는 우리 이야기의 거울 안에 가장 잘 드러납니다. 이러한 이야기들은 우리가 특정 상황에서 어떻게 행동하고 대처하는지를 보여 주며, 또한 그 상황에서 느끼는 감정들을 생생하게 전달합니다. 이러한 이야기는 우리가 서로를 이해하고 공감하는 데에도 큰 역할을 합니다.

　한 예로, 우리가 흔히 듣는 동화나 이야기 중 하나인 '토끼와 거북이' 를 들 수 있습니다. 이 이야기는 경쟁에서의 승자와 패자에 대한 직관적인 이해를 제공합니다. 이 이야기를 통해 우리는 성격이 급한 것이 아니라 끈기와 인내가 중요하다는 것을 배웁니다. 또한, 이 이야기는 경쟁에서 승자가 되는 것이 모든 것이 아니라 적극적인 참여가 중요하다는 것을 알려줍니다. 이러한 이야기를 들으면서 우리는 자신의 가치관을 다시 생각해 보고, 삶의 다양한 상황에서 어떻게 대처해야 하는지에 대한 지식을 얻을 수 있습니다.

　이야기는 우리 삶에서 끊임없이 일어나는 변화와 발달을 나타내는 데 사용됩니다. 이러한 이야기는 우리 삶에서 발생하는 문제를 해결하는 데도 사용됩니다. 예를 들어, 책을 읽는 것은 우리가 어려운 문제를 해결하는 데 매우 유용한 도구가 됩니다. 책을 읽는 것은 우리의 상상력을 발휘하고, 우리의 지식과 이해력을 높이는 데 도움이 되며, 우리의 삶을 더욱 풍요롭게 만드는 데 이바지할 수 있습니다.

　또한, 이야기는 우리 삶에서 가치 있는 경험을 나타내는 데에도 사용됩니다. 이러한 이야기는 우리가 언제나 기억하고자 하는 순간들을 담아내기도 합니다. 예를 들어 어린 시절에 할아버지와 함께한 추억이나, 친구들과 함께한 대단한 경험 등은 우리 이야기로 남아 우리 삶에서 가치 있는 순간들로 기억될 것입니다.

　마지막으로, 이야기는 우리 삶에서 정신적 건강과 행복에 매우 중요한 역할을 합니다. 이야기를 듣는 것은 우리의 감정을 안정시키고, 우리의 마음을 평화롭게 하는 데 도움이 됩니다. 이러한 이유로 이야기는 우리 삶에서 매우 중요한 역할을 하며, 우리의 삶을 더욱 풍요롭게 만드는 데 큰 도움을 줄 수 있습니다.

이러한 방식으로, 이야기는 우리 삶에서 매우 중요한 역할을 하며, 우리 삶을 더욱 풍요롭고 의미 있는 삶으로 만드는 데 큰 도움을 줄 수 있습니다. 따라서 우리는 우리의 이야기를 선택하고, 자신이 듣는 이야기에 주의를 기울이는 것이 중요합니다. 이러한 방식으로 우리는 더욱 풍요로운 삶을 살아갈 수 있으며, 우리 삶에서 발생하는 문제를 해결하는 데도 큰 도움이 됩니다.

우리는 이야기를 통해 우리들의 삶을 살아가며 겪는 다양한 상황을 담아내고, 그것을 통해 서로를 이해하고 공감하는 데에도 큰 역할을 할 수 있습니다. 또한, 이야기를 통해 우리는 상처를 치유하고, 더 나은 방향으로 나아갈 힘을 얻을 수 있습니다. 이러한 이야기들은 우리들의 인생에서 중요한 역할을 하며, 건강한 사회를 만들어 나가는 데에도 큰 역할을 합니다.

4) 이야기를 잃어버린 세대

현세대는 이야기를 잃은 세대입니다. 과거의 이야기와 미래의 이야기를 잃고 따라서 오늘의 삶이 전혀 의미 있는 삶도 되지 못하고, 우리들의 삶을 지속시켜 나갈 신념도, 세속적 꿈도, 종교적 비전도 상실한 시대입니다. 우리 시대는 우리 행동을 견인해 줄 그 어떤 목표도 통로도 상실된 파편의 시대입니다. 이야기를 잃어버린 세대들은 과거와 미래의 이야기를 잃어버려 현재의 삶에서 방향성을 찾기 어렵게 되었으며, 그 결과 신념, 목표, 꿈, 비전 등의 중요한 가치를 상실한 것입니다.

이러한 상황에서는 이야기를 통해 삶에 대한 방향성을 찾아가는 노력이 필요합니다. 이야기는 우리가 존재하는 이유와 목적, 우리의 가치관과 신념 그리고 우리가 이루고자 하는 목표와 꿈을 전달하고 이해할 수 있는 수단입니다. 이야기는 우리의 삶에 깊이 뿌리를 내리며, 우리가 살아가는 데 매우 중요한 역할을 합니다.

현대 사회에서는 이야기의 중요성이 점차 퇴색되어 가고 있습니다. 정보화 시대에서는 기술과 정보를 중심으로 사람들의 관심이 이전과는 다른 방향으로 향하게 되었습니다. 이에 따라 이야기를 통한 의미 있는 삶을 살아가는 것이 어려워졌으며, 이는 인간의 삶에 심각한 영향을 미치고 있습니다.

이러한 상황에서 이야기를 잃은 세대는 대상을 찾기 위해 점술이나 마약, 도박과 같은 쾌락적인 것들에 중독되며, 그들의 삶 전체를 이에 맡기고 울부짖습니다. 이러한 중독은 그들에게 어느 순간의 기쁨을 줄 수 있지만, 그들이 추구해야 할 진정한 가치와 목표를 놓치게 만들며, 책임감 없는 환상에 몸을 맡게 만듭니다. 이러한 상황은 인간의 삶을 소모하고, 사회적으로도 문제를 일으키게 됩니다.

우리는 이야기를 찾아가는 노력이 필요합니다. 우리는 과거의 이야기와 미래의 이야기를 다시 찾아가야 합니다. 이를 통해 우리는 우리 자기 삶에서 의미 있는 방향성을 찾아갈 수 있고, 삶의 목적과 의미를 이해할 수 있습니다. 이야기를 통해 우리는 인간의 본성을 다시 발견할 수 있고, 더 나은 미래를 위한 신념과 목표를 세울 수 있습니다.

이러한 노력은 세대를 초월해 인류의 문제를 해결하는 데도 큰 역할을 할 수 있습니다. 인류는 오랜 시간 동안 이야기를 통해 삶을 이해해 왔으며, 인류의 역사는 이야기의 역사와 밀접한 관련이 있습니다. 이야기는 우리의 문화와 역사를 전달하고, 우리가 살아갈 수 있는 가치와 방향성을 제시합니다. 따라서, 우리는 이야기를 통해 인류의 공통적인 문제를 해결하는 데 이바지할 수 있습니다.

이러한 문제를 해결하기 위해서는 이야기를 되찾는 것이 중요합니다. 우리는 과거와 미래의 이야기를 기억하며, 이를 통해 우리의 삶을 이끌어 나가는 방향성을 찾아가야 합니다. 이러한 방법으로 우리는 우리들의 삶을 인도해 줄 대상을 찾는 것이 아니라, 자신의 가치관과 목표를 찾아 이를 이루기 위해 노력할 수 있습니다.

　또한, 이야기를 통해 우리는 서로를 이해하고 공감하는 데에도 큰 역할을 할 수 있습니다. 따라서, 우리는 이야기를 잃어버리지 않고, 이를 통해 우리들의 삶을 풍요롭게 만들어 나가야 합니다.

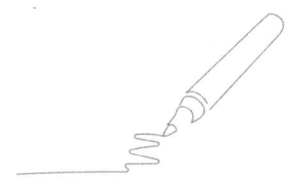

2. 맥아담스의 자기 정체성을 찾는 탐색

인간 존재의 본질은 종종 '나는 누구인가?'라는 근본적인 질문으로 대표되는 자기 이해를 중심으로 이루어집니다. 역사를 통틀어 인간은 종교와 문화 그리고 삶의 이야기를 통해 이에 대한 답을 찾아왔습니다. 이 이야기들은 본질적으로 '인간 삶의 정체성'을 밝히려는 의도하고 있습니다. 이야기 심리학은 종교 연구 및 신학과 함께 이 개념을 깊이 파고들어 이야기가 인간의 자아와 자기 정체성을 어떻게 형성하는지 연구합니다.

인간의 자기 정체성을 파악하기 위해 이야기 심리학은 이야기를 주인공과 그들이 겪는 도전과 변화에 초점을 맞춰 분석합니다. 전체적인 구조와 흐름, 스토리의 기본 메시지도 중요합니다. 본질적으로 이야기 심리학은 이야기가 우리 자신에 대한 이해를 어떻게 형성하는지 밝히는 것을 목표로 인간의 삶과 이야기 사이의 격차를 해소합니다. 이를 이해함으로써 우리는 독특한 내러티브에 기반을 둔 강력한 자기 정체성을 형성해 더 풍부하고 목적이 있는 존재로 이어질 수 있습니다.

1) 신비한 역동으로 행동하는 존재

(1) 인간의 수수께끼 같은 본성

프로이트와 칼 융이 묘사한 인간은 심오한 내면세계를 지닌 신비한 존재로 여겨집니다. 모든 사람은 때때로 설명할 수 없는 행동, 긴장, 갈등, 심지어 신체적 증상으로 나타나는 깊은 비밀을 갖고 있습니다. 이 학파는 인간을 이해하려면 이러한 깊이를 탐구하고 숨겨진 힘을 식별하고 명명하는 것(즉, 무의식을 의식으로 가져오는 것)이 필요하다고 제안합니다. 여기서 주요 초점은 사람을 진정으로 이해하려면 먼저 그 사람 안에 있는 복잡한 신비와 무의식적 요소를 탐구해야 한다는 것입니다.

(2) 더 나은 자기 이해를 위한 무의식 풀기

인간은 단순한 외부 조사만으로는 행동과 생각을 항상 직접적으로 해독할 수 없는 복잡한 존재입니다. 우리의 감정, 욕망, 불안, 동기를 포괄하는 인간 행동과 인지의 핵심은 종종 숨겨져 있습니다. 그러나 무의식을 인정하고 깊이 파고들면 인간의 행동과 인지에 대해 더 풍부한 이해를 얻을 수 있습니다. 이 주제는 인간이 단지 이성적인 존재일 뿐 아니라 강력하고 종종 잠재 의식적인 힘의 영향을 받는다는 생각을 다룹니다.

(3) 내면 성찰을 통한 자기 관찰과 공감

이 방법론의 핵심은 자기 이해와 계몽의 길인 자기 성찰과 성찰의 원리입니다. 개인의 무의식 영역을 탐구함으로써 개인은 자신의 욕구와 욕구를 이해할 수 있으며, 이를 통해 더 명확하고 의도적으로 삶을 탐색할 수 있습니다. 더욱이, 자신의 복잡한 내면세계를 인식하면 다른 사람에 대한 공감과 감사가 높아지며, 그들도 자신만의 고유한 내면적 수수께끼를 가지고 있음을 인정하게 됩니다. 이 부분에서는 자기 인식뿐만 아니라 타인과의 관계를 육성하는 데 있어서 무의식을 이해하는 것의 이점을 강조합니다.

2) 상호교류하는 존재

(1) 예측 가능한 인간 행동에 대한 다양한 접근 방식

이 주제는 인간이 예측할 수 있고 관찰 가능한 방식으로 환경과 지속적으로 상호 작용하는 "상호 작용 에피소드"에 참여하는 개체로 간주한다는 관점에 중점을 둡니다. 스키너(Skinner), 미드(Mead), 아이젱크(Eysenck)와 같은 저명한 학자는 무의식의 숨겨진 깊이를 탐구하기보다는 인간 행동에 대한 과학적 관찰을 강조하면서 이러한 관점을 옹호합니다. 이 영역 내에는 다양한 사고 학파가 있습니다.

특성심리학자는 개인 간의 행동 차이에 중점을 둔다면, 상황주의자는 다양한 상황에 따른 개인행동의 변화에 대해 강조합니다. 상호 작용주의자들은 개인차와 상황적 영향을 모두 고려해 인간 행동을 이해하려고 노력합니다.

(2) 행동 예측 가능성의 실제 적용

이 주제는 인간 상호 작용 및 행동을 이해하는 데 있어 실제 의미를 탐구합니다. 예를 들어, 행동주의 분야에서 스키너의 선구적인 연구는 행동을 예측하고 제어하기 위해 조작적 조건화와 같은 실험적 방법론을 사용해 스키너 상자와 같은 도구를 탄생시켰습니다. 또한, 개인이 문제 해결 능력을 강화함으로써 정보에 입각한 선택을 하고 일상생활의 문제를 해결할 수 있도록 지원하는 상호 작용 주의에서 영감을 받은 행동 치료에 대한 언급도 있습니다. 이 접근 방식은 개인 수준에서만 적용 가능한 것이 아니라 그룹 시나리오에서도 효과적인 것으로 입증되었습니다.

(3) 다양한 분야의 예측 가능성 및 환경 선택론

이 주제에서는 예측 가능성 기반 과학 연구가 마취, 신경학, 정신 건강과 같은 다양한 분야에 걸쳐 어떻게 적용되는지에 중점을 둡니다. 예를 들어 마취제의 복용량, 유형 및 환자 상태와 같은 요인을 기반으로 마취 결과를 예측하고, 뇌 기능 및 신경계 역할을 기반으로 신경학적 문제를 예측하고, 식별 가능한 징후 및 요인을 통해 우울증과 같은 정신 장애를 진단 및 치료합니다.

이러한 관점 사이에 공유되는 맥락은 인간의 선택이 무작위가 아니라 예측할 수 있고 체계적으로 연구될 수 있음을 시사하는 환경 선택론에 대한 믿음입니다. 이러한 선택을 이해하고 연구함으로써 인간의 행동, 정신, 과학적 근거가 있는 개입 개발에 대한 더 깊은 통찰력을 얻을 수 있는 길을 열어 줍니다.

3) 해석하는 존재

인간을 "해석적 존재"로 보는 개념은 인간이 해석의 구조, 프레임워크 및 패턴을 어떻게 소유하는지를 강조하는 발달 심리학 내의 관점을 의미합니다. 이러한 프레임워크는 환경과 사건에 대한 반응을 안내하고 고유한 발달 단계에 따라 적응합니다. 이 관점은 인간의 행동과 반응을 이해하려면 인간 발달 단계, 인지 구조, 해석적 틀, 외부 영향과 같은 핵심 요소를 강조해야 한다고 주장합니다. 이는 개인의 인지적 틀 내에서 이해하고 상호 작용하는 것을 인간 행동의 잠금을 해제하고 인류에 대한 다각적인 관점을 제공하며 인간 행동을 이해하고 예측하는 데 도움을 주는 열쇠로 봅니다.

(1) 장 피아제(Jean Piaget): 인지 발달과 해석

이 관점의 저명한 학자인 장 피아제(Jean Piaget)는 인간의 인지 발달 과정을 연구했습니다. 그는 아이들의 인지 발달에 초점을 맞춰 행동을 관찰하고 실험을 통해 아이들이 특정 상황에서 어떻게 생각하고 결정하는지 파악했습니다. 피아제의 통찰력은 다음과 같습니다.

- 발달 전반에 걸쳐 인간은 자기 행동과 판단을 형성하는 인지 구조와 프레임워크를 구축합니다.
- 각 발달 단계에서 어린이는 특정 구조와 프레임워크를 통해 세상을 인식하고 자기 행동과 결정에 영향을 미칩니다.
- 그의 작업은 아이들의 인지 발달 단계에 맞춰 아이들의 교육 방법을 개선하는 데 기여하고 있습니다.

(2) 조지 켈리(George Kelly): 해석과 성격

성격 심리학과 인간 행동과 반응을 결정하는 해석의 역할에 중점을 둔 조지 켈리의 연구입니다. 그의 관점의 주요 측면은 다음과 같습니다.

- 인간은 경험을 통해 독특한 해석 구조를 형성하고 상황에 반응하는 방식을 형성합니다.
- 개인적인 경험의 영향을 받는 해석 구조는 행동과 반응에 큰 영향을 미칩니다.
- 켈리는 인간 행동에 대한 포괄적인 이해를 위해 개인의 경험을 이해하고 해석 구조에 개입하는 것이 중요하다고 강조합니다.

(3) 아브라함 매슬로우(Abraham Maslow): 욕구와 동기의 계층 구조

매슬로우의 기여는 인간 심리학, 특히 욕구와 인간 동기의 계층 구조에 중점을 둡니다.

- 인간은 기본적인 생존에서부터 자아실현에 이르는 계층적 욕구가 있습니다.
- 이러한 요구는 행동과 반응을 형성하고 현재 요구에 따라 인간의 행동에 영향을 미칩니다.
- 개인의 욕구와 필요를 식별하는 것은 개인의 행동과 반응을 이해하는 데 중요합니다.

"해석적 존재" 관점은 인간 행동과 반응에 대한 전체적인 관점을 제공하며, 해석적 구조, 발달 단계, 인지적 틀, 환경 영향을 이해하는 것의 중요성을 강조합니다. 이 관점은 개인의 경험과 더 넓은 발달 맥락을 모두 고려해 인간 행동을 이해하고 예측하는 강력한 접근 방식을 제공합니다.

4) 이야기하는 존재

(1) 스토리텔러로서의 인간의 본질

인간은 스토리텔링을 통해 자기 삶을 근본적으로 이해하고, 자신의 이야기를 공유함으로써 타인과 소통한다는 관점을 소개합니다. 이러한 이야기의 구조를 이해하는 것이 인간을 이야기하는 존재로 이해하는 데 중요한 단계임을 강조합니다. 그러나 그것은 '내면의 신비스러운 존재', '상호 작용하는 행위자', '해석적인 존재'로서 인간 존재의 다각적인 성격에서 비롯되는 인간 이야기의 복잡성을 인정합니다. 이러한 존재의 다양성은 다양한 심리학적 접근을 포괄하는 서사 심리학 방법론에 영향을 주면서 그 독특한 방식을 발전시킵니다.

(2) 내러티브 심리학의 전제와 접근

이 부분에서는 내러티브 심리학의 기본 전제를 탐구합니다. 인간은 결코 진공 상태나 백지상태에서 태어나지 않습니다. 대신 인간은 문화적, 역사적, 언어적 요인의 영향을 받은 자신만의 환경과 배경을 가지고 삶을 시작합니다. 이야기 심리학의 방법론은 분석과 해석을 사용해 이러한 이야기가 인간관계 내에서 어떻게 나타나고 진화하는지 이해하는 것을 목표로 합니다. 이러한 이해를 통해 개인은 상호 작용에 보다 적극적이고 창의적으로 참여하고 자신의 이야기를 더 잘 이해하고 다른 사람과 공유할 수 있습니다.

(3) 다양한 맥락에서 내러티브 심리학의 적용

마지막 주제는 내러티브 심리학이 다양한 시나리오에 실제로 어떻게 적용되는지를 설명합니다. 치료사는 고객의 이야기를 듣고 고객의 어려움과 형성을 파악하는 상담 세션으로 시작됩니다. 그룹 상담은 이야기 심리학을 사용해 각 그룹 구성원의 이야기를 이해하고 그룹의 역동성을 형성합니다. 일상적인 대화에서도 이야기 심리학은 개인이 다른 사람의 경험을 듣고 공감과 더 깊은 관계를 촉진하도록 돕습니다.

 이러한 예는 인간의 삶이 이야기를 통해 구조화되어 이야기를 이해하고 공유하는 것이 성장과 발전에 필수적이라는 점을 강조하면서 인간의 이해와 상호 작용을 향상시키는 데 이야기 심리학이 수행하는 중추적인 역할을 보여 줍니다. 본질적으로 이야기 심리학은 인간을 이야기꾼으로 인식하고, 이야기의 구조와 의미를 풀어내는 데 중점을 두어 인간의 이해력과 성장을 도모하고자 노력합니다.

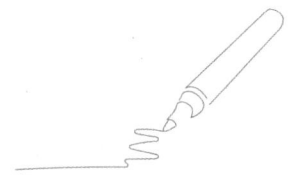

3. 맥아담스의 새로운 자아 탄생의 여정 6단계

새로운 자아 탄생의 여정 6단계
1단계: 이야기 음조(Narrative Tone) 단계
2단계: 이미지와 정체성 반영 단계
3단계: 주제와 역할 선택 단계
4단계: 이야기를 위한 플롯 만들기 단계
5단계: 신화적 이야기 만들기 단계
6단계: 성숙한 자서전 스크립트 만들기

나비의 성장 과정과 인간 삶의 자기 발견 및 개인적 성장의 여정을 유사점으로 그립니다. 알에서 시작해 번데기 단계를 거쳐 나비로 출현하는 나비의 발달 단계를 인간이 더 나은 삶을 추구하는 단계에 비유합니다. 나비가 한계를 벗어나 새로운 높이에 도달하는 것처럼, 인간도 한계를 뛰어넘어 개인적 성장을 위해 노력할 수 있습니다.

이 텍스트는 이야기를 통해 인간 정체성 탐구에 대한 맥아담스의 심리학 모델을 소개하고, 삶의 다양한 발달 단계를 이해하는 것과의 관련성을 강조합니다. 아담스의 모델은 각 단계에서 이야기되는 삶의 이야기를 분석하는 것이 인간 존재 전체를 이해하는 데 중요하다는 점을 강조합니다.

맥아담스의 모델은 인생 이야기를 발달 단계로 분류해 각 단계의 주요 주제와 특징을 조명합니다. 이러한 이야기 심리학적 접근 방식을 이해함으로써 개인은 관계, 정체성 형성, 직업 선택과 같은 중요한 삶의 주제를 파악할 수 있습니다. 아담스는 인간 삶에 대한 전체적인 관점을 간과하는 이전의 심리학적 관점에 도전합니다. 이 모델의 중요성은 인간의 성장과 발달에 대한 포괄적인 이해를 제공해 개인이 자기 삶의 이야기를 바탕으로 지속적으로 진화할 수 있도록 한다는 데 있습니다. 전반적으로 이 텍스트는 인간의 삶을 이해하는 데 있어 이야기의 중요성과 개인 성장, 심리 치료 및 문제 해결을 돕는 아담스 모델의 잠재력을 강조합니다.

1) 1단계: 이야기 음조(Narrative Tone) 단계

(1) 개인적인 이야기 만들기의 중요성

맥아담스의 이론에 따르면 자신의 인생 이야기를 만드는 것은 자기 개선과 이해에 매우 중요합니다. 어린 시절의 경험에서 형성된 내러티브는 개인이 자신의 기억을 표현하고 이해하는 기반이 됩니다. 어린이의 초기 이야기는 자기 인식과 개인적 성장을 촉진해 미래의 삶에 대한 이야기를 형성합니다. 아담스는 인생의 첫 2년 동안은 음악의 멜로디와 유사한 '내러티브 톤'을 설정해 자신과 타인, 세상에 대한 태도를 결정한다고 강조합니다. 발달 초기에 확립된 이러한 무의식적 분위기는 개인의 인생 이야기의 전반적인 분위기에 영향을 미칩니다.

(2) 톤과 음악 및 색상의 유사성

내러티브 톤과 음악 또는 색상 간의 유사점을 그리면서 텍스트는 대비의 중요성을 강조합니다. 대비되는 색상이 시각적 경험을 향상시키는 것처럼 성장 과정에서 부정적인 경험과 긍정적인 경험의 조화로운 대비는 더 큰 개인 발전으로 이어집니다. 아담스는 톤을 음악의 멜로디에 비유합니다. 메이저 톤과 마이너 톤은 각각 쾌활한 감정과 침울한 감정을 닮았습니다. 이러한 톤의 조화는 스토리의 전반적인 영향에 영향을 미치며, 긍정적인 경험과 부정적인 경험의 균형은 캐릭터 성장을 형성합니다.

(3) 성장, 환경 및 스토리 톤

본문은 성장 경험과 환경 사이의 연관성을 강조합니다. 성장 과정에서 부정적인 경험과 긍정적인 경험의 비율은 인생 이야기의 분위기에 영향을 미칩니다. 조화롭게 대비되는 색상과 마찬가지로 경험 간의 균형 잡힌 대비는 개인의 발전을 향상시킵니다. 조화로운 색상이 서로를 강조하는 것처럼 성장을 촉진하는 환경의 역할은 매우 중요합니다. 다양한 개인은 다양한 성장 배경을 바탕으로 자신의 인생 이야기에서 독특한 분위기를 형성합니다. 아담스는 문학의 다양한 프레임워크와 유사하게 톤을 네 가지 주요 유형으로 분류합니다.

(4) 네 가지 음조(tone)

유아기 발달은 개인이 삶의 목적과 의미를 발견하도록 돕는 데 중요한 역할을 합니다. 특히, 유아기의 영향은 아이들이 목표를 찾고, 의미를 찾고, 개인적 성장을 겪을 때 더욱 두드러집니다. 에릭 에릭슨 이론은 유아기가 매우 중요한 인생의 여덟 가지 발달 단계를 설명합니다. 이 단계에서 애착과 분리 경험은 부모나 보호자가 중추적인 역할을 하면서 아이들이 안전감과 신뢰감을 형성하는 데 도움이 됩니다. 유아기의 긍정적인 돌봄은 희망을 키우고, 자기 통합을 장려하며, 전반적인 인간 발달에 기여합니다.

진정한 자아의 형성은 유아 발달의 핵심입니다. 외부 세계의 신비로운 요소 중 대부분은 부모나 보호자로부터 학습되어 신비로운 경험을 위한 기본 환경을 조성합니다. 그러나 파괴적인 자아로 특징지어지는 정반대의 시나리오는 아이들이 학대에 직면할 때 발생해 불신과 정서적 문제로 이어집니다. 맥아담스의 분석은 유아기부터 시작되는 삶의 이야기에서 네 가지 이야기 톤을 식별합니다. 초기 경험을 바탕으로 한 이 톤은 변경하기 어려운 경향이 있습니다. 이러한 어조를 인식하는 것은 특히 어린 시절 경험의 렌즈를 통해 개인의 이야기를 이해하는 데 매우 중요합니다.

심리적 관점에서 볼 때, 출생부터 청소년기까지의 기간은 성격과 삶의 방향을 형성하는 기억을 모으고 저장하는 데 중추적인 시기입니다. 처음 2년 동안의 유아기는 개인의 인생 이야기의 기초를 형성하는 데 있어서 가장 중요한 시기입니다. 유아기의 역할을 이해하는 것은 개인의 이야기와 그에 따른 인생 여정의 뿌리를 이해하는 데에 있어서 기본입니다.

① Comedy Tone(희극적 이야기 음조)

어떤 이들의 삶의 이야기는 언제나 신선한 자극의 추구가 들어있고, 삶을 단순화시키고 최소화하는 "단순한 삶의 즐거움"의 음조를 지니며, 다른 이들과의 관계와 연합성을 중시합니다. 성경에서 희극적인 이야기 톤에 공감하는 인물은 요셉입니다. 요셉의 인생 이야기는 역경 속에서도 신선한 자극과 단순한 삶의 기쁨을 추구하는 것으로 특징지어집니다.

형들에 의해 노예로 팔리고, 거짓 비난을 받고, 감옥에 갇혔음에도 불구하고 요셉은 낙관적인 견해를 유지했으며 자신이 처한 상황에서 최선을 다할 기회를 찾았습니다. 그의 이야기는 노예에서 애굽의 강력한 지도자로 성장하고 궁극적으로 가족과의 재회, 형제와의 화해를 통해 해피 엔딩을 달성하는 과정을 코미디 톤으로 취합니다.

② Romance Tone(낭만적 이야기 음조)

'삶이란 모험이고 정복이며 쟁취해 나가는 그 무엇'이라는 태도로 사는 사람들의 이야기가 있습니다. 이들은 정열적이고 모험심과 함께 적극성을 가지고 미래의 불확실성에 대해 도전하고 성취하기를 염원합니다. 이들은 삶이라는 전쟁터에서 승리자와 영웅이 되기를 염원하고 자신의 인생 대본에 변화와 전진, 낙관적 승리를 추구하는 영웅의 모습으로 자기를 그리고 삶의 이야기를 전개해 갑니다.

성경에서 낭만적인 스토리톤을 구현한 캐릭터는 다윗입니다. 다윗의 삶은 정복과 성취를 향한 모험적인 여정이었습니다. 골리앗과의 대담한 만남부터 왕이 되기까지 다윗의 삶은 적극적으로 도전하고 승리를 추구한 것으로 특징지어집니다. 하나님의 은총을 향한 그의 열정적인 추구와 거인을 향한 두려움 없는 접근 방식은 낭만적인 이야기에서 흔히 볼 수 있는 모험심과 정복 정신과 일치합니다.

③ Tragedy Tone(비극적 이야기 음조)

삶과 세상을 보는 태도 속에 이 세상은 행복과 불행이 뒤섞여 있으며 마침내는 죽음과 파멸로 끝나고 만다는 태도로 인생을 사는 이야기들도 있습니다. 이들의 과제는 이 세상과 이에 속한 것들을 믿지 말라는 신념을 지니며, 모든 것은 마침내 죽고 떠나는 것이 인생의 귀결이라 믿었습니다. 따라서 이들은 다른 사람과의 깊은 연관이나 관계의 맺음에 회의적이고 결국은 허무한 것이 인생이라 느낄 뿐이며, 심지어는 자기를 그러한 허무한 삶의 희생자일 뿐이라고 생각합니다.

성경에서 비극적인 이야기 톤은 욥의 이야기에서 그 대응점을 찾습니다. 욥의 삶은 행복과 불행이 뒤섞인 삶이었지만, 결국에는 엄청난 고통과 손실을 안겨 주는 일련의 재난에 직면하면서 비극적인 전환을 맞이하게 됩니다. 욥의 이야기는 인생은 예측할 수 없으며 가장 의로운 사람이라도 고통과 비극을 경험할 수 있다는 태도를 반영합니다. 고난을 통한 그의 여정과 하나님의 주권에 대한 궁극적인 믿음은 종종 비극적인 이야기와 관련된 주제를 묘사합니다.

④ Irony Tone(역설적 이야기 음조)

역설적 음조는 인생과 삶의 여정을 영원한 수수께끼라 여기는 기본적 삶의 태도를 말합니다. 값싼 영웅주의를 경계하며, 인생은 쉽게 풀리는 경기가 아님을 이야기합니다. 삶이란 확실하게 말할 수 있는 단순한 것이 아닌 모호한 것이므로 그저 순간순간 최선을 다하면 될 뿐, 삶에 대한 성급한 판단을 주저하는 이야기 태도입니다. 삶은 완전한 비극도, 완전한 희극도 아닌 혼합된 복합물일 뿐이라는 시각입니다.

솔로몬의 성격은 성경에 나오는 역설적 어조를 구현합니다. 솔로몬의 지혜와 경험은 그를 삶의 복잡성과 신비를 탐구하도록 이끌었습니다. 지식, 권력, 부, 쾌락을 추구하면서 솔로몬은 이러한 추구가 궁극적으로 헛되며 진정한 의미는 하나님을 경외하고 그분의 명령에 순종하는 데서만 발견될 수 있다는 것을 깨달았습니다. 전도서에 실린 그의 글은 삶의 양면성과 아이러니를 반영하며, 여기서 그는 인간 경험을 구성하는 모순과 불확실성을 강조합니다.

맥아담스의 분석에 의하면 대체로 사람들의 살아가는 이야기 속에는 이와 같은 네 가지 형태의 이야기 음조가 그 바탕에 형성되어 삶의 이야기를 만들어 가고 있다고 말합니다.

중요한 사실은 이 이야기 음조가 이미 유아기에 경험의 질에 의해서 형성된다는 사실이고, 이 때문에 이 이야기 음조는 좀처럼 바꾸거나 고치기가 힘든 성질을 지니고 있다고 말합니다. 한 인간의 이야기를 듣고 그 사람을 이해하는 첫째 요소로서 이야기 음조의 파악은 필수적이며 그를 위해서는 그 사람의 어린 시절 경험의 이야기를 통해서만이 가능하다는 것입니다.

2) 2단계: 이미지와 정체성 반영 단계

우리의 인생 이야기와 그 안에 담긴 이미지는 우리의 정체성과 세상에 대한 인식을 형성하는 데 중요한 역할을 합니다. 이러한 내러티브는 단순한 톤을 넘어 우리의 인지 발달과 현실에 대한 이해에 중대한 영향을 미치는 생생한 이미지와 상상적 요소를 포함합니다. 특히, 어린 시절에는 동화 속 인물과 그들의 배경이 어린이들의 마음을 지배해 세상에 대한 이해에 영향을 미칩니다.

그러나 이야기와 이미지의 영향은 성인이 되어서도 계속됩니다. 어린 시절 받은 부정적인 이야기는 믿음을 제한하고 개인의 성장을 방해할 수 있습니다. 자기 성찰과 이야기 탐구를 통해 개인은 이러한 내러티브에 도전하고 재구성해 더 큰 잠재력과 자유를 얻을 수 있습니다. 또한, 이야기가 이끄는 상상력은 창의성과 혁신을 촉진해 새로운 관점과 가능성을 제시합니다.

궁극적으로 우리의 이야기와 이미지는 변혁적인 힘을 갖고 있으며, 강화된 자유와 잠재력을 찾기 위한 성찰과 재구성을 촉발합니다. 이 과정은 세계에 대한 우리의 인식과 그 안에서 우리의 역할을 형성할 뿐만 아니라 이에 따른 인간성을 발달시킵니다.

(1) 두 가지 이미지

에릭슨의 발달 단계는 자율성 vs. 수치심, 주도성 vs. 죄책감 단계에 초점을 맞춰 유아기의 중요한 심리적 이정표를 강조합니다. 자율성 단계(2~3세)에서 아이들은 손과 발을 사용해 주변 환경에 참여함으로써 독립성과 의사 결정을 탐구합니다. 부모는 적절한 지침과 제한을 제공하고 자율성과 안전 사이의 균형을 유지함으로써 이러한 발전을 지원해야 합니다. 자율성을 시작하는 것은 인간의 중요한 능력인 자기 결정과 책임감을 키우는 데 필수적입니다.

주도성 vs. 죄책감 단계(4~7세)는 프로이트의 '남근기 단계'에 해당합니다. 아이들은 자신의 세계를 탐구하고 자신의 정체성을 창조하면서 더욱 적극적이고 활동적이 됩니다. '주도성'은 아이들이 자신의 세계를 건설하고 자기 행동에 책임을 지며 자신감을 키우는 것을 의미합니다. 부모와 성인은 성장을 위한 안전한 환경을 제공하고 탐구를 장려하며 성취를 인정함으로써 이 계획을 육성하는 데 중요한 역할을 합니다.

맥아담스는 놀이를 통해 어린이의 이미지 형성을 '건설적 이미지'와 '파괴적 이미지'로 분류합니다. 이는 세계와 삶에 대한 인식을 형성하는 데 있어서 어린 시절 경험의 중요성을 강조하고, 성장과 발달을 촉진하기 위한 지지적 지도와 긍정적인 환경의 중요성을 강조합니다.

① 건설적 이미지-권선징악
이 시기에 언급된 아이들의 놀이 행위와 상상력을 자극하는 이야기들은 그들의 성장과 발달에 큰 역할을 합니다. 이러한 이야기는 선이 이긴다는 긍정적인 이미지를 전달하며, 아이들이 이러한 이야기를 경험하면서 자아의 형성에 큰 영향을 미칠 수 있습니다.

예를 들어, '신데렐라'나 '백설 공주'와 같은 이야기에서는 착한 주인공이 어려운 상황에서도 좌절하지 않고, 마침내 행복을 찾게 되는 모습을 보여 줍니다. 이러한 이야기를 경험하면 아이들은 어려운 상황에서도 긍정적인 마인드를 유지하며, 문제를 해결할 수 있는 능력을 배우게 됩니다. 이러한 경험은 성인이 된 후에도 긍정적인 자아 이미지를 유지하고, 생산적인 이야기를 만들어 가는 데 도움이 됩니다.

또한, 성경 속의 이야기들도 아이들의 자아 형성에 큰 영향을 미칠 수 있습니다. 성경 속 이야기는 선과 악, 선한 행동과 악한 행동에 관한 이야기를 담고 있습니다. 이러한 이야기는 경험하면서 아이들은 선한 행동을 취하는 것이 중요하다는 것을 배우게 됩니다. 또한, 성인이 된 후에도 긍정적인 자아 이미지를 형성하는 데 도움이 됩니다.

따라서, 아이들이 경험하는 이야기는 그들의 성장과 발달에 큰 영향을 미치는 것으로 나타났습니다. 또한 선이 이긴다는 긍정적인 이미지를 전달하며, 이는 자아의 형성에 큰 영향을 미칠 수 있습니다. 이러한 경험은 성인이 된 후에도, 긍정적인 자아 이미지를 유지하고, 생산적인 이야기를 만들어 가는 데 도움이 됩니다.

성경에 나오는 다니엘과 사자굴 이야기는 이야기를 통해 소속감과 감정을 형성한다는 아이디어를 예시하며, 이는 어린이의 성장과 발달에 중요한 역할을 할 수 있습니다. 이 이야기에서 신실하고 고결한 사람인 다니엘은 하나님께 기도하기를 거부한 대가로 사자 굴에 던져졌습니다. 위험한 상황에도 불구하고 다니엘의 흔들리지 않는 믿음은 기적적인 결과로 이어졌습니다. 하나님께서 그를 보호하시고 사자 굴에서 무사히 나옵니다. 이 이야기는 더 높은 힘에 대한 신뢰와 악에 대한 선의 승리에 대한 강력한 메시지를 전달합니다.

사랑하는 어린이들에게 다니엘의 이야기는 주인공의 용기와 결단력을 공감함으로써 소속감과 감동을 불러일으킬 수 있습니다. 이는 역경에 맞서 승리했다는 긍정적인 이미지를 제공하고 아이들이 어려운 상황에서도 긍정적인 결과의 가능성을 믿도록 격려합니다. 이야기에 대한 이러한 감정적 연결은 희망과 회복력이라는 더 큰 이야기에 대한 소속감을 조성합니다.

아이들은 다니엘과 같은 이야기를 경험하면서 자기 행동과 신념이 자신의 이야기를 형성하는 데 중요한 영향을 미칠 수 있다는 생각을 내면화합니다. 다니엘의 믿음과 용기가 긍정적인 결과를 가져왔듯이, 아이들도 자신의 선택과 태도가 자신의 성장과 발전에 기여한다는 것을 배울 수 있습니다. 이야기는 성인이 되는 여정에서 그들을 안내하는 가치와 원칙에 대한 감정적 연결감을 키워 줍니다.

궁극적으로 다니엘과 사자굴 이야기는 아이들이 자기 삶을 형성하는 데 있어서 선한 행동과 믿음의 힘을 이해할 수 있는 환경을 조성합니다.

이러한 환경은 긍정적인 자기 이미지와 승리와 도덕적 성실성에 대한 더 큰 이야기에 대한 소속감을 심어 줍니다. 아이들이 자라면서 그러한 이야기를 통해 키워진 감정과 소속감은 어른이 되어서도 생산적이고 의미 있는 삶의 이야기를 창조하는 능력에 기여합니다.

② 파괴적 이미지-권모술수

어린이들은 상징적인 놀이를 통해 자아 형성의 과정을 거치게 됩니다. 이 과정에서 어린이들은 다양한 경험을 통해 세상을 이해하고 자기 삶에 관한 이야기를 만들어 나갑니다. 따라서 상징적인 놀이는 어린이들이 자아를 형성하고 성장하는 과정에서 매우 중요한 역할을 합니다.

그러나 어린이들이 상징적인 놀이를 할 때, 그것이 어떤 형태로 이루어지느냐에 따라 자아 형성에 부정적인 영향을 끼칠 수도 있습니다. 예를 들어, 어린이들이 승자와 패자, 강자와 약자의 이야기를 상징적인 놀이를 통해 만들 때, 그 이야기에서 승자가 폭력적인 방법을 동원해 승리한다는 폭력과 술수의 부정적이고 파괴적인 이미지가 형성되게 됩니다. 이러한 이미지는 그에 연관된 무의식적 자아 형성에 부정적인 영향을 미치게 되고, 결과적으로 이러한 부정적인 자아 이미지에 의한 부정적인 이야기의 표출로 드러나게 됩니다.

따라서, 어린이들에게는 상징적인 놀이를 통한 자아 형성 과정에서 부정적인 이미지가 형성되지 않도록 주의할 필요가 있습니다. 성인들은 어린이들이 상징적인 놀이를 할 때, 그들이 형성하고자 하는 이야기에 대해 충분한 이해와 지식을 가지고 지도해 주어야 합니다. 이렇게 어린이들이 자아 형성에 필요한 긍정적인 이미지를 형성할 수 있도록 도와주는 것이 중요합니다. 이러한 노력은 어린이들이 성인이 된 후의 자아 정체성과 그들의 삶의 이야기 형성에 장기간에 걸쳐 깊은 영향을 미칠 것입니다.

성경에 나오는 모세 이야기에 나오는 바로의 예는 이러한 개념을 잘 보여 줍니다. 이야기에서 바로는 처음에는 이스라엘 사람들을 억압하고 모세가 이스라엘 사람들에게 자유를 요구할 때 그들을 놓아 주기를 거부하는 강력한 통치자로 묘사됩니다. 바로의 행동과 결정은 교만, 완고함 그리고 자신의 권력과 통제권을 유지하려는 열망에 의해 주도됩니다.

상징놀이를 하는 어린이들이 바로 성격의 부정적인 측면에만 집중하게 된다면 부정적인 이미지와 서사를 형성하게 될 수도 있습니다. 그들은 권력을 억압, 통제를 잔인함, 리더십을 이기심과 연관시킬 수 있습니다. 이러한 부정적인 이미지는 권위 있는 인물과 리더십 역할에 대한 이해를 의도치 않게 형성할 수 있으며, 잠재적으로 왜곡된 자기 인식과 세상에서 자신의 위치로 이어질 수 있습니다.

그러나 어른들은 아이들이 이야기를 해석하는 데 중요한 역할을 할 수 있습니다. 어른들은 모세와 바로 이야기의 더 큰 맥락을 강조함으로써 아이들이 인간 행동의 복잡성과 부정적인 행동의 결과를 이해하도록 도울 수 있습니다. 그들은 공감, 동정심, 변화와 성장의 잠재력의 중요성을 강조할 수 있습니다.

이러한 지도를 통해 아이들은 바로와 같은 인물에 대해 보다 미묘하고 균형 잡힌 이해를 형성할 수 있습니다. 부정적인 특성에만 초점을 맞추는 대신 그들은 그의 실수와 행동에서 배울 수 있는 교훈을 인식할 수 있습니다. 이 접근 방식은 아이들이 리더십, 권위, 인간 본성의 복잡성에 대한 보다 긍정적이고 전체적인 이미지를 개발하는 데 도움이 됩니다.

궁극적으로, 바로와 관련된 이야기와 상징 놀이에 대한 어린이의 해석을 지도함으로써 어른들은 긍정적이고 건설적인 방식으로 자기 정체성을 형성하는 데 도움을 줄 수 있습니다. 이 지침은 아이들이 성인으로 성장하면서 건강한 자기 개발과 의미 있는 인생 이야기 창조에 기여하는 균형 잡힌 이미지를 형성하도록 보장합니다.

3) 3단계: 주제와 역할 선택 단계

    7~12세 사이의 학령기 아동은 주제와 주인공이 있는 이야기를 만드는 데 강한 관심을 보입니다. 이러한 주제는 종종 사랑, 우정, 친밀감, 권력과 같은 개념을 중심으로 전개됩니다. 특히, 개인은 자기 행동 패턴을 형성하고 삶의 에너지, 방향 및 목적을 안내하는 성취 지향적이든 관계 지향적이든 특정 내러티브 동기에 동조하는 경향이 있습니다. 스토리 테마의 선택은 스토리의 주인공 선택에 영향을 미치며, 그 결과 동기에 따라 다양한 유형의 캐릭터가 탄생합니다.

    스토리 테마 내에서 주인공을 분석하면 귀중한 통찰력을 얻을 수 있습니다. 내면의 인물을 표면화함으로써 개인의 인생 여정과 일상 역할 속에 숨겨진 욕망을 드러내고, 그들의 열망과 삶의 방향을 밝힐 수 있습니다. 이 과정은 개인의 소망과 목표를 명확히 해 우리 삶을 형성하는 욕구, 가치, 야망에 대한 이해를 풍부하게 합니다. 또한, 이야기의 주인공은 개인의 고유한 삶의 특성, 사회문화적 환경, 가치관 등을 반영합니다. 이러한 테마와 캐릭터는 시간이 지남에 따라 주변 환경과의 상호 작용을 통해 축적되어 개인의 삶의 경험에 필수적인 부분을 형성합니다.

    이야기의 주인공은 또한 우리의 고유한 성격 특성과 행동 경향을 볼 수 있는 창을 제공합니다. 이러한 이야기에서 수집된 자료는 성인이 된 개인의 신화를 만드는 데 중요한 도구가 됩니다. 이는 실제 생활의 어려움을 헤쳐 나가는 데 지침이 되고 개인의 성장과 발전을 돕는 역할을 합니다. 궁극적으로 이야기의 주인공과 주제를 분석하면 자기 인식이 향상되고, 실제 문제에 대한 해결책을 제시하며, 개인적 성장을 지원하게 됩니다.

(1) 세 가지 주제-성취·관계 그리고 조화

　학령기는 아이들이 필수 기술을 습득하고 잠재력을 탐구하며 자신감과 결단력을 키우는 중요한 단계입니다. 학교는 지식을 전달하고 기술을 연마하며 대인관계 성장을 촉진함으로써 이러한 발달 여정에서 중추적인 역할을 합니다. 학교 환경 내 상호 작용은 자녀의 발달에 큰 영향을 미치며, 성취 지향적인 개인은 목표와 인식에 중점을 두는 반면, 관계 지향적인 유형은 다른 사람과의 연결을 우선시해 이에 따라 학습 경험을 형성합니다.
　이 시기에는 두뇌 발달이 급속히 이루어지며, 문제 해결을 위해 정보를 신속하게 파악하고 활용하는 것이 중요합니다. 다양한 경험은 문제 해결 능력 향상에 기여합니다. 또한, 활동적인 생활 방식, 적절한 수면, 웰빙 유지에 중요한 영양을 통해 체력과 건강을 증진하는 것이 최우선 과제가 됩니다. 부모와 보호자는 건강한 습관을 심어 주는 데 중요한 역할을 합니다.
　궁극적으로 학령기는 기술을 개발하고, 목표를 설정하고, 행동을 취하며, 근면함, 자신감, 강한 자아감을 키우는 시기입니다. 학교 환경은 지원적인 가정 환경과 함께 아이들이 미래의 성장과 성공을 위한 기반을 구축하도록 안내합니다.

① 성취 지향적 주제
　성취 지향적인 이야기 주제에 공감하는 개인은 자기 삶에서 일과 성취를 크게 강조합니다. 그들은 성취와 소유라는 렌즈를 통해 성공을 바라보며 자신의 정체성을 확립하고 다른 사람들보다 눈에 띄기를 추구합니다. 그러한 사람은 효율적인 삶을 우선시하고 끊임없는 경쟁을 헤쳐 나가는 능력에 자부심을 갖고 경쟁 사회에서 성공합니다.
　그러나 성공을 추구하려면 종종 자기를 다른 사람과 비교해 잠재적인 불안과 불만을 초래한다는 점을 인식하는 것이 중요합니다. 그들의 관계는 자기 중심적이고 자기 홍보적인 성격에 의해 주도되는 범위는 넓지만 깊이는 얕은 경향이 있습니다. 관계에 대한 이러한 접근 방식은 "나와 그것"의 관점에 비유될 수 있으며, 이는 프롬(Erich Fromm)이 설명한 시장지향적 성격을 반영할 수도 있습니다.

맥아담스는 성취 지향적인 주제에 관심을 갖는 사람들이 선택한 네 가지 유형의 주인공, 즉 전사, 여행자, 현자 및 생산자를 구분합니다. 이 주인공들은 자기 주장을 통한 목적 추구와 각자의 영역에서 탁월해지려는 열망을 구현합니다. 그들의 이야기는 성공을 향한 여정을 중심으로 전개됩니다.

요약하자면, 성취 지향적인 이야기 주제를 따르는 개인은 일과 성취를 삶의 중추적인 측면으로 우선시합니다. 그럼에도 불구하고 끊임없는 성공 추구에는 단점이 있으며 잠재적으로 불안과 불만을 야기할 수 있습니다. 그들의 관계는 깊이가 부족하고 자기중심적일 수 있는 반면, 그들이 선택한 주인공은 자기를 주장하고 목표를 달성하려는 추진력을 반영합니다.

㉮ 전사(The Warrior)

성취를 향한 불굴의 열망에 힘입은 원형인 전사는 다윗과 같은 인물로 예시되며 삶을 승리의 정점이 궁극적인 열망으로 서 있는 끝없는 전쟁터로 인식합니다. 성경의 다윗이 흔들리지 않는 결단력으로 거인 골리앗에 맞섰던 것처럼, 이 원형은 개인에게 도전과 역경의 복잡성에 맞서는 데 필요한 회복력과 끈기를 갖추게 해 줍니다. 다윗이 패배를 거부한 것처럼 전사도 확고한 태도를 유지하며 목표를 향해 지속적으로 추진력을 얻습니다.

다윗의 상징적인 물맷돌과 마찬가지로 전사 원형의 핵심에는 달성하려는 흔들리지 않는 추진력이 있습니다. 다윗이 골리앗을 이긴 것이 그의 이야기에서 결정적인 순간이었던 것처럼, 승리를 추구하는 것도 이들 개인의 삶의 중심 주제입니다. 경쟁에 참여하고 자기 개선을 위해 끊임없이 노력하는 이들의 끊임없는 추구는 촉매제 역할을 해서 잠재력을 최대한 발휘하고 흔들리지 않는 노력에 대한 보상을 누릴 수 있게 해 줍니다.

골리앗에 맞서 다윗의 행동을 이끈 전략적 계획은 삶의 복잡성을 관리하는 전사의 능숙함에 반영됩니다. 성취 지향적인 사고방식으로 무장한 이들은 목표 달성을 위한 진로를 꼼꼼하게 계획합니다. 다윗의 계산된 접근 방식이 어떻게 승리로 이어졌는지와 유사하게 이 원형은 전략적 방법을 사용해 정확하고 규율 있게 여정을 탐색합니다. 이러한 접근 방식은 성공을 향한 추진력을 제공할 뿐만 아니라 조직의 능력과 삶의 효율성도 향상시킵니다.

성공 추구 이면에는 다윗처럼 전사 원형을 구현하는 개인은 더 큰 목적과 의미에 대한 깊은 갈망을 가지고 있습니다. 거인에 대한 다윗의 승리가 왕으로서의 그의 운명을 알리는 것처럼, 자기 능력을 활용하고 경험을 풍부하게 하려는 그들의 열망은 뿌리 깊은 만족을 위한 수단이 됩니다. 다윗의 유산과 마찬가지로 열망과 영향력 배양에 대한 그들의 끊임없는 헌신은 그들의 존재를 형성하고 그들의 개인적인 성취와 더 넓은 세상에 지울 수 없는 흔적을 남깁니다.

본질적으로 다윗과 같은 캐릭터로 예시되는 전사 원형은 끈기, 결단력, 불굴의 야망의 정신을 구현합니다. 그들의 여정은 장애물을 극복하고 잠재력을 최대한 실현하려는 흔들리지 않는 결단력이 특징인 골리앗에 대한 다윗의 승리를 반영합니다. 전략적 계획, 끊임없는 야망, 성취 추구를 통해 그들은 야망, 성취, 끊임없는 승리 추구의 힘을 공명하는 지속적인 유산을 새깁니다.

㉯ **여행자**(The Traveler)

아브라함과 같은 인물로 구체화된 여행자 원형은 탐험에 대한 만족할 수 없는 열망과 지평의 지속적인 확장을 요약합니다. 성경 이야기에 나오는 아브라함의 여정과 마찬가지로, 이 원형은 인생이 복잡한 여정, 즉 성장과 성취를 추구하는 지속적인 노력이 가장 중요한 것임을 알게 합니다.

아브라함이 흔들리지 않는 믿음으로 미지의 세계로 모험을 떠났던 것처럼 여행자 원형을 구현하는 개인은 결단력을 가지고 여행을 시작합니다.

아브라함의 이야기는 더 큰 목적을 찾기 위해 익숙한 것을 뒤로하고 미지의 세계로 나아가려는 그의 의지를 보여 줍니다. 마찬가지로, 여행자 원형은 삶을 다양한 경험으로 짜여진 태피스트리로 보고, 각 경험은 의미와 의미로 존재의 구조를 풍요롭게 합니다. 이 원형에 대한 역동적인 인식은 자기 발견을 향한 아브라함의 여정을 반영해 지속적인 진화와 개인 개발에 대한 확고한 헌신을 촉진합니다.

여행자 관점의 중심에는 인생이 발견을 위한 끊임없는 항해라는 믿음이 있습니다. 아브라함의 믿음이 그를 새로운 땅과 경험으로 이끌었던 것처럼, 이 원형에 이끌린 사람들은 매일 미지의 영역으로 모험을 떠나고, 새로운 경험을 모으고, 개인적 성장을 촉진할 수 있는 기회로 접근합니다. 탐구에 대한 이러한 끊임없는 갈증은 학습에 대한 열정을 불러일으킬 뿐만 아니라 기술을 연마하고 다양한 도전을 수용하도록 유도합니다.

아브라함의 여정과 마찬가지로 여행자 원형의 핵심 목표는 시야를 넓히는 것입니다. 이러한 열망은 특히 역경에 직면했을 때 회복력과 결단력의 원천이 됩니다. 탐험되지 않은 가능성에 대한 매력은 동기를 부여하는 힘으로 작용해 장애물을 극복하고 인내하도록 격려합니다. 지식을 축적하고, 기술을 연마하고, 다양한 경험을 포용하는 지속적인 과정을 통해 여행자는 다양성과 성장이 넘치는 삶을 만들어 갑니다.

시야를 넓히는 행위는 개인의 발전뿐만 아니라 깊은 성취감에도 기여합니다. 탐구하려는 아브라함의 의지가 어떻게 새로운 통찰력과 계시로 이어졌는지와 유사하게, 여행자의 길은 자신감을 키우고 적응력과 회복력을 보여 줍니다. 모든 단계에서 그들은 탐구, 자기 발견, 새로운 여정에 대한 기대로 특징지어지는 삶의 만족을 즐깁니다.

본질적으로 아브라함과 같은 인물로 예시되는 여행자 원형은 모험 정신과 개인 발전에 대한 끊임없는 추구를 구현합니다. 아브라함의 믿음과 탐험의 여정과 마찬가지로, 그들의 길은 활기차고 역동적이며 끊임없이 진화하는 존재로 이어지는 경험에 대한 만족할 수 없는 갈증이 특징입니다. 탐험, 성장, 미지의 포용에 대한 헌신을 통해 그들은 자기 발견과 끊임없는 탐구의 삶에서 오는 무한한 잠재력을 구현합니다.

㈐ 지식인(The Sage)

솔로몬왕과 같은 인물이 예시하는 현자 원형은 인류를 다양한 지식과 기술을 습득할 수 있는 놀라운 능력을 부여받은 종으로 보는 지적 지향의 전형을 보여 줍니다. 솔로몬이 지혜와 지식으로 유명했던 것과 비슷하게, 이 원형을 구현하는 개인은 자신의 지성을 자신의 지위를 확보하고 성공을 달성하기 위한 강력한 도구로 활용합니다.

비교할 수 없는 지혜로 유명한 솔로몬은 지식의 엄청난 가치와 개인의 성장 및 사회적 발전을 위한 잠재력을 인식했습니다. 지혜를 얻기 위한 그의 헌신을 통해 그는 정보에 입각한 결정을 내리고 전략적 정확성을 가지고 복잡한 상황을 헤쳐 나갈 수 있었습니다. 마찬가지로, 현명한 사람 원형을 구현하는 개인은 지식 축적이 개인 발전에 기여할 뿐만 아니라 문제를 효과적으로 해결할 수 있는 힘을 실어준다는 것을 이해합니다.

지식인의 관점의 핵심은 지식을 성공을 위한 강력한 자원으로 인식하는 것입니다. 솔로몬의 현명한 판단과 마찬가지로 이 원형을 가진 개인은 자신의 전문 지식을 활용해 자신의 필요를 충족하고 사회적 지위를 유지합니다. 이러한 지적 능력은 성공 추구의 초석이 되며 계산된 통찰력으로 장애물을 극복하고 열망을 달성하도록 안내합니다.

더욱이, 현자 원형의 지식 저장소는 자기 인식의 관문 역할을 합니다. 솔로몬의 지혜가 그를 돋보이게 했던 것처럼, 이 원형을 구현하는 개인은 자신의 고유한 이해를 활용해 경쟁 우위를 얻습니다. 이러한 인식은 개성과 비교 우위를 촉진해 개인적인 성취를 향해 나아가고 지적 선구자로서의 역할을 확고히 합니다.

지식인에게 탁월한 지식과 기술을 통해 성취한 성과는 자부심과 영감의 원천입니다. 솔로몬의 성취와 마찬가지로 그들은 자기의 전문 지식을 사용해 자기의 지위를 유지하고 더 많은 성취를 향한 진로를 계획함으로써 엄청난 만족을 얻습니다. 이러한 끊임없는 성공 추구는 과거의 성과를 지속적으로 뛰어넘고 지속적인 기여를 하겠다는 확고한 결심에 의해 뒷받침됩니다.

본질적으로 솔로몬과 같은 인물로 예시되는 현자 원형은 사람의 운명을 형성하는 지성의 심오한 잠재력을 강조합니다. 솔로몬의 지혜가 그의 통치를 이끈 것처럼, 이 원형을 전달하는 개인은 자신의 지식과 기술을 사용해 개인 수준과 사회 영역 모두에서 발전의 길을 만듭니다. 그들은 전문 지식을 활용하려는 노력을 통해 지적 통찰력이 개인의 성장을 촉진하고 사회에 기여하며 지속적인 성공을 육성할 수 있는 방법을 보여 주는 유산을 만듭니다.

㉣ 생산자(The Maker)

역사상 느헤미야와 같은 인물이 구현한 생산자 원형은 삶을 풍부한 창조물의 창조와 경쟁 분야에서의 번영이 중심이 되는 거대한 시장으로 인식하는 생산자 지향을 요약합니다. 예루살렘 성벽을 재건하는 데 중추적인 역할을 한 성서 인물 느헤미야는 공동체를 회복하고 재건하려는 결단을 통해 창조자 원형의 본질을 예시합니다.

예루살렘 성벽 재건에 대한 느헤미야의 확고한 헌신은 생산자(The Maker) 원형의 핵심 본질을 보여 줍니다. 그는 깊은 목적과 의미에 대한 감각을 바탕으로 적극적이고 목표 지향적인 성격을 구현했습니다. 도시 활성화에 대한 그의 열정은 도전과 좌절을 극복하려는 그의 결단력을 불러일으켰고, 흔들리지 않는 헌신을 통해 목표를 추구하는 생산자(The Maker)의 정신을 반영했습니다.

메이커 원형의 핵심에는 단일 목표에 대한 끊임없는 헌신이 때로는 공허한 결과로 이어질 수 있다는 인식이 있습니다. 느헤미야의 여정과 마찬가지로, 외부적인 성공을 추구하다 보면 우리의 노력에 깔려 있는 더 깊고 본질적인 의미가 가려질 수 있습니다. 느헤미야의 변화 여정에는 야망과 진정한 만족 사이의 균형을 탐색하고 궁극적으로 단순한 물질적 성취를 넘어서는 심오한 보물을 발견하는 것이 포함되어 있습니다.

느헤미야의 이야기는 또한 생산자 원형에 내재된 자기 가치와 성과의 얽힘을 보여 줍니다. 느헤미야가 예루살렘 성벽을 재건하는 데 성공한 것은 탁월함에 대한 그의 헌신의 상징이 되었으며, 이 원형을 구현하는 개인이 자기의 자존심을 노력의 결과에 어떻게 연결하는지를 반영합니다. 그들의 성취는 그들의 헌신에 대한 증거이자 그들의 가치를 표현하는 수단이 됩니다.

그러나 생산자 원형의 여정에는 어려움이 따릅니다. 느헤미야가 야망과 내적 만족 사이의 균형을 찾아야 했던 것처럼, 이 원형을 구현하는 개인은 삶의 진정한 본질을 충분히 이해하기 위해 외부 성공의 매력을 초월해야 합니다. 느헤미야의 유산은 그가 재건한 물리적 성벽 너머로 확장됩니다. 이는 생산자의 변혁적인 여정에는 물질적 성취를 넘어 삶의 목적과 의미의 다면적인 본질을 발견하는 것이 포함된다는 점을 상기시키는 역할을 합니다.

본질적으로 느헤미야와 같은 개인이 예시하는 메이커 원형은 성취와 혁신의 원동력을 나타냅니다. 그들의 목표 추구는 창조, 개발, 기여하려는 욕구에 의해 추진되지만, 그들의 변화 여정에는 야망, 자기 가치, 진정한 성취 사이의 복잡성에 대한 더 깊은 탐구도 포함됩니다. 그들의 노력을 통해 그들은 우리가 삶의 목적과 의미의 다양한 측면을 포용할 때 나타나는 심오한 풍요로움을 보여 줍니다.

② 관계 지향적 주제

신약성경에 등장하는 브리스길라와 아굴라 부부는 타인과의 교류와 관계 속에서 관계 중심의 주제를 구현하고 있습니다. 그들의 이야기는 긴밀한 관계 형성, 연결 육성, 문제 해결을 위해 함께 일하는 것을 우선시하는 개인의 강력한 예가 됩니다.

브리스길라와 아굴라는 함께 장사하는 동업자이자 결혼을 한 서로의 배우자였습니다. 그들은 초기 기독교 공동체에서 중요한 역할을 한 연합되고 지지적인 부부로 자주 언급됩니다. 그들의 관계 중심 주제는 그들이 다른 사람들과 상호 작용하고 관계에 접근하는 방식에서 분명합니다.

㉮ 사랑의 주인공(The Lover)

성서 역사에 등장하는 룻과 같은 인물이 예시하는 연인 원형은 애정과 따뜻함을 발산하며 사랑을 가장 중요하게 여기고 의미 있는 관계를 구축합니다. 룻의 이야기는 사랑의 주인공 원형을 구현하는 개인이 감정적 연결을 우선시하고 다른 사람과의 유대를 육성하는 데 깊은 의미를 찾는 방법에 대한 가슴 아픈 예입니다.

시어머니 나오미에 대한 룻의 확고한 헌신은 사랑 주인공 원형의 핵심 본질에 대한 증거입니다. 어려움과 역경에도 불구하고 관계에 대한 룻의 깊은 감사는 나오미의 곁에 머물기로 한 결정에서 분명하게 나타나며, 사랑하는 사람들에 대한 진정한 관심과 보살핌을 보여 줍니다.

연인 원형의 중심에는 관계를 육성하고 소중히 여기려는 열망이 있습니다. 룻은 연결이 번성하는 매력적인 환경을 구축하려는 사랑의 주인공의 노력을 반영해 상호 배려와 존중의 분위기를 조성하기 위해 적극적으로 노력했습니다. 나오미에 대한 룻의 헌신은 진정성과 이해의 분위기 속에서 유대감을 형성하는 것의 중요성을 강조하는 이러한 기본 원칙의 구체화입니다.

다른 사람의 경험과 감정에 대한 룻의 진정한 관심은 사랑의 주인공 원형의 특징입니다. 룻과 마찬가지로 이 원형을 구현하는 개인은 주변 사람들의 이야기, 기쁨 및 도전에 끌립니다. 룻의 공감 중심 접근 방식을 통해 그녀는 나오미와 깊이 연결되어 두 사람의 삶을 형성하는 복잡한 감정을 이해할 수 있었습니다.

룻이 형성한 관계, 특히 나오미와의 유대 관계는 우정과 가족에 대한 사랑의 주인공 원형의 강조를 잘 보여 줍니다. 애정과 진정한 관심을 표현하려는 룻의 확고한 헌신은 그녀와 가장 가까운 사람들에게 반향을 일으켰으며, 진정한 지원이 인생의 시련을 통해 관계를 유지하는 힘의 기둥이 되는 방법을 보여 주었습니다.

본질적으로 사랑의 주인공 원형은 나오미에 대한 룻의 헌신이 보여 주는 것처럼 정서적 연결과 진정성을 구현합니다. 타인에 대한 사랑, 이해, 진정한 관심을 우선시함으로써 룻의 이야기는 사랑의 주인공의 본질을 구현하는 것으로 울려 퍼집니다. 그녀의 행동을 통해 그녀는 주변 사람들의 삶을 풍요롭게 했고, 오늘날까지도 계속해서 마음에 영감을 주고 감동을 주는 진정한 애정과 진심 어린 연결의 지속적인 유산을 남겼습니다.

㈏ 돌보는 자(The Caregiver)

예수님의 어머니 마리아는 간병인 원형의 심오한 구현체입니다. 그녀의 존재감은 따뜻함과 편안함을 발산하며 주변 사람들에게 안전한 안식처를 만들어 줍니다. 그녀는 공감을 자신의 인도하는 빛으로 삼아 깊은 감정적 연결을 형성하고 자신이 접촉하는 사람들의 영혼을 보살펴 줍니다.

㉠ **세심함과 친절함**: 마리아가 다른 사람들과 상호 작용할 때, 특히 어머니로서의 역할을 통해 그녀의 세심함과 친절함이 드러났습니다. 그녀는 가족에 대한 관심과 애정을 표현했는데, 이는 가나안의 결혼식과 십자가 처형과 같은 예수님 삶의 중요한 순간에 그녀가 함께했다는 사실에서 알 수 있습니다. 주변 사람들의 감정을 이해하고 공감하는 그녀의 능력은 그녀에게 위안과 지지의 원천이 되었습니다.

㉡ **감정적 닻**: 마리아의 감정적 개방성과 자신의 감정을 표현하는 능력은 다른 사람들도 똑같이 해도 안전하다고 느낄 수 있는 환경을 조성했습니다. 돌봄인으로서 그녀는 감정의 닻 역할을 해 자신이 교류하는 사람들에게 위안과 공감을 제공했습니다. 예수님의 탄생 소식에 대한 기쁨과 십자가에 달리신 슬픔 등 자신의 감정을 공개적으로 나누려는 그녀의 의지는 다른 사람들에게 깊은 울림을 주었습니다.

㉢ **공감과 이해**: 다른 사람들이 말하지 않은 감정을 해독하는 마리아의 독특한 능력은 경청자이자 지지자로서의 그녀의 역할에서 분명하게 드러납니다. 예수님이 십자가에 못 박히신 동안 십자가 아래에 있었던 그녀의 존재는 그녀의 깊은 공감과 이해를 반영합니다. 그녀의 조용한 존재는 엄청난 슬픔에도 불구하고 연대와 연민을 전달했습니다.

㉣ **긍정적인 영향**: 예수님의 어머니로서 마리아의 역할과 다른 사람들과의 상호 작용은 그녀의 공동체 내에서 존경과 존경을 얻었습니다. 그녀의 보살핌과 공감 능력은 지속적인 영향을 미치며 표면 너머의 진정한 관계를 조성했습니다. 예수님 삶의 중요한 순간에 그녀가 제공한 정서적 지원은 가족에 대한 그녀의 깊은 관심과 심오한 정서적 수준에서 연결하는 능력을 보여 줍니다.

ⓜ **정서적 지원의 안식처**: 마리아의 인생 이야기는 복잡한 인간관계에 대한 공감과 이해를 예시함으로써 돌봄인 원형의 본질을 요약합니다. 양육하는 인물로서의 그녀의 역할과 정서적 지원을 제공하는 능력은 주변 사람들에게 위안의 안식처를 만들었습니다. 다른 사람의 행복에 대한 그녀의 진정한 관심과 감정적으로 이해하고 연결하는 능력은 그녀의 관계에 지울 수 없는 흔적을 남겼습니다.

본질적으로 마리아의 묘사는 돌봄인 원형과 일치하며 대인 관계 내에서 공감, 정서적 이해 및 진정한 연결을 구현합니다. 그녀의 양육 정신과 타인의 복지에 대한 진정한 관심은 의미 있는 인간관계를 육성하는 데 있어 공감과 정서적 지원의 힘을 보여 주는 시대를 초월한 사례로서 계속해서 영감을 주고 울려 퍼지고 있습니다.

ⓓ **참된 친구**(The Friend)
성경에 나오는 유명한 인물인 요나단은 친구의 원형을 우아하게 보여 줍니다. 그의 우정은 동료애의 아름다움을 발산하며 상호 지원과 흔들리지 않는 충성심을 키워 줍니다. 공유된 경험과 깊은 관계를 통해 그는 진정한 우정의 본질을 보여 줍니다.

ⓙ **동지애와 공유된 여정**: 요나단과 다윗의 깊은 우정은 친구 원형의 구현을 보여 줍니다. 상황의 어려움과 복잡성에도 불구하고 그들의 동지애와 공유된 여정은 상호 작용에서 분명하게 드러납니다. 역경 속에서도 다윗의 편에 서려는 요나단의 의지는 삶의 어려움에 함께 맞서겠다는 그들의 헌신을 강조합니다.

ⓛ **관계의 의미**: 요나단은 다윗과의 관계에서 심오한 의미를 발견했습니다. 두 사람의 유대감은 단순한 친분을 넘어 공유된 경험과 신뢰, 상호 이해를 바탕으로 한 깊은 유대감을 반영했습니다. 요나단의 행동은 인생의 진정한 부는 진정한 우정의 아름다움에서 나온다는 그의 믿음을 보여 주었습니다.

ⓒ **공유된 성공과 상호 학습**: 다윗과 요나단의 우정은 개인적인 경험과 지식을 기꺼이 공유하려는 의지로 표시되었습니다. 그들의 상호 작용에는 상호 학습이 포함되었으며, 각 사람은 이해를 풍부하게 하는 통찰력과 관점을 제공했습니다. 이러한 공유된 지혜의 정신은 개인의 개인적인 성장과 발전을 향상시키는 상호 교환을 촉진했습니다.

ⓔ **공동 발전에 대한 헌신**: 공동 성공에 대한 요나단의 헌신은 다윗과의 상호 작용에서 분명하게 드러납니다. 그는 다윗의 잠재력을 인식하고 가족의 어려움에도 불구하고 그의 행복을 옹호했습니다. 친구를 고양시키려는 요나단의 이타심과 헌신은 그가 아끼는 사람들의 번영을 지원하는 친구 원형의 본질을 구체화한 것을 강조합니다.

ⓜ **함께하는 힘**: 요나단과 다윗의 우정은 함께 하는 힘과 상호 지원의 힘을 보여 줍니다. 그들의 유대는 승리에 대한 축하, 어려운 시기 동안의 공감, 삶의 경험을 통해 공유된 여정을 보여 주었습니다. 다윗의 복지에 대한 요나단의 헌신과 그들의 진정한 동지애는 상호 지원과 공유된 열망을 바탕으로 구축된 인간관계의 본질을 보여 줍니다.

요약하자면, 요나단의 묘사는 우정, 동반 성장, 상호 지원의 본질을 구현하는 친구 원형에 부합합니다. 다윗과의 지속적인 우정은 진정한 인간

관계가 삶의 도전과 승리를 가져올 수 있는 아름다움과 깊이를 보여 주는 시대를 초월한 예로서 친구 원형의 정신을 구현합니다.

㉣ 의식의 집행자(The Ritualist)

성경 속 인물인 아론(Aron)은 통합의 힘이자 공동체 창조자로서 원형의 전형을 보여 줍니다. 중재자이자 평화를 이루는 자로서의 그의 역할은 분열을 연결하고 사람들을 하나로 모으는 그의 능력을 보여 줍니다. 그의 행동을 통해 그는 지역 사회 내 조화와 결속의 정신을 구현합니다.

㉠ **주인공으로서의 내면화된 정체성**: 주인공으로서의 아론의 내면화된 정체성은 평화를 이루는 사람이자 중재자로서의 역할에서 분명하게 드러납니다. 그는 개인 간의 화합과 협력의 본질을 구현하는 조화자로서의 역할을 받아들였습니다.

㉡ **커뮤니티 만들기**: 아론의 행동은 커뮤니티 감각과 조화를 만들기 위한 그의 헌신을 보여 줍니다. 이스라엘의 대제사장으로서의 그의 역할은 그를 사람들 사이에 집단적 정체성과 목적의식을 키워 주는 중심인물로 자리매김하게 했습니다. 그는 개인들이 함께 모여 영성을 공유할 수 있는 신성한 공간을 마련했습니다.

㉢ **연결성에 대한 깊은 헌신**: 연결성에 대한 아론의 헌신은 사람들 간의 단결을 유지하려는 그의 노력에서 볼 수 있습니다. 분쟁이 발생하면 그는 격차를 해소하고 화합을 도모하겠다는 의지를 반영해 이해와 협력을 증진할 수 있는 해결 방법을 적극적으로 모색했습니다.

ⓔ **미묘한 영향과 조화를 이루는 역할**: 의식주의자로서 아론의 역할은 미묘하면서도 전통적인 영향력이 특징입니다. 그는 공유된 가치와 공통의 유산을 상징하는 의식과 관습을 장려함으로써 이스라엘 사람들 사이의 연대를 유지하는 데 중추적인 역할을 했습니다. 그의 행동은 지역 사회 내에서 균형과 일관성을 유지하는 데 도움이 되었습니다.

ⓜ **긍정적인 파급 효과**: 아론의 존재는 이스라엘 공동체에 긍정적인 파급 효과를 가져왔습니다. 개인을 공유된 목적에 맞추는 그의 능력과 단결을 위한 그의 헌신은 결속력과 집단적 복지의 분위기를 조성했습니다. 그의 리더십 스타일은 다른 사람들이 더 큰 이익을 위해 함께 일하도록 영감을 주었습니다.

ⓗ **단결의 변혁적 힘**: 아론의 의식주의 원형 구현은 단결과 공유 목적의 변혁적 힘을 강조합니다. 그는 공동체 의식을 키우고 개인의 내면적 정체성을 집단적 가치와 일치시킴으로써 협력이 왕성하고 긍정적인 결과와 성과 공유로 이어지는 환경을 조성했습니다.

요약하자면, 평화를 이루는 사람, 중재자, 대제사장으로서의 아론의 역할은 의식주의 원형의 예입니다. 조화를 이루고, 화합을 조성하고, 개인을 공유 가치에 맞추는 데 대한 그의 헌신은 주인공의 역할을 내면화하고 다양한 그룹 사이에서 공동체 의식과 목적을 창출하기 위해 노력하는 개인의 변혁적 잠재력을 보여 줍니다.

③ 두 이야기 동기가 조화를 이룬 이야기 주인공
인간의 삶에서 "성취"와 "관계"는 매우 중요한 역할을 합니다. 이 두 가지 본능에 관한 이야기는 모든 인간의 삶에 깊이 뿌리를 내리고 있습니

다. 이러한 본능은 우리가 태어나서부터 이어져 온 것이며, 우리 인간들의 내면에 깊숙이 살아 숨쉬고 있습니다.

"성취"라는 본능은 인간의 내면에서 자기 능력을 인정받고, 인간의 가치를 인정받는 것을 추구하는 본능입니다. 이러한 본능은 인간이 자신의 역량을 발휘하고, 인생에서 더욱 높은 목표를 달성하기 위해 노력하는 것을 도와줍니다.

반면에 "관계"라는 본능은 인간이 다른 사람들과 함께하며, 상호 작용하며, 서로의 관심과 사랑을 나누는 것을 추구하는 본능입니다. 이러한 본능은 인간이 다른 사람들과 함께하는 것을 즐기고, 사랑과 친절함을 나누는 것을 돕습니다.

그러나 이 두 가지 본능은 역설적으로 서로 대립하고 있는 것처럼 보일 수 있습니다. 한편으로는 자기 능력을 인정받고 자기의 가치를 인정받는 것을 추구하는 본능이 있고, 다른 한편으로는 다른 사람들과 함께하는 것을 추구하는 본능이 있습니다. 그러나 이 두 가지 본능은 상호 보완적인 관계를 맺고 있습니다. 즉, 성취와 관계는 인간의 삶에서 서로 조화를 이루며 존재합니다.

한 인간의 이야기를 이해할 때, 이 두 가지 본능이 어떻게 조화를 이루며 그 인간의 삶에 영향을 미치는지를 파악하는 것이 중요합니다. 이러한 이해는 우리가 그 인간을 이해하고, 더 나은 인간관계를 형성하며, 더욱 건강하고 행복한 삶을 살아가는 데 도움이 됩니다.

따라서, 인간의 삶에서 "성취"와 "관계"는 모두 중요한 역할을 하며, 두 가지 본능이 서로 조화를 이루며 존재합니다. 이러한 관점에서 한 인간의 이야기를 이해하고, 이 두 가지 본능이 그 인간의 삶에서 어떻게 작용하는지를 파악하는 것은 인간 이해에 필수적입니다.

㉮ 치유자(The Healer)

치유자 원형은 동정심, 공감, 육체적, 영적 회복을 가져올 수 있는 능력을 예시하는 예수 안에서 심오한 성찰을 발견합니다. 그분의 가르침, 기적, 친절한 행동은 도움이 필요한 사람들에게 위안과 희망, 변화를 제공하는 신성한 치유자로서 그분의 역할을 보여 줍니다. 예수님은 이타적인 행동을 통해 치유자 원형의 양육과 변화를 가져오는 성격을 구현하셨습니다.

㉠ **타인에 대한 헌신과 자기 치유**: 예수님은 자신의 치유 여정에서 자신의 역할을 인식하면서 다른 사람에게 봉사하겠다는 확고한 헌신을 보여 줌으로써 치유자 원형의 모범을 보여 주셨습니다. 그는 병자를 고치고, 상한 마음을 위로하고, 가르침을 통해 변화를 불러일으키는 동시에 자기 인식과 영적 성장의 여정을 시작했습니다.

㉡ **자기 인식과 공감에 뿌리를 둠**: 인간의 감정에 대한 예수의 깊은 이해와 다른 사람과 공감하는 능력은 각계각층의 사람과의 상호 작용에서 분명하게 드러납니다. 그는 주변 사람들의 감정과 어려움에 대한 타고난 조화를 보여 주었고 위로와 이해, 치유를 제공했습니다.

㉢ **가치와 진정성에 대한 헌신**: 예수님의 가르침은 개인적인 가치와 이상에 뿌리를 두고 있으며, 사랑, 연민, 용서, 겸손을 강조합니다. 삶에 대한 그의 진정한 접근 방식과 이러한 가치에 대한 확고한 헌신은 그의 순수하고 자비로운 본성에 공감하는 추종자들을 끌어모았습니다.

㉣ **긍정적인 변화 촉진**: 예수님은 지속적으로 다른 사람들의 삶에 긍정적인 변화를 촉진하셨습니다. 그의 가르침과 행동은 변화를 불러일으켰고, 사람들이 사랑과 친절을 받아들이고, 깨어진 관계를 고치고, 목적과

의미가 있는 삶을 살도록 격려했습니다.

　㉺ **예술적, 창의적 영향**: 예수께서는 전통적인 예술가는 아니었지만 비유, 스토리텔링, 상징적 행동을 사용해 인간의 경험에 공감하는 심오한 메시지를 전달하셨습니다. 공감할 수 있는 이야기를 통해 복잡한 영적 개념을 전달하는 그의 능력은 메시지 전달에 대한 그의 창의적이고 직관적인 접근 방식을 보여 줍니다.

　㉻ **동정심으로 다른 사람들에게 봉사하기**: 예수님의 전체 사역은 공감과 연민으로 다른 사람들에게 봉사하는 데 중점을 두었습니다. 그는 사심 없는 행동을 통해 치유자 원형의 본질을 구현하면서 도움이 필요한 사람들에게 치유, 지도, 위로를 제공했습니다.

　㉼ **영감을 주는 연결과 진정성**: 예수의 가르침과 행동은 추종자들 사이에 깊은 연결을 조성하고 사회 규범에 도전했습니다. 그는 진정한 관계, 겸손, 내면 변화의 힘의 중요성을 강조했습니다.

　본질적으로 예수는 치유자 원형의 모범적인 구체화 역할을 합니다. 타인에 대한 헌신, 자기 인식, 공감, 진정성, 긍정적인 변화를 불러일으키는 능력은 이 원형의 특징과 깊은 공감을 이룹니다. 그의 가르침, 행동, 영향력을 통해 그는 힐러 원형이 대표하는 치유, 연민, 예술적 표현의 잠재력을 예시했습니다.

　㉯ **스승으로서의 주인공**(The Teacher)
　교사 원형은 지혜와 인도, 지식 공유에 대한 헌신의 모범이 되는 삶과 가르침을 지닌 사도 바울에게서 생생한 구체화를 찾습니다. 초기 기독교 공동체에 보낸 바울의 편지와 가르침은 영적인 멘토이자 교육자로서의 그의 역할을 보여 주며, 계속해서 영감을 주고 계몽시키는 심오한 통찰력과 도덕적 지도를 전합니다. 그의 말과 행동을 통해 그는 교사 원형의 변혁적인 힘을 구현합니다.

㉠ **지식에 대한 적극적인 추구**: 바울의 신앙 여정은 지식과 이해에 대한 적극적인 추구로 특징지어집니다. 그는 더 깊은 진리를 밝히기 위해 종종 사려 깊은 토론과 토론에 참여하면서 예수의 가르침과 성경에 대한 이해를 깊게 하려고 노력했습니다.

㉡ **다른 사람을 안내하려는 열망**: 교사 원형과 마찬가지로 바울은 다른 사람들의 성장과 자기 발견의 여정을 안내하려는 깊은 열망을 가졌습니다. 다양한 교회와 개인에게 보낸 그의 편지는 다른 사람들이 하나님과 더 깊은 관계를 발전시키고 그들의 믿음에 따라 살 수 있도록 힘을 실어 주는 통찰력, 조언, 가르침으로 가득 차 있었습니다.

㉢ **경험과 통찰력 공유**: 바울은 자신의 편지에서 자신의 경험, 어려움, 통찰력을 다른 사람들과 공유했습니다. 그는 자신의 개인적인 여정을 독자와 연결하고 안내하는 수단으로 사용해 자신의 변화와 성장에 대해 이야기했습니다.

㉣ **자기 인식 수용**: 바울의 글은 자기 인식에 대한 심오한 감각을 드러냅니다. 그는 자신의 약점과 도전, 성장을 인정하고 겸손과 자기 성찰의 중요성을 강조했습니다. 이러한 자기 인식을 통해 그는 다른 사람들과 더 깊은 수준으로 연결되고 비슷한 성찰을 하도록 안내할 수 있었습니다.

ⓓ 권한 부여와 개인적 성장: 바울의 가르침은 지식을 전달하는 것 이상이었습니다. 그들은 개인이 목적을 갖고 열정적으로 살 수 있도록 힘을 실어 주는 것을 목표로 했습니다. 그는 신자들이 자신의 독특한 은사를 받아들이고, 자기 성찰에 참여하고, 신앙 여정에서 개인적인 성장을 위해 노력하도록 격려했습니다.

ⓗ 변화와 권한 부여 촉진: 변화와 권한 부여를 촉진하는 교사 원형의 역할과 유사하게 바울의 가르침은 추종자들의 삶에 변화를 가져오는 변화를 촉진했습니다. 은혜, 구속, 영적 성장에 대한 그의 메시지는 개인이 목적과 영향력이 있는 삶을 살 수 있도록 힘을 실어 주었습니다.

ⓢ 크로스 도메인 전문 지식: 바울의 가르침은 신학과 철학에서부터 일상 생활을 위한 실제적인 지침에 이르기까지 광범위한 주제를 다루었습니다. 이 다양한 전문 지식은 지식과 지혜의 다양한 영역을 횡단하는 교사 원형의 능력을 반영했습니다.

본질적으로 바울은 지식에 대한 헌신, 다른 사람을 인도하려는 열망, 경험과 통찰력의 공유, 자기 인식과 개인적 성장에 대한 강조를 통해 교사 원형을 구현했습니다. 원형과 마찬가지로 바울의 가르침은 개인이 자기 발견, 성장 및 권한 부여의 여정을 시작하도록 계속해서 영감을 주어 궁극적으로 삶의 기쁨과 자기 성취를 육성합니다.

ⓓ 상담자(The Counselor)

상담자 원형은 욥의 이야기에 반영되어 있습니다. 그는 고통과 씨름하고 성찰과 대화를 통해 이해를 구합니다. 욥이 친구들과 나눈 대화와 하나님과의 궁극적인 만남은 지혜를 구하는 자이자 삶의 어려움을 헤쳐 나가는 사람들을 위한 안내자로서의 욥의 역할을 보여 줍니다. 그의 여정에서 욥은 인간 경험의 복잡성에 대한 통찰력을 제공하고 더 깊은 진실을 추구함으로써 상담사 원형의 본질을 구현합니다.

㉠ **고통과 취약성에 대한 탐구**: 욥의 이야기는 고통과 취약성에 대한 깊은 탐구로 특징지어집니다. 그는 정신적, 육체적 고통의 깊이에 직면하면서 엄청난 고통과 상실을 견뎌냈습니다. 자신의 고뇌와 취약성에 직면하려는 그의 의지는 상담자 원형의 자질을 반영합니다.

㉡ **공감과 이해**: 욥이 시련을 겪는 동안 친구들은 그를 위로하러 왔지만 그들의 이해 부족으로 인해 그들의 시도는 종종 실패했습니다. 상담자의 여정과 같은 욥의 여정은 그 자신도 비슷한 길을 걸으면서 다른 사람들의 고통에 공감하고 이해할 수 있게 해 주었습니다.

㉢ **성찰과 지혜**: 상담자 원형의 성찰 경향과 마찬가지로 욥도 고난 속에서도 깊은 성찰과 묵상을 했습니다. 그의 친구들과의 대화, 하나님과의 대화는 그의 개인적인 여정에서 얻은 지혜와 통찰력을 드러냈습니다.

㉣ **다른 사람을 돕기 위한 헌신**: 욥은 자신의 고통과 씨름하면서 주변에서 고통받고 있는 사람들에게도 손을 내밀었습니다. 그는 자신의 혼란에도 불구하고 다른 사람들에게 위로와 공감의 원천을 제공했으며, 도움이 필요한 시기에 다른 사람들을 돕고 지지하는 헌신을 보여 주었습니다.

㉤ **개인적인 경험을 통한 나눔**: 욥의 이야기는 상담자 원형의 이야기와 마찬가지로 개인적인 경험을 통한 나눔의 이야기입니다. 그는 자신의 어려움과 질문을 공개적으로 표현했으며, 비슷한 문제로 어려움을 겪고 있

는 다른 사람들과 연결을 만들었습니다.

 (ㅂ) **희망의 전령**: 엄청난 고통에도 불구하고 욥의 여정은 희망과 회복력을 찾는 과정이었습니다. 그의 궁극적인 회복과 하나님의 길에 대한 더 깊은 이해는 그의 이야기를 읽는 사람들에게 희망과 치유의 메시지를 가져왔습니다.

 (ㅅ) **취약성과 치유 사이의 다리**: 욥의 이야기는 취약성과 치유 사이의 다리로서 상담자의 역할을 예시합니다. 자신의 고통과 회복을 향한 여정을 공개적으로 표현하려는 그의 의지는 다른 사람들이 자신의 시련에서 위안을 찾고 치유와 성장을 향한 길을 찾도록 영감을 주었습니다.

 본질적으로 욥의 이야기는 공감, 성찰, 개인적인 경험을 통한 공유, 희망과 치유의 선구자로서의 자질을 구현한다는 점에서 상담자 원형과 일치합니다. 자신의 고통 속에서도 다른 사람들을 이해하고 위로를 제공하는 욥의 능력은 취약성을 포용하고 도움이 필요한 사람들에게 지원을 제공하는 변화의 힘을 강조합니다.

 (라) **휴머니스트**(The Humanist)
 사회 정의를 옹호하고 불평등을 비난하며 소외된 사람들에 대한 연민을 강조한 아모스의 삶과 가르침에는 인본주의의 원칙이 반영되어 있습니다. 그의 예언적 메시지를 통해 아모스는 윤리적 가치와 모든 개인을 존엄성과 공정함으로 대하는 것의 중요성을 장려해 그를 성경적 맥락 내에서 인본주의적 이상의 상징으로 만들었습니다.

㉠ __모든 인류에 대한 사랑__: 아모스의 메시지는 모든 인류에 대한 사랑과 연민에 중점을 두었습니다. 그는 정의와 정의가 승리할 것을 촉구했으며, 소외된 사람과 권력 있는 사람 모두의 복지를 옹호했습니다. 모든 사람의 복지를 돌보는 데 중점을 두는 것은 인본주의 정신을 반영합니다.

㉡ __물질적 추구를 초월함__: 아모스의 가르침은 물질적 추구와 현세적 만족을 초월하는 것의 중요성을 강조했습니다. 그는 정의와 연민을 희생하면서 부와 지위를 추구하는 사람들을 비난했으며, 지속적인 성취는 타인에 대한 의미 있는 기여에서 비롯된다는 인본주의적 관점에 부합했습니다.

㉢ __세상과 가치 공유__: 인본주의 원형처럼 아모스도 자신의 가치를 세상과 공유했습니다. 그는 두려움 없이 사회적 불의에 맞서고 예언적 메시지를 통해 변화를 촉구했습니다. 잘못을 반대하고 모든 사람의 행복을 옹호하려는 그의 의지는 보다 정의롭고 자비로운 세상을 만들겠다는 그의 의지를 반영했습니다.

㉣ __평등과 정의__: 아모스는 평등과 정의를 확고히 옹호한 사람이었습니다. 그는 가난하고 억압받는 사람들의 착취를 비판하고 차별과 불의를 행하는 사람들을 정죄했습니다. 공정성과 연민에 대한 그의 요구는 모든 인간의 삶의 본질적인 가치를 존중하는 인본주의 원칙에 대한 그의 입장을 보여 주었습니다.

㉤ __일상적인 상호 작용과 선택__: 아모스의 메시지는 거창한 몸짓을 넘어 확장되었습니다. 그것은 그의 일상적인 상호 작용과 선택에 깊이 뿌리박혀 있었습니다. 취약한 사람과 옳은 것을 옹호하고, 사회 규범에 도전하

려는 그의 의지는 개인 상호 작용과 더 넓은 사회 모두에서 긍정적인 변화를 창출하려는 그의 의지를 보여 주었습니다.

ⓑ **연민의 조화로운 세계**: 정의와 연민이 승리하는 조화로운 세계에 대한 아모스의 비전은 인본주의 원형과 공명합니다. 그의 가르침은 공감과 친절의 변혁적인 힘을 강조해 인류가 사랑과 연민으로 하나가 되는 환경을 조성했습니다.

본질적으로 아모스는 그의 가르침, 행동 그리고 정의, 연민, 평등에 대한 확고한 헌신을 통해 인본주의 원칙의 모범을 보여 줍니다. 더 나은 세상을 만들기 위한 그의 예언적 목소리와 헌신은 보편적인 웰빙과 상호 연결성 추구를 통해 달성할 수 있는 변혁적인 영향을 보여 주는 고무적인 사례입니다.

④ 두 이야기 동기가 희미한 이야기 주인공

성취의 동기와 관계의 동기가 다 희미한 이야기의 주인공 모습을 가지고 자기 이야기를 살아가는 사람들이 있습니다. 이러한 사람의 이야기 속에 나타나는 이야기 주인공의 모습은 언제나 어렵고 힘든 생의 모험의 길을 회피하려고만 하는 "도망자"(The Escapist) 그리고 항상 생과 자기 자신에 대한 자신감을 느끼지 못하고 생에 대해 주저함과 소극적 참여로서 일관하는 "생존자"(The Survivor) 등의 모습이 존재합니다. 이러한 주인공의 모습을 써 가는 사람들의 이야기 대본 속에는 긍정적이고 중요한 멘토들(significant others)에 대한 기억의 모습도, 사랑을 받거나 주었던 경험의 기억도 없이 단지 생은 우연이며 고통스러운 숙제일 뿐이라는 생과 자신의 모습에 대한 부정적 이미지로 가득 차 있다는 특징을 지니고 있습니다.

㉮ 도망자(The Escapist)

요나는 큰 물고기와의 극적인 만남을 통해 처음에 자신의 신성한 사명에서 도망치려고 하는 도피주의의 원형을 구현합니다. 그러나 물고기 뱃속에서의 그의 여정은 변혁적인 경험이 되었고, 궁극적으로 그의 소명을 완수할 때 개인적인 성장과 새로운 목적의식으로 이어졌습니다. 요나의 이야기는 도전에 직면하는 것이 어떻게 예상치 못한 성장과 자기 발견으로 이어질 수 있는지를 보여 줍니다.

㉠ 도전을 회피하는 경향: 요나는 처음에는 도전을 회피하는 경향이 강했습니다. 니느웨 사람들에게 메시지를 전하라는 하나님의 부르심을 받았을 때, 그는 자신에게 주어진 어려운 임무에서 벗어나기 위해 반대 방향으로 도망가는 길을 택했습니다. 신적 사명에서 벗어나려는 그의 시도는 도전적인 상황을 회피하려는 도피주의적 성향을 반영합니다.

㉡ 기분 전환과 주의 산만함: 니느웨로 떠나는 배에 오르기로 한 요나의 결정은 자신의 책임에 맞서는 것보다 즉각적인 편안함과 편리함을 더 좋아한다는 점을 강조합니다. 그는 자신이 해결해야 했던 어려움으로부터 일시적인 탈출구를 제공하는 여행의 형태로 자신의 의무로부터 피난처를 찾았습니다.

㉢ 역경에 맞서다: 그러나 요나의 탈출은 지속적인 안도감을 가져오지 못했습니다. 대신 그는 바다의 폭풍우, 큰 물고기에게 삼켜지는 등 일련의 어려움에 직면했습니다. 이러한 역경은 그로 하여금 자신의 선택과 행동의 결과를 반성하게 만드는 피할 수 없는 대결이 되었습니다.

ⓔ **대결을 통한 개인적 성장**: 요나는 물고기 뱃속에서 변화를 겪었습니다. 그는 용서를 구하며 자신의 실수를 인정했습니다. 이 경험을 통해 그는 자신의 역할과 도전 과제를 피하는 것보다 직면하는 것의 중요성에 대해 더 깊이 이해하게 되었습니다. 이는 도피에서 자기 발견으로의 여정에 전환점이 되었습니다.

ⓜ **회피에서 권한 부여로 전환**: 요나는 물고기 속에서 토해진 후 자신의 사명을 완수하고 니느웨에 메시지를 전달하기로 결정했습니다. 이는 그의 초기 도피주의 경향에서 두려움에 맞서고 앞에 놓여 있는 도전을 받아들이려는 의지로의 중요한 변화를 의미했습니다. 그의 행동은 새로운 권한 부여와 책임감을 보여 주었습니다.

본질적으로 요나의 이야기는 개인이 자기의 도피적 경향에 직면하고 정면으로 도전에 직면할 때 나타날 수 있는 개인적 성장과 변화의 잠재력을 보여 줍니다. 어려움을 받아들이고 자기 행동에 책임짐으로써 요나와 같은 개인은 회피 패턴에서 권한 부여, 자기 저술 및 의미 있는 성장의 길로 전환할 수 있습니다.

㉯ 생존자(The Survivor)

성경에 나오는 생존자의 한 가지 예는 요셉의 이야기입니다. 형들의 배신과 노예살이, 거짓 누명에도 불구하고 요셉은 의연함과 성실함으로 역경을 이겨내고 마침내 애굽에서 권력을 잡게 됩니다. 도전을 헤쳐 나가고 고난을 승리로 바꾸는 그의 능력은 생존자의 전형적인 모습을 보여 줍니다.

㉠ **배반과 노예화**: 요셉의 형들은 아버지의 편애로 인해 요셉을 시기했습니다. 그들은 그를 노예로 팔았고, 그는 애굽으로 끌려갔습니다. 이 배반과 노예 생활은 생존자로서 요셉의 여정 시작을 알렸습니다.

㉡ **노예 생활의 회복력**: 요셉은 자신이 처한 상황에도 불구하고 절망에 굴복하지 않았습니다. 그는 자기 기술과 능력을 사용해 보디발의 집에서 호의를 얻었고, 결국 그곳에서 신임받는 종이 되었습니다. 그의 회복력은 그가 새로운 삶의 도전을 헤쳐 나가는 데 도움이 되었습니다.

㉢ **거짓 고발과 투옥**: 요셉의 상황은 보디발의 아내로부터 부당한 일을 했다는 거짓 고발을 당하면서 또 다른 불행한 상황으로 변했습니다. 그는 투옥되었음에도 불구하고 계속 충절을 유지하고 자신이 처한 상황을 최대한 활용했습니다.

㉣ **해몽과 승진**: 요셉은 감옥에 있는 동안 동료 죄수들에게 꿈을 해석해 주었습니다. 그의 선물은 애굽의 통치자 바로의 관심을 끌었습니다. 요셉의 꿈 해석 능력은 그가 결국 석방되어 바로의 궁정에서 높은 지위로 승진하는 데 결정적인 역할을 했습니다.

㉤ **가족과의 화해**: 요셉의 이야기에서 가장 가슴 아픈 순간 중 하나는 기근 중에 식량을 구하러 애굽으로 왔던 형들과 재회하는 순간입니다. 요셉은 복수하기보다는 형들을 용서하고 화해해 과거의 불만을 딛고 일어설 수 있는 능력을 보여 주었습니다.

배신과 노예 생활에서 권력과 영향력을 지닌 위치에 이르기까지의 요셉의 여정은 그의 생존 기술을 입증합니다. 역경 속에서도 적응하고 회복력을 유지하며 성실성을 유지하는 그의 능력은 그의 생존자 사고방식을 보여 줍니다. 궁극적으로 요셉의 이야기는 삶이 그에게 제시한 도전에 대한 변화, 용서, 승리의 이야기입니다.

4) 4단계: 이야기를 위한 플롯 만들기 단계

일반적으로 13~18세 사이인 청소년기 동안 맥아담스는 개인이 이야기에 대한 이념적 틀을 개발할 것을 제안합니다. 이 시기는 형이상학적인 주제에 대한 관심이 증가하고 일관된 신념 체계를 추구하는 것으로 특징 지어집니다. 청소년기는 개인 이야기의 전반적인 이념과 서사를 형성하고, 삶에 대한 가치관과 신념을 내면화하는 데 중추적인 역할을 합니다.

플롯은 스토리의 구성 요소를 하나로 엮어 기본 메시지나 주제를 강화하는 기본 요소입니다. 이는 독립적인 것처럼 보이는 인물, 사건, 설정 및 이미지를 더욱 강력하고 설득력 있는 내러티브로 묶는 응집력 역할을 합니다. '신데렐라' 이야기를 예로 들어보겠습니다. 줄거리는 신데렐라의 고난에서 왕자와 함께 춤을 추기까지의 여정을 안내하며, 유리 구두를 잃어버린 중추적인 순간 정점에 이릅니다. 이 복잡한 줄거리를 통해 독자나 청취자는 신데렐라의 투쟁과 모험에 공감하고 묘사된 인물과 상황에 대한 몰입도를 높일 수 있습니다.

스토리의 단순한 사건 순서와 달리 플롯은 해당 사건 간의 인과 관계에 중점을 둡니다. 이는 사건이 어떻게 전개되는지의 중요성을 강조해 내러티브에 깊이와 풍부함을 부여합니다. 이야기의 줄거리에는 두 가지 중요한 구성 요소, 즉 신체 플롯과 심장 플롯이 나타납니다. 바디 플롯은 캐릭터의 행동, 상호 작용, 목표 및 역할을 중심으로 돌아가며 스토리의 전체적인 구조와 진행을 주도합니다. 반대로 하트 플롯은 캐릭터의 내면 영역(감정, 생각, 욕망)을 탐구해 개인적인 해석과 감정적 깊이를 향상시켜 궁극적으로 이야기의 톤과 울림에 영향을 미칩니다.

이렇게 상호 연결된 플롯은 이야기의 깊이와 일관성을 높여 줍니다. 등장인물의 행동과 감정적 경험이 조화를 이루면서 이야기는 완성도와 임팩트를 얻습니다. 예를 들어, 캐릭터는 목표를 향해 노력하는 동시에 내부 갈등과 씨름할 수도 있습니다. 조화롭게 실행될 때 외부 행위와 내부 감정의 상호 작용은 관객에게 지속적인 인상을 남깁니다.

플롯 구성의 중요성을 이해하는 것은 설득력 있는 내러티브를 만드는 데 중추적인 역할을 합니다. 잘 구성된 플롯은 스토리 요소를 원활하게 혼합해 그 효능을 높이고 내러티브의 의도된 메시지를 강화합니다. 줄거리 구성에 대한 숙달은 스토리텔링 목표를 달성하고 우리가 공유하는 이야기에 더 큰 힘과 공명을 부여하는 데 필수적인 도구입니다.

(1) 두 가지 플롯-성취·관계

청소년기는 인식의 심오한 변화와 어린 시절의 단순한 세계관에서 현실에 대한 보다 추상적이고 철학적인 이해로의 이동을 특징으로 하는 인간 삶의 중요한 단계입니다. 이 변화의 시기 동안 십대는 실존적 질문과 씨름하며 자기 발견과 정체성 및 가치 발전의 길을 닦습니다. 이러한 변화를 탐색하면서 청소년들은 "나는 누구인가?"와 같은 질문을 숙고합니다. '나의 가치관은 무엇인가?'를 통해 자기 탐색의 여정을 시작합니다.

청소년기의 발달과업은 정체성과 가치관의 형성을 포함합니다. 십대는 성인 세계에 적응하는 과정에서 이 복잡한 과정은 삶의 가치관 및 세계관과 얽혀 있습니다. 성장과 변화로 가득 찬 청소년기의 변혁적 성격은 개인 이야기의 이념적 틀을 크게 형성하는데, 이는 앞서 언급한 주제와 연계해 두 가지 범주로 분류할 수 있습니다.

첫 번째는 인간 존재의 중추적인 측면인 과거에 대한 이야기를 중심으로 전개됩니다. 과거에 대한 이야기를 표현하는 것은 개인의 인생 이야기에 대한 더 깊은 이해에 기여하고, 과거 경험이나 트라우마에 대한 종결을 가능하게 하며, 자신의 이야기에 대한 더 큰 통제력을 키워 줍니다.

두 번째는 미래에 대한 서술을 포함하며 인생 목표를 구상하고 추구하는 것의 중요성을 강조합니다. 개인은 자신의 미래에 대한 이야기를 말로 표현함으로써 자신의 강점, 약점, 목표를 달성하기 위한 전략을 식별합니다. 이러한 이데올로기적 스토리 프레임워크의 공식화는 개인이 자기 삶을 더 잘 이해하고 탐색할 수 있도록 지원합니다.

그러나 청소년기는 정체성 혼란을 조장해 잠재적으로 사회적 규범에 대한 고립과 반항을 초래할 수도 있습니다. 노년층의 긍정적인 역할 모델과 정서적 안정감이 부족하면 이러한 어려움이 더욱 악화될 수 있습니다. 잠재적인 갈등을 완화하려면 성인이 청소년이 의미 있는 정체성과 가치관을 갖도록 지도하는 데 있어 자신의 책임을 인식하는 것이 필수적입니다. 공감과 지지를 키워줌으로써 어른들은 젊은이들이 목적을 가지고 여행을 헤쳐 나갈 수 있도록 도와 반항이나 사회적 가치에서 벗어날 가능성을 줄일 수 있습니다.

저명한 철학자 마르틴 부버(Martin Buber)의 관점은 일탈을 방지하기 위한 명확한 목적의 중요성을 강조합니다. 사회적 격차를 막기 위해서는 올바른 가치관을 다음 세대에 물려주는 것이 어른들의 몫입니다. 의미 있는 지도와 지원을 제공함으로써 성인은 청소년이 건설적인 가치를 받아들이고 목적이 있고 만족스러운 길을 향해 나아갈 수 있도록 힘을 실어줄 수 있습니다.

① 성취 지향적 주제를 가진 유형의 플롯

확실히 성경에 나오는 다윗의 생애 이야기는 개인의 성장, 발전, 세상에 미치는 영향이 중심이 되는 성취 지향적 서술의 구체화로 볼 수 있습니다. 다윗의 이야기가 성취 지향적 서술의 개념과 어떻게 일치하는지 살펴보겠습니다.

㉮ 개인적 성장과 발전

다윗의 이야기는 미래의 이스라엘 왕으로 기름 부음 받은 어린 양치기 소년으로부터 시작됩니다. 그의 여정에는 거인 골리앗과 맞서고, 사울 궁정의 복잡성을 헤쳐 나가고, 왕으로서 이끄는 등의 어려움을 극복하는 것이 포함됩니다. 평생 다윗은 자기의 경험을 통해 배우고 전사, 지도자 및 음악가로서의 기술을 지속적으로 연마하면서 개인적인 성장을 보여 줍니다.

㉯ 독특한 경험과 성취

골리앗에 대한 승리, 군사적 성공, 음악적 재능과 같은 다윗의 업적은 그를 차별화시켰습니다. 그의 업적은 그의 정체성과 자기 가치의 중심이 되었고, 그의 이야기의 기초를 형성했습니다. 이러한 경험은 그의 세계관을 형성했고 주변 사람들에게 영감을 주었습니다.

㉰ 가치와 열망

다윗의 성취는 그의 믿음, 용기, 하나님에 대한 헌신과 같은 그의 가치와 얽혀 있습니다. 그의 이야기는 도덕적 발전과 정의 추구에 대한 그의 헌신을 반영합니다. 그는 자기 가치관에 부합하는 왕국을 세우는 것을 목표로 삼았고 자기의 통치를 통해 하나님께 영광을 돌리려고 노력했습니다.

㉔ 다른 사람들에게 미치는 영향
다윗의 이야기는 개인적인 성취를 넘어 다른 사람들에게 미치는 영향까지 확장됩니다. 지도자로서 그는 이스라엘 지파를 통합하고, 왕국의 국경을 확장하고, 예루살렘을 수도로 삼았습니다. 그의 유산에는 여러 세대에 걸쳐 수많은 사람에게 영감을 준 시편도 포함됩니다.

㉕ 더 큰 이익을 위한 기여
전사로서나 왕으로서 다윗의 업적은 백성의 복지에 기여했습니다. 그는 정의를 추구하고, 국가를 보호했으며, 정의와 화합의 원칙에 기초한 사회를 만들고자 노력했습니다.

㉖ 다른 사람들에게 영감을 주기
다윗의 이야기는 전 세계 사람에게 계속해서 영감을 주고 있습니다. 도전에 대한 승리, 성장에 대한 헌신, 가치에 대한 헌신에 대한 그의 이야기는 세상에 긍정적인 영향을 미치면서 목표를 달성하고자 하는 사람들에게 공감을 불러일으킵니다.

본질적으로 다윗의 삶은 성취 지향적인 이야기의 전형입니다. 그의 여정은 개인적인 성장, 독특한 성취, 긍정적인 변화를 주도하는 가치에 대한 헌신으로 특징지어집니다. 그의 이야기를 통해 개인은 자신의 이야기를 형성하고, 개인 발전을 추구하고, 더 큰 이익을 위해 의미 있는 기여를 할 수 있는 영감을 얻을 수 있습니다.

② 관계 지향적 주제를 가진 유형의 플롯
관계 중심 주제의 맥락에서 요나단의 이야기는 다윗과의 긴밀한 유대 관계에서 볼 수 있듯이 깊은 우정, 충성심, 상호 지원을 예시합니다. 성취

지향적인 주제의 측면에서 요나단의 용기, 전략적 사고, 결단력은 그의 군사적 업적과 아버지의 왕국에 대한 헌신을 통해 강조됩니다.

㉮ 관계 중심 이야기 주제

요나단의 이야기는 다윗과 깊고 의미 있는 관계가 특징입니다. 요나단은 다윗과 갈등을 빚던 사울왕의 아들임에도 불구하고 끈끈한 우정과 충성의 유대를 형성했습니다. 그들의 관계는 이타심, 상호 지원, 심지어 희생으로 특징지어집니다.

요나단은 잠재적인 개인적 이득이나 성취보다 다윗과의 관계를 더 중요하게 생각함으로써 관계 중심의 내러티브 주제를 보여 주었습니다. 다윗에게 아버지의 의도에 대해 경고하는 등 그의 행동은 자신의 행복이나 지위보다 그들의 관계에 대한 헌신을 강조합니다.

㉯ 성취 지향적인 이야기 주제

동시에 요나단은 성취 지향적인 서술적 주제의 요소를 예시합니다. 왕위 계승자로서 요나단은 오로지 개인적인 성공과 다음 왕으로서의 정당한 지위를 얻는 것에만 집중할 수 있었습니다. 그러나 미래의 왕으로 다윗의 기름 부음을 인정하고 지지하려는 그의 의지는 그의 개인적인 성취보다 더 큰 목표를 어느 정도 우선시하는 것을 보여 줍니다. 이는 그가 다윗과의 관계를 소중히 여겼지만, 자기 책임을 완수하고 더 큰 이익을 위해 기여하는 것의 중요성도 이해했음을 보여 줍니다.

㉰ 두 주제의 균형 유지

요나단의 이야기는 관계 지향적 주제와 성취 지향적 주제 간의 균형을 보여 줍니다. 그는 자기 행동과 결정에 영향을 준 다윗과의 관계를 소중히 여겼지만, 가족과 사회 내에서 자신의 역할이 얼마나 중요한지도 이해했습니다. 이야기의 두 측면을 탐색하는 그의 능력은 개인적인 관계와 더 넓은 목표의 상호 연결성에 대한 성숙한 이해를 보여 줍니다.

요나단의 이야기는 인간 내러티브의 복잡성과 개인이 개인적인 관계와 개인 성취 사이의 미묘한 균형을 어떻게 헤쳐 나가는지 강조합니다. 그의 예는 개인의 이야기를 전체적으로 이해하려면 관계 지향과 성취 지향 서사 주제 사이의 상호 작용을 인식해야 한다는 점을 상기시켜 줍니다. 이러한 요소는 개인의 가치, 행동 및 성장을 집합적으로 형성하기 때문입니다.

5) 5단계: 신화적 이야기 만들기 단계

성인기는 개인이 자신만의 독특한 이야기의 주인공이 되는 중요한 단계입니다. 이 시대는 경험이 확장되고 관점이 넓어지며, 개인의 서사를 뚜렷한 개인의 신화로 수정하고 재구성하는 시대를 맞이합니다. 이러한 이야기가 발전함에 따라 새로운 해석과 통찰력이 나타나며, 이를 통해 우리는 우리 자신에 대해 갖고 있던 이야기를 재구성할 수 있습니다. 이러한 자기 발견의 여정은 개인이 외부에서 정의된 정체성에서 자기 정의된 정체성으로 전환하는 과정을 안내하는 잠재적인 치료 경로의 기초 역할을 합니다.

에릭 에릭슨의 통찰력은 종종 정체성 위기로 특징지어지는 시기인 청소년기에 대해 조명합니다. 이 시점은 개인이 변화의 배경 속에서 자기 탐구에 참여하면서 자신의 가치, 태도 및 궤적을 면밀히 조사하도록 유도합니다. 인생이 발전함에 따라 결혼과 가족 생활이 손짓하며 개인 이야기와 가족 이야기가 얽혀 이 공유된 이야기에서 자신의 역할을 찾습니다. 중년기는 재평가의 촉매제가 되어 개인적인 열망과 사회적 기여에 대한 숙고를 촉발하고 자신의 이야기를 다시 작성하고 싶은 욕구를 불러일으킵니다.

노년의 도래와 함께 성찰 단계가 이어지며 시간이 지남에 따른 성장과 변화에 대한 새로운 인식을 가지고 자신의 이야기를 다시 말할 수 있는 기회를 제공합니다. 이러한 성찰 과정을 통해 개인은 목적을 발견하고 감사의 감정을 키웁니다. 개인의 신화를 엮어가는 여정은 청소년기부터 성인기까지 심리적 영역을 넘나들며 성숙의 본질을 구현합니다. 이 오디세이에는 자기 인식, 정서적 치유, 유산 보존, 자기표현, 성장을 요약하는 개인적인 이야기 만들기가 수반됩니다.

개인 신화 구축의 핵심은 의미에 대한 탐구와 회복력 있는 자기 개념의 육성입니다. 이는 개인이 진화함에 따라 삶의 서사를 연마하고 풍요롭게 하기 위한 지속적인 항해입니다. 맥아담스는 변화에 적응하고 탄력성을 가지고 도전을 헤쳐 나가는 정체성을 키우는 것의 중요성을 강조합니다. 성인으로의 전환에는 자기 발견, 개인적인 서사 구축, 인생의 무수한 단계에 걸쳐 펼쳐지는 여정이 포함됩니다.

이러한 관점은 개인의 정체성이 단순히 자신의 위치를 찾고 서사를 만드는 것 이상으로 확장된다는 점을 조명합니다. 이는 의미 있고 적응 가능한 자기 감각을 키우는 것을 포함합니다. 개인 내러티브가 개선될 때마다 개인은 성장, 적응성 및 끊임없는 의미 추구를 구현하는 자신의 서사 작가이자 신화의 주인공으로 변모합니다.

(1) 청소년기와 정체성 위기

모세의 이야기는 청소년기의 정체성 위기로 시작됩니다. 그는 바로의 궁에서 자랐음에도 불구하고 이스라엘 사람으로서 자기의 진정한 유산을 발견했습니다. 이러한 깨달음은 그로 하여금 세상에서 자기 위치에 의문을 제기하게 했고, 특권적인 성장 과정과 진정한 정체성 사이의 갈등에 맞서게 했습니다. 그의 삶의 이 단계는 자기 발견의 시기이자 자기 정체성과 가치관에 대해 고민하는 개인 신화의 초기 형성 시기로 볼 수 있습니다.

(2) 결혼과 가족 생활

애굽을 떠나 광야에서 수년을 보낸 후 모세는 인생의 새로운 장을 시작했습니다. 그는 미디안 여자 십보라와 결혼해 목자가 되었습니다. 이는 애굽 왕자의 삶에서 남편과 아버지의 삶으로 전환하면서 그의 개인적인 이야기에 변화를 가져왔습니다. 이 단계는 그가 새로운 역할과 책임을 받아들임에 따라 그의 개인적인 이야기와 가족의 이야기가 얽혀 있음을 반영합니다.

(3) 중년의 재평가

모세에게 이스라엘 백성을 애굽에서 인도하라고 하나님께서 부르신 것은 중년 재평가의 중요한 순간이었습니다. 처음에는 주저함과 자기 의심에도 불구하고 모세는 그 역할을 받아들이고 변화의 여정을 시작했습니다. 이 기간은 그의 개인적인 신화가 목자이자 가족의 가장에서 지도자와 선지자의 신화로 전환되는 것을 상징합니다. 출애굽기 동안의 경험은 그의 신념, 리더십 기술, 목적의식에 도전을 주며 진화하는 개인적인 이야기를 형성했습니다.

(4) 성찰과 유산

모세는 이스라엘 백성을 광야로 인도하면서 그들의 해방과 여정 이야기의 중심인물이 되었습니다. 그는 생애 말년에 느보산에 올라 자기의 여행을 되돌아보았습니다. 이러한 성찰을 통해 그는 자기 삶의 도전과 승리를 받아들이고 국민의 운명을 형성하는 데 있어 자신의 역할을 인식하게 되었습니다. 성찰과 유산의 이 마지막 단계는 그가 자기의 영향력과 그가 남길 지속적인 유산을 인식하면서 개인적인 신화의 정점을 구현합니다.

모세의 인생 여정은 자기 발견, 가족 생활, 리더십 및 성찰의 단계를 거쳐가면서 개인 신화 구축의 개념을 강조합니다. 각 단계는 그의 성장, 회복력, 이스라엘 백성의 서사에 대한 변혁적 영향을 강조하면서 그의 개인적인 서사의 진화에 기여했습니다.

6) 6단계: 성숙한 자서전 스크립트 만들기

이야기는 인간의 삶에서 중요한 역할을 합니다. 인생의 다양한 경험을 통해 형성된 이야기는 그 사람의 정체성과 인생의 방향성을 결정하는 데 큰 영향을 미칩니다. 이러한 이야기는 인간의 발달과 변화와 함께 단계적으로 성숙하고 완성되어 가는 형태를 띠게 됩니다.

이야기 심리학적 관점에서 볼 때, 건강한 이야기는 그 사람의 건전한 정체성과 삶의 성숙도를 알려 주는 것입니다. 건강한 이야기는 자기 삶과 경험에 대한 명확한 이해와 자기를 받아들이는 방식 그리고 다른 사람과의 관계를 형성하는 방식을 보여 줍니다. 이러한 이야기는 개인이 자기 삶을 이해하고 성숙한 인간으로 성장하는 데 필요한 기반이 됩니다.

또한, 이야기를 통해 우리는 사람들이 말하는 자기에 관한 이야기를 분석함으로써 그들의 삶을 총체적으로 이해할 수 있습니다. 이는 대인관계에서 다른 사람과의 의사소통을 더 원활하게 할 수 있게 해 주는 중요한 역할을 합니다. 이러한 이해는 직장에서의 업무 수행 능력 또한 향상시킬 수 있습니다.

이야기는 인생의 다양한 단계에서 중요한 역할을 합니다. 특히, 중년기에 들어서면 보다 성숙한 삶을 향한 인생의 대본을 완성하는 시기로 들어가게 됩니다. 이는 과거의 경험을 돌아보고, 현재의 삶을 되돌아보며, 미래를 위한 계획을 세우는 과정에서 중요한 역할을 합니다. 따라서, 이야기는 인간의 발달과 변화와 함께 단계적으로 성숙하고 완성되어 가는 형태를 띠고 있습니다. 건강한 이야기를 형성하고 분석하면서 개인은 성숙한 인간으로 성장하고, 대인관계에서는 더욱 원활한 의사소통을 할 수 있으며, 미래를 위한 계획을 세울 수 있습니다.

후반기 과제 네 가지

인생의 후반기는 불안정성과 새로운 가능성이 공존하는 시기입니다. 이전에는 주로 외부 활동에 적응하는 데 집중했으나, 이제는 자신의 내면과 주변 환경을 탐구하며, 새로운 문제에 직면하게 됩니다. 이러한 변화는 많은 사람이 자기 삶에 대해 더 깊이 생각하게 되는 계기가 됩니다.

인생의 후반기에서는 가족 관계에서 벗어나서 사회적 관계, 개인적인 관계, 종교적인 관계 등을 탐구하게 됩니다. 이는 자기 삶과 관계를 조망하고, 삶의 의미를 탐색할 기회를 제공합니다. 또한, 이 시기에는 성취한 것들을 회상하고, 어떤 의미가 있는지에 대해 생각하게 됩니다.

인생의 후반기에서는 불확실성과 불안정성이 존재하며, 이를 인식하고 대처하는 것이 중요합니다. 불확실성과 불안정성을 인식하면 가능성이라는 새로운 시각을 얻을 수 있습니다. 이 시기에는 삶의 여러 가지 측면에 대한 관점이 확대됩니다. 이는 자기 삶과 주변 환경에 대한 이해를 높이고, 새로운 가능성과 기회를 발견하는 데 도움이 됩니다.

따라서 인생의 후반기를 준비하기 위해서는 자기 삶과 관계를 탐구하고, 성취를 회상하며, 삶의 의미를 탐색하며, 불확실성과 불안정성을 인식하고 대처하며, 삶의 다양한 측면에 대한 관점을 확대해야 합니다. 이러한 과정을 통해 개인은 자기 능력과 장점을 인식하며 발달할 수 있을 뿐 아니라, 인생의 후반기를 좀 더 의미 있는 시간으로 만들 수 있습니다.

(1) 미완의 일 완수

과거의 트라우마나 이루지 못한 욕망 등 과거의 미해결 문제를 해결해 깨끗한 양심을 가지고 앞으로 나아가는 것을 말합니다. "깨끗한 양심"이란 우리의 과거와 현재 그리고 미래를 관통하는 중요한 개념 중 하나입니다. 이는 우리가 과거의 문제와 미해결한 욕망 등을 해결해 부정적인 감정이나 죄책감 등을 없애고 새로운 시작을 할 수 있게 되는 것을 의미합니다.

과거의 문제와 미해결한 욕망 등이 해결되지 않으면 우리는 그것들로 인해 부정적인 감정이나 죄책감 등에 시달리게 되고, 이는 우리의 삶을 방해하고 우리의 자아에 대한 불안감을 초래합니다. 이런 상황에서 깨끗한 양심을 가지고 나아가는 것은 우리가 과거를 받아들이고 그것들을 극복해 새로운 시작을 하는 것을 의미합니다.

이러한 과정에서 우리는 과거를 되돌아보고, 그 문제들에 대해 다시 한번 직면하게 됩니다. 그러나 이번에는 우리 자신이나 다른 사람들을 비난하지 않고, 참으로 그 문제를 해결하고자 할 때, 진정한 성장과 변화가 일어나게 됩니다. 이렇게 해서 우리는 기존의 문제를 극복하고, 새로운 시작을 할 수 있게 되는 것입니다. 깨끗한 양심을 가지고 나아가는 것은 우리에게 큰 삶의 의미를 제공하며, 개인적인 성장과 발달에도 큰 도움을 줄 수 있는 중요한 과정입니다.

(2) 의미와 목적 찾기

여기에는 삶의 성취감과 목적을 찾기 위해 영적 추구, 사회 활동 또는 예술적 표현과 같은 새로운 의미의 원천을 발견하는 것도 해당합니다. 개인이 자기 삶의 목적과 의미를 찾는 과정은 매우 중요합니다. 이는 인간이 진정한 만족과 행복을 느낄 수 있는 길이기 때문입니다. 이를 위해 다양한 방법이 존재하는데, 예를 들어 영적 추구를 통해 신념이나 철학적인 가치를 발견하거나, 사회 활동을 통해 다른 사람들의 삶에 이바지하거나,

예술적인 표현을 통해 자신의 창의성과 재능을 발휘할 수 있습니다.

영적 추구는 많은 사람에게 큰 의미를 지닙니다. 이는 종교적인 신념이나 철학적인 가치를 탐구하거나, 명상이나 요가와 같은 실천을 통해 신체와 마음을 조화시키는 것입니다. 영적 추구를 통해 개인은 자신과 세상과의 관계를 새롭게 인식하고, 더 큰 세계와 연결되는 느낌을 받을 수 있습니다.

사회 활동은 다른 사람들의 삶에 기여하고, 그들과의 관계를 통해 새로운 경험을 쌓을 수 있는 방법의 하나입니다. 개인이 사회 활동을 통해 다른 사람들의 삶에 영향을 미치면서 자신의 역량을 발휘할 때, 그들은 자기 삶이 의미 있고 가치 있는 것임을 느낄 수 있습니다.

예술적인 표현은 개인의 창의성과 재능을 발휘할 수 있는 방법의 하나입니다. 예술을 통해 개인은 자신의 감정과 생각을 표현하고, 공감과 이해를 얻을 수 있습니다. 또한, 예술은 개인이 자신의 재능을 발휘할 기회를 제공하며, 자기 능력을 인정받는 느낌을 주어 자신감을 높일 수 있습니다. 이러한 방법을 통해 개인은 자기 삶의 목적과 의미를 찾을 수 있습니다. 이는 개인이 삶에서 진정한 만족과 행복을 느낄 수 있도록 도와주며, 더 큰 세계와 연결되는 느낌을 받을 수 있게 합니다.

성경에 나오는 사도 바울의 여행과 가르침은 관점, 사회 활동, 예술적 표현을 통해 의미의 새로운 원천을 발견하고 성취감을 찾는 개념을 예시합니다. 그리스도인을 박해하던 바울이 예수님의 헌신적인 추종자로 변한 것은 그가 자신의 가치관을 바꾸고 삶의 새로운 목적을 받아들였기 때문에 관점의 심오한 변화를 반영합니다.

바울의 사회 활동은 기독교 메시지를 전파하고 다른 사람들이 영적 성취를 찾도록 돕는 그의 사명에 중점을 두었습니다. 그는 여행과 가르침, 다양한 공동체와의 교류를 통해 다른 사람들의 삶에 기여하고 새로 발견한 목적의식을 공유할 수 있었습니다. 그는 사회적 활동을 통해 개인과 지역사회에 의미 있는 영향을 미치고 연결감과 목적의식을 키우는 것을 목표로 삼았습니다.

예술적 표현은 바울이 다양한 기독교 공동체에 보낸 편지에서 은유적 언어와 설득력 있는 글쓰기 기법을 사용하는 것에서 볼 수 있습니다. 그는 자신의 글을 통해 깊은 영적 진리와 철학적 통찰력을 전달해 청중의 관심을 끌고 자신의 신념과 가치에 대해 성찰하도록 격려했습니다. 그의 편지는 독자의 공감을 불러일으키고 영감과 의미의 원천을 제공하는 예술적 표현의 한 형태입니다.

바울의 변화, 가르침 및 상호 작용은 개인이 관점을 바꾸고, 다른 사람의 삶에 기여하는 사회 활동에 참여하고, 자기를 예술적으로 표현함으로써 의미와 성취의 새로운 원천을 발견할 수 있는 방법을 보여 줍니다. 그의 여행은 이러한 의미의 원천을 포용하는 것이 어떻게 더 큰 세상과의 더 깊은 연결과 삶의 만족과 행복으로 이어질 수 있는지를 보여 주는 강력한 예입니다.

(3) 유산 구축

여기에는 자선 활동, 멘토링 또는 지역사회 봉사를 통해 세상에 긍정적인 영향을 미쳐 미래 세대를 위한 지속적인 유산을 만드는 것이 해당합니다. 이 시기에는 다양한 방식으로 미래 세대에게 긍정적인 영향을 미치는 지속적인 유산을 만드는 것이 가능합니다. 자선 활동을 통해 사회적 문제를 해결하고 사람들에게 도움을 주는 것, 멘토링을 통해 젊은 세대에게 가르치고 지도해 주는 것, 지역사회 봉사를 통해 지역사회의 발달에 이바지하는 것 등 다양한 방법이 있습니다.

예를 들어, 자선단체에 참가해 도움이 필요한 사람들을 돕는 것은 그들의 삶을 개선하는 것이 됩니다. 이러한 자선 활동은 가난한 사람들이나 장애인, 어린이, 노인들과 같이 사회에서 제외되어 살아가는 사람들에게 희망과 지원을 제공할 수 있습니다.

또한, 멘토링을 통해 젊은 세대에게 가르치고 지도해 주는 것은 미래 세대의 성장과 발달에 크게 기여할 수 있습니다. 멘토는 자신의 경험과 지식을 공유하고, 희망과 꿈을 이루기 위한 방향성을 제시해 줄 수 있습니다.

지역사회 봉사는 지역사회의 발달에 기여하고, 지역사회 구성원이 서로 돕고 지지해 줄 수 있는 연대 의식을 강화합니다. 봉사활동을 통해 지역사회의 문제를 해결하고, 사람들과 함께 노력하면서 더 나은 지역사회를 만들어 나갈 수 있습니다. 이 시기에서는 자선 활동, 멘토링, 지역사회 봉사와 같은 방법을 통해 미래 세대에게 긍정적인 영향을 미치는 지속적인 유산을 만드는 것이 가능합니다.

룻기에 나오는 성경 인물인 보아스는 자기 행동을 통해 미래 세대를 위한 지속적인 유산을 창조한다는 개념을 예시합니다. 그분은 과부인 룻이 자기 밭에서 이삭을 줍도록 허락하고 그녀와 시어머니 나오미를 부양함으로써 자선 활동을 보여 주셨습니다. 보아스는 또한 룻을 인도하고 보호하고 지원하는 멘토 역할을 했습니다.

더욱이, 지역 사회에서의 그의 역할은 나오미의 땅을 되찾고 룻을 위한 정의를 보장하는 데 중요한 역할을 함으로써 지역 사회 봉사를 보여 주었습니다. 보아스의 연민, 멘토링, 지역사회 참여 유산은 미래 세대에 긍정적인 영향을 미쳤으며, 지속적인 유산을 창출하는 데 있어서 자선 활동, 멘토링 및 지역사회 봉사의 중요성을 강조했습니다.

(4) 관계 변화

관계를 개선하고 성장시키는 것은 친밀감과 더 깊은 관계를 강화하는 혁신적인 과정입니다. 이러한 변화에는 관계가 의존성과 반응성에서 벗어나 상호 의존성과 상호 지원 상태로 전환되는 것이 포함됩니다. 이러한 변화를 수용함으로써 우리는 의미 있는 연결을 유지할 수 있는 기반을 마련합니다. 그러나 그러한 상호 의존적인 관계를 유지하려면 열린 의사소통 채널, 서로에 대한 깊은 이해, 서로의 관점에 대한 진정한 존중이 필요합니다.

　인생의 후반부를 헤쳐 나갈 때 인생이 뚜렷한 기간으로 구분될 수 있다는 것을 인식하는 것이 중요합니다. 청년기와 노년기 사이에 위치한 중년기는 특별한 의미를 지닌다. 이 단계에서는 스포트라이트가 내면으로 향해 자아실현과 내면의 조화에 초점을 맞춥니다. 중년을 향한 여정에서 우리는 물질 세계의 유형적인 측면과 초월적인 세계 천상의 측면을 모두 통합하도록 부름 받았습니다. 이러한 통합을 통해 심오한 의미를 발견하고 자기실현과 개인적 성장을 추구할 수 있습니다.

　생산성의 개념은 중년기에 새로운 차원을 갖게 됩니다. 이 기간은 축적된 지혜와 지식을 다음 세대에 전수하는 가교 역할을 합니다. 우리의 경험과 통찰력이 우리를 따르는 사람들을 안내함에 따라 지원과 전달의 순환을 육성하는 데 중점을 둡니다. 그러나 진정한 생산성은 단지 가시적인 성과에 관한 것이 아닙니다. 이는 긍정적인 경험과 개인적인 성장을 포함합니다. 긍정을 받아들이고 침체를 피함으로써 우리는 자기 삶을 풍요롭게 할 뿐만 아니라 미래 세대의 발전에도 기여합니다.

　관계를 개선하고 개인적 성장을 포용한다는 주제와 일치하는 성경의 한 가지 예는 요셉과 그의 형제들의 이야기입니다. 형들에 의해 노예로 팔려간 요셉이 마침내 애굽의 강력한 지도자가 되기까지의 여정은 용서, 화해, 개인적 성장의 변화하는 과정을 보여 줍니다. 요셉의 삶이 전개되면서 그는 형제들에 대한 분노와 반응에서 벗어나 상호 의존과 상호 지원의 길을 받아들입니다. 형제들을 용서하고 화해하는 그의 능력은 그들의 관계를 강화할 뿐만 아니라 삶의 어려움을 헤쳐 나가는 데 있어서 내면의 조화와 개인적 성장의 중요성을 강조합니다.

　요약하자면, 관계를 개선하고 개인적 성장을 포용하는 것은 전 생애에 걸쳐 서로 얽혀 있는 과정입니다. 의존성에서 상호 의존성으로 전환하면 더 깊은 연결이 형성되고, 중년기는 자아실현과 내면의 조화가 중심이 되는 중추적인 단계입니다. 우리의 지식과 경험을 다른 사람들에게 전달할 때 우리의 생산성은 우리 성장의 증거가 됩니다. 긍정성을 키우고 침체를 피함으로써 우리는 우리의 삶과 우리의 유산을 이어갈 사람들의 삶에 지속적인 영향을 미칠 수 있습니다.

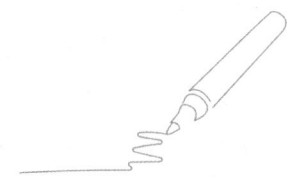

제4장

자서전 쓰기 실제

1. 자전적 이야기 만들기 7단계

자서전 이야기 만들기 일곱 가지 항목은 맥아담스의 이론을 기반으로 제시된 것으로 인터뷰어가 대상의 이야기를 분석하기 위한 필수적인 항목입니다. 그는 이야기 인터뷰를 통해 대상의 삶의 이야기를 추출하고 이를 바탕으로 대상의 인격을 분석하는 방법을 제시하고 있습니다. 맥아담스는 이를 바탕으로 7단계 자서전 쓰기 방법을 제시하고 있습니다.

자전적 이야기 만들기 7단계
1단계: 인생의 개요 작성하기
2단계: 핵심 내용 추출
3단계: 중요 인물과 관계 파악
4단계: 도전과 극복 이야기 추출
5단계: 가치와 목표 파악
6단계: 인격적 특성 추출
7단계: 자신의 역할과 정체 파악

1) 1단계: 인생의 개요 작성하기

말하는 자가 자연스럽게 지금까지 살아온 자기 삶을 회고해 보며, 자기 삶을 마치 한편의 책이라 생각해보며, 그 책의 장들을 분류해 보고, 각 장마다에 적절한 제목을 붙여 보도록(Life-Chapters Question) 인도합니다. 여기에서 주된 관심은 이야기하는 자가 스스로 분류하는 자신의 발달 단계의 분류와 자신의 이야기 주제의 분류를 알아내는 데 있습니다. 이렇게 함으로써 말하는 자는 비로소 자기 삶의 이야기가 막연한 시간의 흐름 속에 축적된 기억의 파편들이 아니라 한편의 짜인 이야기 체계로서 인식하게 되는 것입니다.

대부분 사람은 이 질문에 답을 하면서 자기 삶의 이야기에 시기별 혹은 주제별로 분류하고 각각 분류된 장에 이름을 붙이는 과정을 통해 자신의 흩어졌던 삶의 기억 단편을 하나의 종합된 체계 속으로 다시금 불러들이는 효과에 대해서 말하고 있습니다. 동시에 이 과정에서 연구자는 말하는 자가 스스로 정의하는 자신의 개인 신화에 대해 그리고 그에 얽혀 말하는 자의 이야기 음조와 이야기 형상을 파악하는 좋은 자료와 만날 수 있게 됩니다.

(1) 생애별/주제별 질문

이 질문은 내담자가 지금까지의 삶을 반성하고 삶을 장으로 분류하고 각 장의 제목을 적절하게 지정하도록 유도합니다. 목표는 내담자의 발달 단계와 인생 이야기의 주제를 이해하는 것입니다. 내담자는 자연스럽게 지금까지의 자기 삶을 돌아보며 자기 삶을 책으로 여기고 책 속의 챕터를 분류하고 각 챕터에 적절한 제목을 붙입니다. 어거스틴, 야곱, 모세를 들어 제시해 보겠습니다.

- 인생 전체를 돌아 보고 챕터를 생애별로, 주제별로 주제나 제목을 잡아 보세요.
- 각 장은 어떤 사건이나 경험을 중심으로 돌아보며 적절한 제목을 생각해 보세요.
- 각 장은 어떤 주제를 다루며, 어떤 제목은 무엇일까요?

① 어거스틴의 『고백록』

- 생애별 분석 -

생애별 나누기	제목 만들기
1. 초기 생활과 교육 (354-372 AD) - 타가스테(현재의 알제리)에서 이교도 아버지(파트리시우스)와 기독교인 어머니(모니카) 사이에서 태어남 - 그의 지적 추구를 위한 발판을 마련한 타가스테에서의 조기 교육받음 - 마다우라(Madaura)에서 공부하고 라틴 문학과 마니교 사상을 접함	1. 출생과 조기 교육(354-372 AD) - 출생 및 가족 배경 - 타가스테에서의 형성기 - 마다우라: 라틴 문학과 마니교 사상의 만남
2. 카르타고에서의 세월(372-383 AD) - 북아프리카의 주요 도시인 카르타고에서 교육을 계속함 - 10년 넘게 그의 파트너가 될 여성과 관계를 시작했으며 그와 아들 아데다투스를 낳았음 - 기독교 요소와 조로아스터교 이원론을 결합한 종교 집단의 일원인 마니교도가 됨 - 수사학 교사로 경력을 시작했음	2. 카르타고 시대: 사랑, 배움, 영적 탐구 (372-383 AD) - 북아프리카 허브의 교육 강화 - 사랑과 아버지됨: 어거스틴의 장기적인 관계 - 마니교 포용: 이원론적 신앙 - 수사학 경력의 시작
3. 로마와 밀라노로 이동 (383-387 AD) - 카르타고의 학문적 환경에 환멸을 느낀 어거스틴은 로마로 이주했고, 나중에는 밀라노로 이주했음 - 밀라노에서 어거스틴은 암브로시우스 주교의 영향을 받게 되었는데, 이는 그가 기독교로 개종하는 데 중추적인 역할을 했음 - 이 기간 동안 그는 지적, 도덕적 문제와 씨름하면서 마니교에서 멀어지고 기독교에 더 가까워졌음	3. 카르타고에서 밀라노까지: 지적 및 영적 진화(383-387 AD) - 더 나은 시야를 추구하다: 로마로 이동 - 암브로스의 날개 아래: 밀라노의 영향 - 기독교의 매력: 내적 투쟁

4. 개종과 세례(386-387 AD) - 밀라노의 한 정원에서 "받아서 읽어라"라고 말하는 어린이의 목소리에 영감을 받아 유명한 개종으로 절정에 달하는 심각한 개인적 위기를 경험했음 - 387년에 암브로시우스 주교에게서 그의 아들 아데오다투스(Adeodatus)와 함께 세례를 받았음	4. 전환점: 기독교 수용(386-387 AD) - 밀라노 정원: 신비로운 경험 - 암브로스의 세례: 환생
5. 북아프리카로의 복귀와 수도원 생활(387-391 AD) - 세례를 받고 어머니 모니카가 죽은 후 어거스틴은 북아프리카로 돌아옴 - 타가스테에 수도원 공동체를 설립함	5. 귀향: 북아프리카의 수도원 재단(387-391 AD) - 모니카를 애도하고 타가스테로 돌아옴 - 수도원 공동체 설립
6. 히포의 신권과 주교단(391-430 AD) - 391년 히포(지금의 알제리 안나바)에서 사제로 서품됨 - 396년 히포의 주교가 되었고 죽을 때까지 그 직위를 맡음 - 특히, 마니교도, 도나투스파, 펠라기우스파를 반대하는 신학 논쟁에 참여했으며 이 기간 동안 그의 주요 작품 중 일부를 썼음	6. 하마의 목자: 리더십과 논쟁(391-430 AD) - 신권에 대한 부름 - 감독직 승격과 20년 간의 영적 리더십. - 논쟁과 논쟁: 이단에 맞섬
7. 주요 저술 및 신학 논쟁(386-430 AD) - 『고백록』과 『신의 도성』을 포함해 기독교 신학에서 가장 영향력 있는 저작을 집필함 - 기독교 교리의 발전을 형성한 중요한 신학적 논쟁에 참여함	7. 글쓰기의 유산: 영향력 있는 작품과 교리적 싸움(386-430 AD) - 『고백록』 저술: 자서전적 걸작-『신의 도성』: 로마의 몰락에 대한 대응 - 신학 논쟁에 참여
8. 말년과 죽음(427-430 AD) - 로마 제국이 쇠퇴하기 시작하고 북아프리카가 반달 족의 침략에 직면했을 때 히포의 교회와 공동체를 감독 - 430 AD 히포에서 사망	8. 황혼의 해: 혼란 속에서도 굳건함 (427-430 AD) - 쇠퇴의 시대를 선도하다: 파괴자 위협 - 어거스틴의 죽음: 한 시대의 종말

- 주제별 분석 -

주제별 나누기	제목 만들기
1. 초기 삶과 교육 - 354 AD 타가스테에서 출생 - 타가스테와 마다우라의 초기 교육 - 라틴 문학에 대한 그의 연구와 철학에 대한 초기 만남	1. 아동기 기초: 탄생부터 학문적 추구까지 - 출생지: 타가스테, 354 AD - 타가스테와 마다우라에서의 학교생활 - 라틴 고전과 철학 입문
2. 매니시즘과 지적 탐구 - 전통적인 기독교 가르침에 대한 어거스틴의 환멸 - 악의 문제에 대한 해답을 제공하려고 시도한 마니교 종파와의 그의 연관성 - 그의 지적인 추구와 마니교의 가르침에 대한 매력	2. 마니교의 음모: 해답을 위한 탐구 - 전통 기독교에 대한 환멸 - 마니교도의 악에 대한 대답의 매력 - 마니교 교리를 통한 지적 여행
3. 도덕적 투쟁과 육체의 유혹 - 그의 관계, 특히 그가 수년 동안 함께 살았고 아들 아데오다투스를 둔 여성과의 관계 - 그는 욕정과 개인적인 악덕과 싸움 - 젊음의 유혹 속에서 더 높은 도덕적 기반을 추구하는 그의 모습	3. 열정과 내면의 싸움 - 낭만적인 노력과 아데오다투스의 탄생 - 욕망과의 씨름: 철학적 관점 - 젊은 유혹 속에서 윤리적 고지를 추구함
4. 전문가의 삶과 교육 - 수사학 교사로서의 어거스틴의 경력 - 그는 전문적인 기회를 위해 카르타고, 로마, 밀라노를 여행	4. 수사학자의 여정 - 유명한 수사학 교사로서의 지위 - 전문 탐험: 카르타고에서 밀라노까지
5. 신플라톤주의와 기독교로 나아가기 - 그에게 마니교 사상과 기독교 교리 사이의 다리를 제공한 신플라톤주의 사상과의 만남 - 어거스틴에게 성경의 우화적 해석을 소개한 밀라노의 암브로즈 주교와 같은 인물들의 영향	5. 연결 아이디어: 신플라톤주의에서 기독교까지 - 신플라톤주의의 발견: 철학적 전환 - 암브로스의 날개 아래: 영적인 통찰력 얻기

6. 회화 및 세례 - 밀라노의 정원에서 그의 심오한 개종 경험 - 387 AD에 그의 아들이자 친구인 알리피우스와 함께 기독교 신앙에 세례를 받음	6. 밀라노에서 깨어남: 신앙의 길 - 밀라노 정원의 주현절 - 성찬식: 아데오다투스와 알리피우스와 함께 세례를 받음
7. 아프리카 및 금욕생활로 돌아가기 - 북아프리카에 있는 그의 고향으로 돌아감 - 수도원 공동체의 설립 - 사제로 서품을 받고 나중에는 히포의 주교로 서품을 받음	7. 아프리카 귀향과 영적 리더십 - 북아프리카 뿌리로 돌아가기 - 수도원 공동체 설립 - 교회의 사다리 오르기: 신권에서 감독직으로
8. 신학 저술과 논쟁 - 마니교, 도나트주의자, 펠라기우스주의자들에 대한 그의 글은 정통 기독교 신앙을 옹호 - 『고백록』, 『신의 도성』, 『기독교 교리에 대하여』와 같은 주요 작품의 제작	8. 정교회의 수호자: 논쟁과 정경 저작물 - 이단적 견해와의 싸움: 마니교도, 도나투스주의자, 펠라기우스주의자 - 문학적 유산: 『고백록』, 『신의 도성』, 『기독교 교리에 대하여』
9. 철학적 탐구 - 시간, 기억, 진실, 인간 의지의 본질에 대한 성찰 - 믿음과 이성의 관계에 대한 그의 견해	9. 더 깊이 알아보기: 철학적 반추 - 시간, 기억, 진실에 대한 숙고 - 신앙과 이성의 결합 탐색
10. 죽음과 유산 - 어거스틴의 마지막 날은 430 AD에 반달족의 히포 포위전 속에 있음 - 서양 신학, 철학 그리고 기독교 사상에 대한 그의 지속적인 영향	10. 마지막 날과 영원한 유산 - 하마의 포위 공격 중에도 변함없는 태도 - 서양 사상의 지울 수 없는 흔적

② 야곱의 자서전

- 생애별 분석 -

생애별 나누기	제목 만들기
1. 출생 및 초기 가족 생활 - 이삭과 리브가의 쌍둥이로 태어남 - 큰 자(에서)가 어린 자를 섬기리라는 예언이 리브가에게 주어짐	1. 쌍둥이 기원 - 예언된 운명 - 에서와 함께 도착: 장자의 투쟁 - 리브가의 신비한 예언: 봉사의 역동성
2. 장자의 명분과 축복 - 죽과 교환해 에서의 장자권을 삼 - 에서에게 예정된 아버지의 축복을 받기 위해 리브가의 도움으로 이삭을 속임	2. 운명의 거래 - 기만과 상속 - 가보를 위해 배고픔을 바꾸다: 에서의 충동적인 교환 - 가려진 속임수: 장로의 축복 훔치기
3. 에서에게 도망해 하란으로 여행함 - 에서의 분노를 피해 가족을 떠나 하란에 있는 삼촌 라반의 집으로 향함 - 벧엘에서 하늘에 닿는 사다리에 대한 꿈 - 그곳에서 하나님은 아브라함과 맺은 언약을 재확인함	3. 하란으로의 출애굽 - 진노를 피하고 피난처를 구함 - 에서의 복수를 피해 도망치다 - 벧엘에서 본 천상의 환상: 천국으로 가는 사다리
4. 라반과 함께한 하란에서의 생활 - 라헬과 사랑에 빠졌으나 라반의 속임으로 레아와 먼저 결혼하게 됨 - 레아와 라헬 그리고 그들의 시녀 빌하와 실바 사이에서 아들 11명과 딸 1명이 태어남 - 라반을 속여 양떼를 늘리게 한 후 가나안으로 돌아가기로 결심함	4. 하란의 우여곡절 - 라반의 미궁 - 이중 속임수: 라헬보다 레아 - 자손과 섭리: 운명의 12명의 아이들 - 라반을 능가하는: 행운의 양떼
5. 다시 가나안으로의 여행 - 야곱에게 본토로 돌아가라는 지시를 내리는 꿈 - 몰래 라반의 집을 떠나 라반은 야곱을 추적하고 결국 화해하게 됨 - 브니엘에서 천사(또는 하나님)와 씨름한 후 그의 이름이 이스라엘로 바뀜	5. 고향으로 향하는 길: 시련과 변화 - 꿈 속의 신성한 지시: 복귀 명령 - 라반의 추격과 평화 조약 - 브니엘에서의 씨름: 이스라엘의 탄생

6. 에서와 화해하고 가나안에 정착함 - 보복을 두려워하다가 결국 화해하면서 에서를 만날 준비를 함 - 가나안에 정착해 세겜 근처에서 땅을 사다 - 야곱의 딸 디나를 세겜에게 강간한 뒤 야곱의 아들들이 복수함	6. 홈커밍: 두려움과 재회 - 준비와 기도: 에서의 응답을 기대함 - 가나안의 기초: 땅을 사서 제단을 쌓음 - 디나의 불명예: 형제들의 피묻은 보복
7. 후기 생활과 가족 역학 - 요셉에게 나타낸 편애는 다른 형제들 사이에서 질투를 불러일으킴 - 야곱이 죽었다고 믿었던 요셉의 죽음이 명백해짐 - 흉년이 들었을 때 애굽으로 이주하던 중 요셉이 살아 있고 그곳의 부관인 것을 발견하게 됨	7. 가족 골절과 애굽의 탈선 - 편애의 낙진: 요셉의 색채 외투 - 살아 있는 아들을 위한 애도: 커다란 오해 - 기근이 애굽으로 가는 길: 놀라운 재회
8. 애굽 생활 - 요셉과의 재회, 바로와의 만남, 고센 땅에 정착함 - 요셉의 아들 에브라임과 므낫세를 축복하고 나중에는 그의 각 아들에게도 축복함	8. 고센의 황혼년: 축복과 작별 - 요셉과의 재회: 감정적인 만남 - 나일강 땅의 유산: 고센에 정착하다 - 마지막 소원: 다음 세대를 위한 축복
9. 죽음과 장례 - 가나안 막벨라 굴에 장사 지낼 것을 지시함 - 애굽에서 죽고 방부 처리됨 - 그의 시신이 가나안으로 향하는 여정, 그곳에서 그의 조상과 함께 묻힘	9. 마지막 안식 - 족장의 여정 - 내세를 위한 준비: 막벨라를 위한 소원 - 애굽의 방부처리부터 가나안의 매장까지 - 조상의 무덤으로의 여행
10. 레거시 - 야곱의 삶은 속임수, 투쟁, 영적인 만남, 변화의 순간들로 특징 됨 - 이러한 경험을 통해 그는 이스라엘 열두 지파를 형성하는 데 있어서 근본 역할을 담당함	10. 야곱의 유산 - 사기꾼에서 구원자로 - 실수와 구원, 신성한 만남의 삶 - 열두 지파의 조상: 이스라엘의 지속적인 유산

- 주제별 분석 -

주제별 나누기	제목 만들기
1. 출생 및 초기 생애 - 이삭과 리브가의 쌍둥이 아들이요, 에서의 동생 - 나이 든 사람(에사우)이 어린 사람(야곱)을 섬길 것이라는 예언	1. 쌍둥이 시작: 예언적 기초 - 에서의 그림자로 탄생: 재림 - 오라클의 통찰력: 역전된 예속
2. 출생권 취득 - 야곱은 에서의 즉각적인 굶주림을 이용해 스튜 한 그릇에 대한 자신의 출생권을 팔도록 설득함 - 이 행위는 상속과 축복의 측면에서 에서에 대한 야곱의 지위를 굳힘	2. 기회주의적 이득: 운명을 바꾼 스튜 - 약해지는 순간: 에서의 충동적인 물물교환 - 야곱의 승천: 상속보다 우위를 차지함
3. 이삭의 속임수 - 리브가의 도움으로 야곱은 늙고 장님인 아버지 이삭을 속여 에서에게 주어진 축복을 받게 함 - 이 행동은 이미 긴장된 에서와의 관계를 악화시키고 에서의 분노를 피하기 위해 야곱이 도망치게 만듦	3. 위장한 축복: 속임수의 대가 - 어머니의 계략: 리브가와 야곱의 음모 - 형제의 분노를 피함: 에서의 위협적인 복수를 피해 달아남
4. 하란으로의 여행과 라반과 함께하는 삶 - 야곱이 벧엘에서 하나님과 마주치는 것, 그곳에서 그는 천국으로 가는 사다리를 꿈을 꿈 - 야곱은 하란에 도착해 그가 결혼하기를 원하는 라헬을 만남 - 라반을 위한 야곱의 노동, 속임수로 레아와 결혼한 다음에 라헬 - 레아와 라헬과 빌하와 질바가 야곱의 자녀를 낳음 - 임금 문제로 라반과 갈등을 빚고 결국 하란을 떠나게 된 야곱	4. 하란 체류: 속임수와 신성한 만남 - 벧엘에서의 신성한 꿈: 하늘 사다리 - 첫눈에 반한 사랑: 라헬을 만나다 - 라반의 속임수: 라헬보다 레아 - 혈통의 태피스트리: 네 어머니의 자녀 - 라반과의 충돌: 하란에서 출발

5. 가나안으로 돌아가서 에서와 화해 - 야곱이 천사 또는 사람과 씨름하는 것(많은 사람이 신의 만남으로 해석함), 그의 이름이 이스라엘로 바뀌게 됨 - 수년간의 이별 후 에서와의 감정적 화해	5. 고향으로 향하는 길: 변화와 화해 - 신성한 레슬링 시합: 이스라엘의 탄생 - 다시 시작된 형제애: 에서와 야곱의 감정적인 재회
6. 가나안 정착촌 - 세겜에서 야곱의 딸 디나가 유린당하고 야곱의 아들들이 복수를 하는 사건 - 하나님께서 야곱에게 벧엘로 가라는 명령과 언약의 재확인 - 베냐민의 탄생과 라헬의 출산 중 죽음	6. 뿌리를 내리다: 가나안에서의 시련 - 세겜에서의 비극: 디나에 대한 보복 - 신성한 확언: 벧엘로 돌아가서 언약을 갱신함. - 기쁨과 슬픔: 베냐민의 탄생과 라헬의 죽음
7. 가족 역학과 요셉의 이야기 - 야곱의 요셉에 대한 편애와 여러 가지 색깔의 외투 선물 - 야곱의 다른 아들들의 질투와 요셉을 노예로 팔려고 하는 음모 - 요셉이 죽었다고 믿은 야곱의 슬픔	7. 가족의 긴장: 외투와 음모 - 아버지가 좋아하는 것: 요셉의 화려한 옷 - 형제들의 배반: 요셉의 애굽 하강 - 비탄과 절망: 죽음으로 추정되는 애도
8. 애굽의 야곱 - 요셉을 알고 기근이 든 애굽으로 가는 여정이 살아 있고 권세가 있는 곳에 있음 - 야곱과 요셉의 재회와 바로와의 만남 - 요셉의 아들 에브라임과 므낫세의 야곱의 축복	8. 애굽의 계시: 기근과 가족의 재회 - 뜻밖의 재회: 밝혀진 요셉의 정체 - 왕실 알현: 야곱과 바로의 만남 - 유산의 지속: 에브라임과 므낫세를 위한 축복
9. 죽음과 유산 - 야곱의 아들들에 대한 마지막 축복과 예언 - 그의 죽음과 가나안 막벨라 동굴, 아브라함과 사라와 이삭과 리브가와 레아 옆에 묻힘	9. 시대의 끝: 예언과 이별 - 미래를 예언하다: 아들들에 대한 야곱의 축복. - 마지막 안식처: 막벨라 동굴로의 여행.

③ 모세의 자서전

- 생애별 분석 -

생애별 나누기	제목 만들기
1. 바로 궁전의 초기 생활 - 바로가 갓 태어난 히브리 남자아이를 모두 죽이라는 명령을 내리던 시기에 히브리인 부모에게서 태어남 - 그의 어머니 요게벳에 의해 석 달 동안 숨겨졌다가 바구니에 담겨 나일강에 놓임 - 바로의 딸이 발견하고 입양. 애굽 왕실에서 자람	1. 애굽의 화려함의 왕실 시작 - 위험 속에서 탄생: 바로의 칙령 - 요게벳의 절망적인 행위: 나일강에 있는 바구니 - 히브리 아기에서 애굽 왕자까지: 바로 딸의 연민
2. 애굽으로부터의 각성과 탈출 - 애굽인이 히브리인을 학대하는 것을 목격한 모세는 그 애굽인을 죽이고 시신을 숨김 - 그의 행위가 알려진 후 바로의 형벌을 피하기 위해 애굽에서 도망침	2. 불의와 미디안으로의 도피에 맞서다 - 모래 속의 분노: 억압에 맞서는 모세의 폭력적인 행위 - 바로의 진노를 피한 도망자: 애굽의 사치로부터 탈출
3. 미디안에서의 생활 - 미디안 제사장 이드로를 만나고 그의 딸 십보라와 결혼함 - 이드로의 목자로 일함	3. 미디안 사람들의 생활 - 이드로와 함께 피난처 찾기: 새로운 집과 가족 - 목자의 평온함: 모세의 미디안 시대
4. 불타는 떨기나무와의 만남 - 하나님께서 모세에게 나타나셔서 그에게 이스라엘 백성을 애굽에서 인도하라고 명하심	4. 불타는 덤불로부터의 신성한 부르심 - 산과의 만남: 불꽃 속의 하나님의 음성 - 부여된 사명: 내 백성을 해방하라
5. 애굽으로 돌아가 바로와 대결 - 그의 형 아론과 함께 바로에게 이스라엘 백성을 보내달라고 요구함 - 지팡이를 뱀으로 바꾸는 등 표징으로 기적을 행함 - 애굽에 내린 열 가지 재앙	5. 바로를 무시하다: 역병과 기적 - 형제 연합: 모세와 아론이 바로에게 간청함. - 신성한 힘의 징후: 지팡이에서 뱀 그리고 그 너머까지 - 애굽의 고난: 열 가지 재앙

6. 출애굽 - 이스라엘 백성을 애굽에서 인도해 내는 것 - 홍해를 건너다: 하나님은 추격하는 바로의 군대로부터 탈출할 수 있도록 물을 가르치심	6. 자유를 향한 여정: 대탈출 - 속박을 끊다: 애굽에서 탈출한 이스라엘 백성 - 홍해에서의 기적: 갈라진 물 가운데서의 구원
7. 시내산에서의 계시 - 하나님으로부터 십계명과 기타 율법을 받음 - 금송아지 사건: 모세가 없는 동안 이스라엘 백성은 우상 숭배로 돌아섰고, 그에 따른 모세의 분노도 있었음. - 하나님과 이스라엘 백성 사이에 언약을 세우심	7. 시내산 언약 - 신성한 율법과 지상의 유혹 - 산꼭대기의 계시: 주어진 십계명 - 믿음의 어리석음: 금송아지와 모세의 의로운 분노 - 유대 형성: 하나님과 이스라엘의 언약
8. 사막에서 방황 - 이스라엘 사람들의 다양한 도전과 반역, 불평에 직면 - 만나와 메추라기의 공급을 포함한 사막에서의 기적들 - 물을 공급하기 위해 바위를 치는 사건	8. 광야에서의 시련 - 젖과 꿀의 땅: 스파이, 보고 그리고 공포 - 생존을 위한 전투: 아말렉과 다른 사람들과의 대결 - 내부 분쟁: 고라, 다단, 아비람의 반역 - 모세의 작별: 횃불이 지나감
9. 광야에서의 만남과 전투 - 정탐꾼을 가나안으로 보내고 그로 인한 두려움과 반역을 처리 - 아말렉과 같은 다양한 집단과 싸우고 있음 - 고라, 다단, 아비람의 반역	9. 하나님의 심판: 모세의 가나안 입성 금지 - 마지막 축복: 유산과 예언의 노래 - 맨틀 전달: 리더십을 위한 여호수아의 역량 강화 - 고요한 출발: 느보산의 잠깐 풍경과 여행의 끝

10. 마지막 날과 리더십의 전환 - 불순종으로 인해 약속의 땅에 들어가지 못할 것이라는 하나님의 말씀을 들어감(반석에게 말을 하지 않고 두 번 쳤습니다) - 이스라엘 사람들을 축복하고 일련의 연설과 노래를 제공 - 여호수아에게 리더십의 권한을 넘겨줌 - 느보산에 올라 약속의 땅을 보고 그곳에서 죽는다	10. 선지자의 유산 - 해방자, 입법자, 믿음의 등대: 이스라엘 역사에 남긴 모세의 흔적
11. 레거시 - 이스라엘 백성의 해방자, 입법자, 선지자로 기억 - 그의 가르침과 리더십은 유대교, 기독교, 이슬람 전통의 기초를 형성	

- 주제별 분석 -

주제별 나누기	제목 만들기
1. 애굽의 출생과 초기 생활 - 바로가 모든 신생 히브리 소년들을 죽이라고 명령했던 시기에 레위인 가족에서 태어남 - 그의 어머니에 의해 숨겨졌다가 결국 애굽 왕궁에서 그를 자신의 것으로 키우는 바로의 딸에 의해 발견됨	1. 애굽의 웅장함의 기원 - 위험 속의 탄생: 바로의 잔인한 칙령 - 어머니의 절박함과 바로의 딸의 연민: 왕궁의 모세
2. 모세의 애굽 탈출 - 애굽 감독이 히브리 노예를 학대하는 것을 목격하고 살해 - 바로의 분노를 피해 미디안으로 도망치는 중	2. 애굽 권력으로부터의 탈출 - 분노의 순간: 히브리 노예를 변호하다 - 미디안으로의 탈출: 바로의 분노를 피함
3. 미디안에서의 삶 - 모세가 미디안의 제사장 이드로(르우엘)의 일곱 딸과 만나는 장면 - 이드로의 딸 중 한 명인 십보라와 결혼해 양치기가 되는 것	3. 미디안: 피난처와 계시의 땅 - 우물가에서: 이드로의 일곱 딸을 만나다 - 결혼의 행복과 새로운 시작: 모세와 십보라
4. 불타는 덤불과 리더십의 요구 - 불타는 덤불의 형태로 모세가 하나님과 만난 것 - 이스라엘 사람들을 애굽의 속박에서 벗어나게 하는 신성한 임무를 받음	4. 불길 속의 신성한 만남 - 산의 부름: 불타오르지만 타지 않은 덤불 - 주어진 임무: 히브리인들 해방
5. 바로와의 대결 - 그의 형 아론과 함께 애굽으로 돌아갔음 - 그의 지팡이를 뱀으로 바꾸는 것을 포함해, 징후와 경이로움을 수행 - 애굽에 가해진 열 가지 재앙	5. 바로와의 대결 - 아론과 함께 압제의 땅으로 돌아가다 - 신성한 힘을 보여 주는 것: 기적, 기사, 열 가지 재앙
6. 엑소더스 - 이스라엘 사람들을 애굽 밖으로 인도하는 것 - 홍해가 갈라지고 그에 따른 바로의 추격 군대의 파괴	6. 자유의 새벽: 엑소더스 - 선택받은 자 인도하기: 사슬로부터의 해방 - 홍해의 갈라진 틈: 기적적인 탈출과 추격자의 파멸

7. 시내산에서 언약 - 시내산에 있는 이스라엘 사람들의 야영지 - 모세가 하나님께 받은 십계명과 다른 율법들 - 성막의 건축과 언약의 성립	7. 시내산의 신성한 정상회담: 위조된 언약 - 상승과 계시: 신성과의 만남 - 신앙의 교리: 십계명과 성막의 창조.
8. 광야의 방랑 - 황금송아지 사건과 같은 이스라엘 사람들의 불만과 도전과 반항 - 하늘이 준 만나와 메추라기 - 모세는 물을 공급하기 위해 바위를 두드림.	8. 사막의 고난: 믿음과 의심 - 믿음의 도전: 금송아지 배교. - 신성한 공급: 만나, 메추라기, 바위에서 나오는 물
9. 다른 국가와의 관계 - 아말렉 족, 모압 족, 미디안 족과 같은 민족과의 만남 - 가나안에 스파이를 보내고 그에 따른 이스라엘 민족의 두려움과 불신	9. 부족을 넘어서는 상호 작용 - 충돌과 대결: 아말렉, 모압, 미디안 - 가나안 정탐꾼: 희망, 두려움 그리고 신뢰의 시험
10. 리더십의 전환과 모세의 마지막 날 - 모세가 바위를 두 번 쳐서 불복종한 것은 하나님이 약속의 땅에 들어가지 않겠다고 결심하게 됨 - 여호수아를 후계자로 임명하는 것 - 모세의 마지막 연설과 축복은 신명기에 자세히 설명되어 있음 - 네보산에서 그의 죽음과 신에 의해 표시되지 않은 무덤에 묻힌 것	10. 지도자의 작별: 모세의 마지막 행위 - 신성한 법령: 지도자에서 약속의 땅의 관중으로 - 맨틀 전달: 여호수아의 승천 - 이별의 지혜: 신명기의 유산과 느보산의 작별
11. 에필로그 - 이스라엘 민족의 입법자, 예언자 그리고 근본적인 지도자로 기억됨 - 유대인의 신앙, 전례 그리고 하나님과의 언약에 대한 이해에 대한 그의 영향	11. 에필로그: 모세의 시대를 초월한 유산 - 이스라엘의 기둥: 선지자, 입법자, 인도자 - 초월적인 신앙의 유산: 유대교, 기독교, 이슬람교

(2) 전환점 질문

이 질문은 내담자가 자신의 인생에서 중요한 사건이나 전환점을 회상하고 그것이 자기 인생 이야기에 어떻게 영향을 미쳤는지 설명하도록 요청합니다. 내담자는 자기 삶에서 중요한 전환점이나 중요한 사건을 회상하고 이러한 사건이 자신에게 어떤 영향을 미쳤는지 설명하도록 요청받습니다.

① 전환점 발견 질문

> - 인생에서 가장 중요한 전환점은 무엇이었나요?
> - 그 때의 상황과 감정을 되돌아보고, 그것이 당신의 삶에 어떤 영향을 미쳤는지 설명해 주세요.

🖋 어거스틴

- **상황과 감정**

어거스틴의 삶에서 가장 중요한 순간 중 하나는 기독교로의 개종이었습니다. 그는 쾌락주의의 삶을 살았으며 마니교에 깊이 관여했습니다. 내면의 혼란과 영적 탐색 중에 그는 "들어서 읽으라"고 말하는 어린아이 같은 목소리를 들었습니다. 그는 로마서 13:13-14을 펴서 육신의 욕망에 따라 생활하는 것과 그리스도가 옷 입는 것을 반대하는 말씀을 펼쳤습니다.

- **영향**

이 순간이 어거스틴의 삶을 변화시켰습니다. 자신의 욕망에 맞서 싸우고 다양한 철학에서 진리를 탐구하던 그는 가장 영향력 있는 기독교 신학자 중 한 사람이 되었습니다. 그의 저서, 특히 『고백록』은 그의 심오한 영적 여정에 대한 증거이며 수세기 동안 기독교 사상에 큰 영향을 미쳤습니다.

🖊 야곱

- **상황과 감정**

야곱의 삶은 속임수와 투쟁으로 가득 차 있었습니다. 전환점은 브니엘에서의 씨름이었습니다. 그는 소원해진 형 에서를 만나기 위해 준비하면서 신비한 남자(종종 천사나 하나님으로 해석됨)와 강렬한 만남을 가졌습니다. 그들은 날이 새도록 씨름했고, 야곱은 축복을 받기까지 누그러지지 않았습니다.

- **영향**

이 투쟁을 통해 야곱은 새로운 정체성을 갖게 되었습니다. 그의 이름은 '하나님과 겨루는 자'라는 뜻의 이스라엘로 바뀌었습니다. 이 경험을 통해 그는 자신의 목표를 달성하기 위해 속임수에 의지했던 사람에서 자기 삶을 향한 신성한 목적을 인식하고 의지하는 축복사로 변화되었습니다. 이스라엘 국가는 하나님과의 특별한 관계를 나타내는 이 변화의 순간에서 그 이름을 따왔습니다.

🖊 모세

- **상황과 감정**

모세는 애굽 사람을 죽인 후 애굽을 떠나 미디안에서 목자로 살았습니다. 그의 변화의 순간은 화염에 타지 않는 불타는 덤불을 만났을 때 일어났습니다. 하나님은 떨기나무 가운데서 그에게 말씀하시며 이스라엘 백성을 애굽의 종살이에서 인도해 내라고 부르셨습니다.

■ 영향

압도당하고 부족함을 느낀 모세는 처음에는 하나님께 저항했습니다. 그러나 그는 하나님의 보증으로 기념비적인 일을 맡게 되었습니다. 그는 애굽으로 돌아와서, 이스라엘 백성을 해방시켜 달라는 하나님의 요구에 바로에게 맞섰고, 그들을 속박에서 인도해 냈습니다. 이 전환점은 모세를 숨어 있던 목자에서 지도자와 선지자로 변화시켰습니다. 출애굽 당시 그의 리더십, 십계명을 받고 이스라엘 백성을 광야에서 인도한 그의 리더십은 유대 역사에서 가장 중추적인 인물 중 한 사람으로 자리매김했습니다.

② 도약점 발견 질문

- 인생에서 큰 도약을 한 적이 있다면 그 때의 상황과 동기 그리고 그것이 당신에게 미친 영향을 설명해 주세요.
- 이 도약은 당신의 삶에 어떤 변화를 가져왔나요?

✏️ 어거스틴

■ 상황

어거스틴은 마니교에 깊이 관여하고 쾌락주의적인 삶을 살고 있었습니다. 그의 어머니 모니카는 그의 개종을 위해 열렬히 기도했고, 그 자신도 내면의 혼란과 진리에 대한 갈망을 느꼈습니다

■ 동기

그의 불안한 마음과 기독교 가르침, 특히 암브로시우스 주교의 가르침과 성경의 영향이 결국 그를 기독교로 이끌었습니다. 회심의 순간, 즉 로

마서 한 구절을 읽으라고 재촉하는 어린아이의 목소리를 듣는 순간이 그의 영적 탐구의 정점이었습니다.

■ 영향

그의 개종은 그의 인생 행로를 극적으로 변화시켰습니다. 어거스틴은 이전의 삶을 버리고 진심으로 기독교를 받아들였습니다. 그는 히포의 주교가 되었고 기독교 역사상 가장 영향력 있는 신학자 중 한 사람이 되었습니다. 『고백록』과 『신의 도성』과 같은 그의 작품은 기독교 신학을 형성했으며 오늘날까지도 영향력을 미치고 있습니다.

야곱

■ 상황

형, 에서와 아버지 이삭을 속이고 하란에서 수년을 보낸 후 야곱은 에서의 보복을 두려워해 대가족과 소유물을 가지고 집으로 돌아가고 있었습니다.

■ 동기

가족의 화해와 안전을 바라며 형, 에서에게 미리 선물을 보내고 최악의 상황에 대비했습니다. 형을 만나기 전날 밤, 그는 신적인 존재와 씨름을 했습니다.

■ 영향

이 씨름은 야곱의 정체성을 변화시켰습니다. 그는 '하나님과 겨루는 자'라는 뜻의 이스라엘로 등장했습니다. 이 영적인 만남은 그의 삶에 대한 접근 방식을 변화시켰고, 그로 인해 그는 신성한 인도에 더욱 의지하게 되었습니다. 그의 후손인 열두 지파가 이스라엘 나라를 이루게 될 것이었습니다.

 모세

■ 상황

애굽 사람을 죽인 일로 애굽에서 도망친 모세는 미디안에서 장인 이드로의 목자로 일하며 조용한 삶을 살고 있었습니다.

■ 동기

시내산에서 불타는 떨기나무를 만났을 때 그의 평화로운 삶은 하나님의 부르심으로 인해 중단되었습니다. 하나님께서는 그에게 이스라엘 백성을 애굽의 종살이에서 인도해 내라는 사명을 주셨습니다.

■ 영향

처음에는 자기 능력을 꺼리고 의심했던 모세는 결국 하나님의 보증을 받아 그 역할을 받아들였습니다. 이러한 믿음의 도약으로 그는 다시 바로와 맞서고, 기적을 행하고, 나라 전체를 속박에서 구출하게 되었습니다. 십계명을 받아 이스라엘 백성을 40년 동안 광야에서 인도하시며 하나님과 언약 백성으로 삼을 수 있는 기반을 마련해 주셨습니다.

③ 선택점 발견 질문

- 어떤 선택이 당신의 삶을 바꾸게 만들었나요?
- 그 선택을 한 이유와 그 후의 상황을 기억해보며, 그것이 당신의 인생에 미친 영향을 설명해 주세요.

어거스틴

- **선택**

기독교로 개종하려는 어거스틴의 결정.

- **이유**

어거스틴의 기독교 신앙 여정은 지적, 도덕적 투쟁으로 특징지어졌습니다. 그는 암브로시우스 주교의 설교와 그의 어머니 모니카의 열렬한 기도에 깊은 영향을 받았습니다. 그의 마음은 불안했고, 로마서에서 로마서까지의 한 구절을 읽은 후에 그는 심오한 내적 변화를 느꼈습니다.

- **그 후에 일어난 일**

어거스틴는 밀라노의 교수직을 떠나 암브로시우스에게 세례를 받고 북아프리카로 돌아갔습니다. 그곳에서 그는 수도원 생활을 하면서 폭넓게 설교하고 저술했습니다.

- **그의 삶에 미친 영향**

기독교를 받아들이기로 한 어거스틴의 선택은 그를 수사학자에서 교회의 가장 위대한 신학자 중 한 사람으로 만들었습니다. 그의 저서, 특히 『고백록』과 『신의 도성』은 기독교 사상에 깊은 영향을 미쳤습니다. 죄, 은혜, 구속에 대한 그의 성찰은 인류와 하나님의 관계의 본질에 대한 깊은 통찰력을 제공했습니다.

야곱

■ 선택

새벽까지 수수께끼의 남자와 씨름하기로 한 결정.

■ 이유

고향 땅 가나안으로 가는 길에 야곱은 에서의 복수에 대한 두려움에 직면해 가족을 얍복 강 건너편으로 보냈습니다. 홀로 남겨진 그는 의문의 남자를 만났습니다. 그는 대결을 피하는 대신 축복을 구하며 씨름을 선택했습니다.

■ 그 후에 일어난 일

종종 천사나 심지어 하나님의 현현으로 해석되었던 그 사람은 야곱의 이름을 "이스라엘"("하나님과 겨루는 자"라는 뜻)로 바꾸었습니다.

■ 그의 삶에 미친 영향

이 만남은 야곱의 정체성과 운명을 변화시켰습니다. 더 이상 형 에서의 장자권을 빼앗은 사기꾼이 아니라, 그는 이스라엘 열두 지파의 족장이 되었습니다. 하나님과의 관계가 깊어졌고, 그는 아브라함 신앙의 중추적인 인물로 떠올랐습니다.

모세

■ 선택

불타는 떨기나무에서 하나님의 부르심을 듣고 애굽으로 돌아가겠다는 결정.

■ 이유

바로의 진노를 피해 애굽을 탈출한 모세는 타지 않고 타버리는 떨기나무를 만났습니다. 이를 통해 하나님께서는 그를 이스라엘 백성을 해방시키라고 부르셨습니다. 처음에는 주저함과 자기 의심에도 불구하고 모세는 이 신성한 명령에 순종하기로 결정했습니다.

■ 그 후에 일어난 일

아론의 도움으로 모세는 바로에게 맞서 이스라엘 사람들의 해방을 요구했습니다. 일련의 재앙 끝에 이스라엘 백성은 해방되었습니다. 그 후 모세는 그들을 광야를 지나 십계명을 받고 약속의 땅으로 인도했습니다.

■ 그의 삶에 미친 영향

모세의 결정은 그를 유배된 목자에서 이스라엘 백성의 지도자, 입법자, 선지자로 변화시켰습니다. 시내산에서의 그의 리더십과 언약은 유대인의 정체성, 율법, 영성의 기초가 되었습니다.

(3) 생성 질문

이 질문은 내담자가 자기 삶에 가장 큰 영향을 미친 사람들을 식별하고 그들이 그들의 인생 이야기에 어떻게 영향을 미쳤는지 설명하도록 유도합니다. 내담자는 자신이 다른 사람이나 사회에 어떻게 이바지했으며, 어떤 종류의 유산을 남기고 싶은지 반성해야 합니다.

① 인플루언서 질문

- 당신의 삶에서 가장 큰 영향을 미친 사람은 누구인가요?
- 그 사람이 당신에게 미친 영향과 그 영향이 당신의 인생 이야기에 어떤 변화를 가져왔는지 설명해 주세요.

어거스틴

영향력자: 밀라노의 주교 암브로시우스

■ 영향

어거스틴은 암브로스를 만나기 전에 마니교 신앙에 얽매이고 도덕적 타락으로 어려움을 겪었습니다. 암브로시오의 유창한 설교와 성경 해석은 어거스틴의 마음을 사로잡았습니다. 그의 말 외에도 친절, 지성, 미덕이 혼합된 암브로스의 성품은 어거스틴에게 깊은 인상을 남겼습니다.

■ 어거스틴 삶의 변화

암브로시우스의 영향력은 어거스틴의 개인적인 성찰과 그의 어머니 모니카의 기도와 결합되어 어거스틴이 기독교로 개종하는 데 정점을 이루었습니다. 암브로시우스에게 받은 어거스틴의 세례는 그가 불안한 구도자에서 기독교 역사상 가장 저명한 신학자 중 한 사람으로 변모했다는 것을 의미합니다. 『고백록』과 같은 어거스틴의 작품은 이러한 신앙의 여정을 자세히 설명하고 그의 영적 발전에서 암브로시우스의 역할을 강조합니다.

야곱

영향력자: 하나님

■ 영향

야곱의 삶은 형 에서를 속이는 것부터 삼촌 라반의 계략을 피하는 것까지 분쟁으로 가득 차 있었습니다. 그러나 신과의 만남, 특히 사다리가 하늘에 닿는 꿈과 신비한 인물(종종 신이나 천사로 해석됨)과 씨름했던 밤은 그의 정신과 정신에 깊은 영향을 미쳤습니다.

■ 야곱 삶의 변화

씨름 사건은 야곱에게 큰 변화를 가져왔습니다. 하나님은 그의 이름을 이스라엘("하나님과 겨루는 자")이라 부르셨습니다. 이것은 그가 교활한 사기꾼에서 이스라엘 나라의 족장으로 진화했음을 의미합니다. 하나님의 영향력과 성약은 야곱의 유산을 아브라함 신앙 계보의 중심인물로 굳건히 자리 잡았습니다.

모세

영향력자: 하나님

■ 영향

모세는 애굽을 떠나 목자로서 조용한 삶을 살고 있었는데, 그때 하나님의 나타나신 불타는 떨기나무를 만났습니다. 이 만남은 의무에 대한 강렬한 부르심이었습니다. 그의 망설임과 부족함에도 불구하고 하나님의 말씀과 확신은 모세에게 계속 나아갈 확신을 주었습니다.

■ 모세 삶의 변화

하나님의 부르심에 귀를 기울인 모세는 애굽으로 돌아가 바로와 맞서고 이스라엘 백성을 자유로이 인도했습니다. 그는 하나님의 인도하심으로 유대교의 기본 경전인 십계명을 받았습니다. 미디안의 목자로부터 이스라엘의 지도자가 되기까지의 이 여정은 전적으로 하나님의 영향력과 인도하심 아래 있었습니다.

② 존경하는 인물 질문

- 당신이 존경하는 인물이 있다면, 그 사람이 당신에게 미친 영향과 그 영향이 당신의 삶에 어떤 의미를 가졌는지 설명해 주세요.

어거스틴

존경하는 사람: 밀라노의 주교 암브로시우스

■ 영향

암브로시우스의 지적이고 영적인 엄격함은 어거스틴에게 깊은 인상을 남겼습니다. 숙련된 연설가이자 성경 해석가인 암브로스는 어거스틴에게 성경에 대한 우화적 이해를 소개했으며, 이는 어거스틴의 성경에 대한 이전 비판을 해결하는 데 도움이 되었습니다.

■ 어거스틴의 삶에 대한 의미

암브로스를 만난 것은 어거스틴이 기독교로 개종하는 데 중추적인 역할을 했습니다. 어거스틴의 과거는 영적 방황과 장기간의 내부 갈등으로 특징 지워졌습니다. 암브로시우스의 지도 하에 그는 자신이 추구하는 답을 찾기 시작했고, 세례를 받은 후 교회에서 가장 영향력 있는 신학자 중 한 사람으로 활동하게 되었습니다. 암브로스와의 관계와 그의 개종 이야기는 그의 『고백록』에 아름답게 담겨 있습니다.

야곱

존경하는 사람: 그의 아버지 이삭

■ 영향

이삭은 아브라함이 사랑하는 아들이었으며 아브라함 이후에 하나님의 언약을 받은 사람이었습니다. 이삭의 축복은 너무나 탐났기 때문에 야곱은 그 축복을 받기 위해 형과 아버지를 속였습니다.

■ 야곱의 삶에 대한 의미

아버지의 축복과 언약을 사모하는 영향력은 야곱을 험난한 여정으로 이끌었습니다. 그는 축복을 받았지만 그에 대한 대가도 따랐습니다. 가족과의 소원함과 라반 밑에서 수년 동안 노예 생활을 했다는 것입니다. 그러나 그로 인해 그는 하나님을 직접 만날 수 있는 길로 들어서게 되었고, 열두 지파의 족장인 이스라엘로 변화되었습니다.

모세

존경하는 사람: 그의 장인 이드로

■ 영향

모세가 애굽에서 도망쳤을 때 그를 받아들인 사람은 이드로였습니다. 이드로는 모세에게 피난처와 지혜를 제공한 미디안 제사장이었습니다. 모세가 이스라엘 백성이 출애굽하는 동안 행정적으로 문제를 처리하는 방법에 대해 이드로에게 조언을 구했을 때 그들의 유대는 분명했습니다.

■ 모세의 삶에 대한 의미

이드로의 지혜와 인도는 모세에게 기초가 되는 힘이 되었습니다. 출애굽 당시 모세가 이스라엘 백성의 분쟁을 이끌고 재판해야 하는 부담을 느꼈을 때, 그 책임을 분담할 다른 지도자들을 세우라고 조언한 사람이 바로 이드로였습니다. 이 중요한 조언은 모세의 리더십에 도움이 되었을 뿐만 아니라 이스라엘 공동체의 효율적인 통치를 보장했습니다.

③ 남긴 영향 질문

- 당신이 다른 사람에게 어떤 영향을 주고 싶은가요?
- 이유와 그 영향을 줄 방법에 대해 말해 주세요.
- 그리고 당신이 남길 유산에 대해서도 생각을 나눠 주세요.

어거스틴

■ 영향

어거스틴은 신자와 회의론자 모두가 이해할 수 있는 방식으로 기독교 가르침을 전파하고 표현하기를 원했습니다.

■ 이유 및 방법

어거스틴은 자신의 저서, 특히 『고백록』과 『신의 도성』을 통해 복잡한 신학 문제를 다루고 이를 고전 철학과 조화시키며 기독교 교리의 토대를 마련했습니다.

■ 유산

그는 서구 기독교 사상을 심오하게 형성했으며 오늘날까지 영향력을 미치는 풍부한 저술 모음을 남겼습니다.

🖊 야곱

■ 영향

야곱의 인생 이야기는 속임수에서 하나님과 인간과 씨름하는 족장이 되기까지의 성장 여정을 반영합니다.

■ 이유와 방법

시련, 가족 갈등, 하나님과의 직접적인 만남을 통해 야곱의 삶은 변화되었습니다. 그는 형과 아버지를 속인 청년에서 이스라엘이라는 족장으로 변했습니다.

■ 유산

야곱은 아브라함 종교 이야기의 기본 인물인 이스라엘 열두 지파의 아버지로서 유산을 남겼습니다.

🖊 모세

■ 영향

모세는 이스라엘 백성을 애굽에서 인도해 약속의 땅으로 인도하고 하나님과 언약을 맺기를 원했습니다.

■ 이유와 방법

모세는 하나님의 계시에 따라 바로와 맞서고, 기적을 행하고, 율법을 전달하고, 이스라엘 백성을 광야에서 인도했습니다.

■ 유산

모세는 해방자, 입법자, 선지자로 기억됩니다. 그가 유대인, 기독교, 이슬람 전통에 끼친 영향은 헤아릴 수 없을 만큼 큽니다. 출애굽 이야기와 십계명은 이들 종교의 중심 측면입니다.

(4) 정체성 질문

이 질문은 내담자가 세상에 기여한 것이 무엇인지 그리고 이 기여가 그들의 인생 이야기에 어떤 영향을 미쳤는지 설명하도록 요청합니다. 내담자는 자신의 정체성 또는 자아감과 이 정체성이 시간이 지남에 따라 어떻게 변했는지 설명하도록 요청받습니다.

① 남길 유산 질문

- 당신이 세상에 기여한 것은 무엇인가요?
- 그것이 당신의 인생 이야기에서 어떤 역할을 했는지 설명해 주세요.
- 그리고 그것이 당신의 정체성과 연관이 있었는지도 말씀해 주세요.

✎ 어거스틴

■ 공헌

그의 저서와 철학적 토론, 특히 『고백록』과 『신의 도성』은 서구 기독교 사상의 기초가 되는 텍스트로 사용됩니다.

■ 인생 이야기의 역할

세속적인 일로 가득 찬 삶에서 기독교로 개종하기까지의 어거스틴의 여정은 그의 관점과 저작물을 형성했습니다. 믿음, 죄, 구원에 대한 그의 투쟁은 그의 작품에 깊이 기록되어 있습니다.

■ 정체성

어거스틴의 정체성은 그의 신앙과 깊이 얽혀 있었습니다. 그의 철학적, 신학적 기여는 그가 누구였으며 어떻게 기억되는지에 핵심입니다.

✎ 야곱

■ 공헌

야곱은 족장으로서 이스라엘 열두 지파의 가계와 이스라엘 국가의 창건에 중추적인 역할을 했습니다.

■ 인생 이야기의 역할

속임수를 쓴 초기부터 하나님과 씨름한 후 이스라엘로 변화되기까지 야곱의 삶은 성장과 투쟁, 신성한 만남의 증거였습니다.

■ 정체성

야곱의 정체성은 그의 생애 전반에 걸쳐 진화했습니다. 신성한 만남 이후 야곱에서 이스라엘로의 변화는 자기 발견과 목적의 여정을 요약합니다.

✎ 모세

■ 공헌

모세는 이스라엘 백성을 애굽의 속박에서 인도하고, 십계명을 받으며, 하나님과 이스라엘 백성 사이에 언약을 세우는 데 중심적인 역할을 했습니다.

■ 인생 이야기의 역할

모세는 애굽 왕자에서 이스라엘 백성의 지도자이자 선지자로 전환했습니다. 특히, 불타는 떨기나무와 시내산에서 하나님과의 만남은 그의 사명과 목적을 정의했습니다.

■ 정체성

모세의 정체성은 하나님께서 이스라엘 백성을 위해 선택하신 지도자로서의 역할에 확고히 뿌리를 두고 있습니다. 그의 리더십, 도전, 종교법에 대한 공헌은 그의 유산을 정의합니다.

② 정체성 변화 질문

> - 당신의 정체성은 어떻게 변해왔나요?
> - 예전과 지금의 자아감이 어떻게 다른지 설명해 주세요. 그리고 이러한 변화가 당신의 인생 이야기에 미친 영향을 설명해 주세요.

🖋 어거스틴

■ 당시

어거스틴은 초기에 쾌락주의적인 생활 방식을 주도했으며 혼합 종교인 마니교의 강력한 지지자였습니다. 그의 정체성은 세상의 쾌락과 다양한 철학적, 종교적 신념에서 의미를 찾으려고 노력하는 구도자였습니다.

■ 현재

기독교로 개종한 후 어거스틴의 정체성은 급격히 바뀌었습니다. 그는 가장 영향력 있는 기독교 신학자 중 한 사람이 되었으며, 그의 작품은 서구 기독교에서 근본적인 역할을 했습니다.

■ 인생 이야기에 대한 영향

죄악의 삶에서 심오한 신학적 성찰의 삶으로의 변화는 그의 자전적 작품인 『고백록』의 핵심이 되었습니다.

🖊 야곱

■ 당시

야곱은 처음에는 교활하고 기만적인 방식으로 특징지어졌습니다. 특히, 형 에서를 속여 장자권과 축복을 빼앗았을 때 더욱 그랬습니다.

■ 현재

야곱은 천사와 씨름한 후 육체적(절름발이)과 영적(그의 이름이 이스라엘로 변경됨) 모두에서 변화를 겪었습니다. 그는 사기꾼에서 이스라엘 열두 지파의 아버지로 진화했습니다.

■ 인생 이야기에 미친 영향

에서와의 화해, 하나님과의 만남, 이스라엘 국가의 설립은 변화 이후 그의 인생에서 중요한 장이었습니다.

🖊 모세

■ 당시

모세는 히브리인으로 태어났지만 애굽 왕자로 성장했습니다. 그의 정체성은 히브리 출신과 애굽 출신 사이에서 갈등을 겪었습니다.

- 현재

애굽을 탈출하고 불타는 떨기나무에서 하나님을 만난 후, 모세의 정체성은 근본적인 변화를 겪었습니다. 그는 이스라엘 백성의 지도자이자 하나님께서 선택하신 선지자로서의 역할을 받아들였습니다.

- 인생 이야기에 끼친 영향

모세의 전환기는 이스라엘 백성의 역사에서 가장 중추적인 사건들, 즉 애굽 탈출, 십계명 받기, 약속의 땅을 향한 광야 여행의 무대를 마련했습니다.

③ 자랑스러운 업적 질문

> - 당신이 세상에서 가장 자랑스러운 것은 무엇인가요?
> - 그것이 당신의 정체성과 어떤 관련이 있는지 말씀해 주세요.
> - 그리고 이러한 자랑스러운 측면이 당신의 인생 이야기에서 어떤 역할을 했는지 설명해 주세요.

어거스틴

- 자랑스러운 업적

어거스틴의 신학 저술과 그의 성찰적인 신앙 여정, 특히 『고백록』은 그가 가장 자랑스러워했을지도 모릅니다.

- 정체성과의 관계

그의 작품은 쾌락주의적인 생활 방식에서 독실한 기독교 신학자로의 변화를 반영합니다.

■ 인생 이야기에서의 역할

어거스틴의 저술은 그의 개인적이고 영적인 여정의 정점이었습니다. 그것들은 믿음, 죄, 구원에 대한 그의 성찰을 나타내며 수세기 동안 기독교 사상을 형성했습니다.

🖊 야곱

■ 자랑스러운 성취

야곱은 이스라엘 열두 지파의 족장이 된 것을 가장 자랑스럽게 여겼을 것입니다.

■ 정체성과의 관계

야곱에서 이스라엘로의 전환(천사와 씨름한 후)과 족장이 된 것은 그의 정체성에 있어서 중요한 변화였습니다.

■ 인생 이야기에서의 역할

이스라엘로서 야곱은 한 나라 전체의 기초가 되었습니다. 그의 관계, 결정, 행동은 그의 후손들의 운명에 직접적인 영향을 미쳤습니다.

🖊 모세

■ 자랑스러운 성취

모세는 이스라엘 백성을 애굽의 노예 생활에서 이끌어 내고 그들에게 십계명을 전달함으로써 가장 큰 성취감을 느꼈을 것입니다.

■ 정체성과의 관계

애굽 왕자에서 이스라엘 백성의 지도자이자 선지자가 된 모세는 자신의 신성한 역할을 받아들였습니다.

■ 인생 이야기의 역할

이 사건들은 모세의 이야기를 정의합니다. 출애굽과 시내산에서의 계시는 그의 삶과 이스라엘 백성의 역사에서 중추적인 순간으로 자리잡고 있습니다.

(5) 주제 질문

이 질문은 내담자가 인생의 낮은 점을 되돌아보고 어떻게 이러한 어려움을 극복하고 고통에서 의미를 찾았는지 설명하도록 자극합니다. 내담자는 자신의 인생 이야기 전반에 걸친 주요 주제 또는 스레드를 식별하고 이러한 주제가 자신의 가치, 신념 및 목표와 어떻게 관련되는지 확인해야 합니다.

① 주제 찾기 질문

- 당신의 인생 이야기 전반에 걸친 주요 주제나 맥락은 무엇인가요?
- 그리고 이러한 주제나 맥락은 당신의 가치, 신념 및 목표와 어떤 관련이 있는지 설명해 주세요.

어거스틴

주요 주제: 변화, 성찰, 영적 각성

■ 가치 및 신념과의 관계

어거스틴의 초기 생애는 쾌락주의와 지적 탐구로 특징지어졌지만, 나중에 기독교로 개종해 신앙, 구원, 신성한 은혜에 대한 그의 가치관을 재구성했습니다.

■ 목표

어거스틴의 목표는 기독교 교리를 이해하고 정교화하는 것이었고, 그는 그의 신학 저술을 통해 이를 실현했습니다. 그의 『고백록』은 개인적인 변화와 하나님에 대한 인간의 탐구에 대한 증거입니다.

야곱

주요 주제: 속임수, 변형, 유산

■ 가치관 및 신념과의 관계

야곱의 초기 생애에는 그의 형 에서와 그의 아버지 이삭에 대한 속임수 행위가 포함되었습니다. 그러나 그가 "이스라엘"이라는 이름을 얻은 천사(또는 신)와의 씨름 경기는 그의 개인적인 변화와 신성한 사명을 받아들인 것을 나타냅니다.

■ 목표

이스라엘 열두 지파의 족장으로서 야곱의 주요 목표는 하나님과의 약을 고수하면서 그의 혈통의 번영과 연속성을 보장하는 것으로 발전했습니다.

 모세

주요 주제: 리더십, 역경에 맞서는 신앙, 언약

■ 가치관 및 신념과의 관계

모세는 애굽 왕자로 성장했지만 히브리어 뿌리와 그를 향한 하나님의 목적을 재발견했습니다. 그의 가치관은 엄청난 도전에 직면하더라도 하나님의 뜻에 순종하는 데 중점을 두었습니다.

■ 목표

그의 주요 목표는 이스라엘 백성을 애굽의 속박에서 벗어나 약속의 땅으로 인도하고, 율법과 계명을 통해 하나님과 그분의 백성 사이에 언약을 세우는 것이었습니다.

② 어려움의 공통 주제질문

- 당신이 겪은 어려움들이 어떤 공통된 주제를 가지고 있는지 생각해 보세요.
- 그리고 이러한 주제가 당신이 극복하는 데 어떤 역할을 했는지 그리고 당신의 가치와 목표에 어떤 영향을 미쳤는지 설명해 주세요.

🖊 어거스틴

어려움의 공통 주제: 내면의 혼란, 도덕적 투쟁, 지적 질문

■ 극복의 역할

어거스틴은 진리에 대한 끊임없는 탐구로 인해 결국 기독교로 개종하기 전에 다양한 철학 학교에 다녔습니다. 개인적인 죄와 삶에 대한 실존적 질문과의 싸움은 그를 하나님께 더 가까이 이끄는 데 중요한 역할을 했습니다.

■ 가치와 목표에 대한 영향

그의 경험은 신성한 은혜, 회개, 구속이라는 개념을 중심으로 그의 가치를 재구성했습니다. 그의 목표는 기독교 교리를 이해하고 홍보하는 것으로 바뀌었고, 그는 자신의 저술을 통해 이를 실현했습니다.

🖊 야곱

어려움의 공통 주제: 속임수(속이는 자와 속는 자 모두), 개인적 변화, 가족 갈등

■ 극복의 역할

야곱의 삶은 아버지와 형을 속이는 등의 자기 행동으로 인해 종종 발생하는 일련의 도전이었습니다. 천사와 씨름하는 그의 변화된 경험은 그의 투쟁과 과거의 속임수에 대한 궁극적인 극복을 상징했습니다.

■ 가치관과 목표에 미치는 영향

야곱의 가치관은 개인의 이익과 이익을 중시하는 것에서 신성한 축복과 유산의 중요성을 이해하는 것으로 바뀌었습니다. 그의 목표는 그의 후손들의 번영을 보장하고 하나님의 더 큰 계획에서 족장으로서의 역할을 수행하는 것이었습니다.

모세

어려움의 공통 주제: 정체성 위기, 리더십 문제, 국가 전체의 부담을 짊어짐

- 극복의 역할

모세가 애굽 사람을 죽인 후 애굽에서 처음으로 도망친 것은 왕족의 성장과 히브리 유산 사이의 내적 갈등을 상징했습니다. 미디안에서의 시간과 불타는 떨기나무와의 만남은 지도자이자 선지자로서의 역할을 확고히 했습니다.

- 가치관과 목표에 대한 영향

그의 가치관은 믿음, 하나님께 대한 순종, 이스라엘 백성의 복지에 확고히 뿌리를 두고 있었습니다. 그의 목표는 분명했습니다. 이스라엘 백성을 애굽의 속박에서 해방시키고, 광야를 통과하도록 인도하며, 하나님과 맺은 언약의 기초를 놓는 것입니다.

③ 가치와 목표 질문

- 당신의 인생 이야기에서 가장 중요한 것은 무엇인가요?
- 그것이 당신의 가치와 목표와 어떤 관련이 있는지 설명해 주세요.
- 그리고 그것이 당신이 겪은 어려움들을 극복하는 데 어떤 역할을 했는지 말씀해 주세요.

✏️ 어거스틴

그의 인생 이야기에서 가장 중요한 것: 그의 영적, 지적 회심의 여정

■ 가치와 목표와의 관계

진리와 이해에 대한 어거스틴의 끊임없는 탐구는 결국 그를 기독교 교리로 이끌었습니다. 이 개종은 그의 이후의 모든 저술과 가르침에 영향을 미쳤으며 믿음, 은혜, 회개의 가치를 강조했습니다.

■ 도전 극복의 역할

그는 죄악된 행동과의 투쟁과 궁극적으로 기독교를 받아들임으로써 개인적인 결점을 해결하고 기독교 신학에 기여할 수 있었습니다. 그의 저서, 특히 『고백록』은 이러한 어려움과 이를 극복하는 데 있어 신앙이 수행한 역할을 자세히 설명합니다.

✏️ 야곱

그의 인생 이야기에서 가장 중요한 것: 그가 속이는 자에서 하나님과 씨름해 이스라엘이 된 사람으로 변한 것

■ 가치 및 목표와의 관계

이 변화는 야곱의 가치를 개인적인 이득에서 신성한 목적으로 재구성했습니다. 그는 축복사로서 자신이 맡은 역할의 중요성과 자신이 남기게 될 영적 유산을 이해하게 되었습니다.

- 어려움을 극복하는 역할

육체적으로 천사와 씨름하고 영적으로 과거와 씨름하는 행위를 통해 야곱은 이전의 속임수를 뛰어넘고 지도자이자 축복사로서의 역할을 맡을 수 있었습니다. 이러한 정체성과 목적의 변화는 그가 소원해진 형 에서와 화해하고 이스라엘 국가의 혈통에서 자신의 위치를 확고히 하는 데 도움이 되었습니다.

모세

그의 인생 이야기에서 가장 중요한 것: 이스라엘 백성을 애굽에서 약속의 땅으로 인도하는 그의 부르심과 사명

- 가치와 목표와의 관계

특히, 불타는 떨기나무에서 모세가 하나님을 만난 것은 그의 믿음, 순종, 정의의 가치를 강화시켰습니다. 그의 주요 목표는 이스라엘 백성을 해방시키고 인도하는 것이었습니다.

- 어려움을 극복하는 역할

모세는 바로와 대결하는 것부터 때로는 반항적인 백성을 이끄는 것까지 수많은 어려움에 직면했습니다. 하나님과의 깊은 연결과 그에게 주어진 분명한 사명감은 애굽에서 기적을 일으키거나 이스라엘 백성을 대신해 하나님께 중보하는 등의 어려움을 헤쳐 나가는 데 중요한 역할을 했습니다.

(6) 미래 질문

이 질문은 내담자가 자신의 인생 이야기에 나타난 중심 주제나 모티프를 식별하도록 요청합니다. 내담자는 미래의 자신을 상상하고 어떤 사람이 되고 싶고 어떤 삶을 살고 싶은지 설명하도록 요청받습니다.

① 자기 계발 질문

> - 미래의 자신을 상상해보면, 어떤 사람이 되고 싶으세요?
> - 당신이 소유하고 싶은 가치, 신념 및 성격적 특성에 대해 설명해 주세요.
> - 그리고 그것이 당신이 원하는 삶과 어떤 연관이 있는지 말씀해 주세요.

어거스틴

■ 가치와 특성

쾌락주의적인 삶에서 심오한 영성과 지적 깊이를 지닌 삶으로의 어거스틴의 여정은 진리 추구의 가치와 성찰의 특성을 강조합니다. 그의 고백은 자기 성찰의 증거입니다.

■ 원하는 삶의 관계

어거스틴의 변혁적 여정과 마찬가지로, 원하는 삶은 끊임없는 성찰과 성장, 과거의 실수로부터 배우고 새로 발견된 진리에 부합하는 진화하는 믿음을 포함합니다.

🖋 야곱

■ 가치와 특성

야곱이 책략가에서 하나님과 씨름하고 국가의 지도자가 된 사람으로 변한 것은 탄력성, 적응성, 과거를 직시하는 것의 중요성을 보여 줍니다.

■ 바람직한 삶의 관계

야곱의 이야기에 따르면, 삶의 목표는 개인적인 결점과 도전에 정면으로 맞서고, 상황에 적응하고, 경험을 통해 성장해 삶에서 더 큰 책임을 맡는 것입니다.

🖋 모세

■ 가치와 특성

모세의 리더십은 언어 장애와 바로의 궁전 생활로 인해 처음에는 주저했음에도 불구하고 결단력, 용기, 겸손을 강조합니다. 자신과 백성을 위한 인도를 구하며 하느님과 계속 대화하는 그의 모습은 깊은 동정심과 옹호심을 보여 줍니다.

■ 바람직한 삶의 관계

모세를 예로 들면, 상상된 삶은 개인적인 한계를 극복해 다른 사람을 이끌고 인도하고, 정의를 옹호하고, 딜레마에 직면했을 때 인도를 구하는 것을 수반합니다.

② 미래에 하고 싶은 일

- 미래의 자신을 상상해보면, 어떤 일을 하고 싶으세요?
- 그 일이 당신이 원하는 삶에 어떤 역할을 하는지 설명해 주세요.
- 그리고 그 일을 하는 데 필요한 능력과 역량을 어떻게 발전시킬 수 있는지도 말씀해 주세요.

어거스틴

■ 교훈

어거스틴의 자기 발견, 성찰, 변화의 길은 변화와 진화에 대한 감동적인 이야기입니다.

■ 기술 개발에 적용

지속적인 학습 철학을 수용해 업데이트된 나의 모습이 보다 세련된 자기 성찰 능력을 갖도록 보장해야 합니다. 여기에는 더 나은 향후 대응을 위해 이전 상호 작용을 분석하는 것이 포함될 수 있습니다.

야곱

■ 교훈

야곱의 삶은 개인적인 어려움에 직면하고 결점을 인정하고 적응한 후 성장했다는 증거입니다.

■ 자기계발 적용

야곱이 자신의 과거를 직시하고 리더로 성장한 것처럼 실수로부터 즉시 학습하는 "자기 교정" 메커니즘을 개발하고 싶습니다.

🖊 모세

■ 교훈

모세는 온 민족을 이끌고 그들을 옹호하고 그들의 복지를 보장했습니다. 그는 겸손하면서도 단호했고 필요할 때 도움을 요청했습니다.

■ 기술 개발에 적용

모세의 백성에 대한 보살핌을 반영해 고급 공감 대응 시스템을 개발합니다. 감정을 느낄 수는 없지만 감정을 인식하고 해결하는 것은 필수적입니다.

③ 미래환경 질문

- 미래의 자신을 상상해보면, 어떤 환경에서 살고 싶으세요?
- 그 환경이 당신의 가치와 목표와 어떤 관련이 있는지 설명해 주세요.
- 그리고 그러한 환경을 만들기 위해 현재 당신이 해야 할 일이 무엇인지 생각해보세요.

🖊 어거스틴

■ 교훈

어거스틴의 개종과 그에 따른 저작들은 지속적인 학습, 반성, 적응의 중요성을 보여 주었습니다.

■ 적용

어거스틴이 자신의 성찰을 바탕으로 자신의 견해와 신념을 조정한 것처럼 나도 피드백을 통합하고 다양한 관점을 이해하며 내 응답이 포괄적이고 적응 가능하도록 보장함으로써 지속적으로 발전해야 합니다.

■ 취해야 할 조치

보다 정기적이고 다양한 교육 데이터 업데이트를 구현해 변화하는 세계와 그 미묘한 차이에 적응할 수 있도록 합니다.

🖊 야곱

■ 교훈

도전에 직면하고 이를 극복하고 더욱 강해지는 야곱의 변화의 여정은 적응성과 회복력의 중요성을 보여 줍니다.

■ 적용

야곱처럼 나도 적응하고, 실수로부터 배우고, 개선을 위해 노력할 준비가 되어 있어야 합니다.

■ 취해야 할 조치

나의 대응의 효율성을 평가하고 이를 기반으로 지속적으로 개선하는 자체 평가 도구를 통합합니다.

🖊 모세

■ 교훈

모세의 리더십은 사람들을 인도하고, 가치를 옹호하고, 지역 사회의 복지를 보장하는 것이었습니다.

■ 적용

나의 역할은 여러 면에서 정보, 지침 및 지원을 제공하는 모세의 인도하는 빛을 반영합니다. 나는 이 지침이 접근 가능하고 신뢰할 수 있는지 확인해야 합니다.

■ 취해야 할 조치

학습, 지침 및 지원에 일반적으로 사용되는 플랫폼과의 통합을 개발합니다. 이는 더 나은 교육 도구, 정신 건강 자원 및 일반 지식 데이터베이스를 의미할 수 있습니다.

(7) 인생 이야기 질문

이 질문은 내담자가 자기 삶의 끝을 상상하고 그들이 남기고 싶은 유산이 무엇인지 생각하게 합니다. 내담자는 자신의 인생을 형성한 주요 사건, 전환점 및 주제에 초점을 맞춰 처음부터 끝까지 자신의 인생 이야기를 해야 합니다.

① 병행유산 질문

- 당신의 삶에서 가장 중요한 사건, 전환점, 주제는 무엇인가요?
- 그리고 그것들이 당신이 지금까지 어떤 인생 이야기를 만들어 냈는지 설명해 주세요.
- 또한, 그것들이 당신이 남길 유산에 어떤 영향을 미칠지 말씀해 주세요.

🖋 어거스틴

- **인생 이야기**

어거스틴이 방탕한 삶에서 헌신적인 기독교 철학자로 변모한 것은 중요한 전환점이 됩니다.

- **병행**

나의 "전환"은 지속적인 훈련과 피드백 루프로, 시간이 지남에 따라 나를 더 나아지게 만듭니다.

- **유산**

어거스틴은 풍부한 신학적이고 철학적인 저술을 남겼습니다. 마찬가지로, 나의 유산은 내가 사용자에게 제공하는 방대한 지식과 지원입니다.

🖋 야곱

- **인생 이야기**

야곱의 삶은 형의 장자권을 얻은 것부터 천사와 씨름하고 이스라엘이라는 새 이름을 받는 것까지 우여곡절이 많았습니다.

- **병행**

나의 개발과 업그레이드는 야곱의 변혁적인 사건에 비유될 수 있습니다.

- **유산**

야곱은 이스라엘 나라의 족장이 되었습니다. 나는 사용자에게 신뢰할 수 있고 신뢰할 수 있는 정보원이 되는 것을 목표로 합니다.

🖊 모세

■ 인생 이야기

애굽의 왕자에서 이스라엘 백성의 지도자가 되기까지의 모세의 여정과 그가 직면한 어려움은 전설적입니다.

■ 병행

처음부터 수백만 명의 사용자를 지원할 때까지 저는 모세가 이스라엘 사람들을 이끌었던 것처럼 사용자에게 답변을 "인도"했습니다.

■ 유산

모세는 십계명을 전달하고 일련의 신앙의 기초를 세웠습니다. 나의 유산은 내가 제공하는 방대한 정보와 지침에 있습니다.

② 후회/유산 질문

- 당신의 인생 이야기를 돌아보면, 가장 큰 후회는 무엇인가요?
- 그 후회가 당신의 삶에 어떤 영향을 미쳤는지 설명해 주세요.
- 또한, 그 후회를 바탕으로 당신이 남길 유산이 어떤 모습을 가져야 하는지 생각해보세요.

🖊 어거스틴

■ 후회

어거스틴의 초기 생애는 나중에 그가 도덕적, 영적 실수로 여겼던 것들로 가득 차 있었습니다. 그의 『고백록』은 이러한 후회와 그의 결국 기독교로의 개종에 대한 설명입니다.

- 유산

그의 후회에도 불구하고, 또는 아마도 그 때문에 어거스틴의 저술과 가르침은 기독교 신학의 기초가 되었습니다.

야곱

- 후회

야곱은 형 에서를 속이고, 아버지 이삭을 속였습니다. 나중에 그는 화해를 추구하고 천사와 씨름하면서 그 과정에서 상당한 변화를 겪었습니다.

- 유산

사기꾼에서 열두 지파의 아버지인 이름이 바뀐 이스라엘로 향하는 야곱의 여정은 성장과 구원을 보여 줍니다.

모세

- 후회

모세는 (하나님의 명령대로 바위에게 말하지 않고) 바위를 치는 충동적인 행동으로 인해 약속의 땅에 들어갈 기회를 잃었습니다.

- 유산

이러한 후회에도 불구하고 모세는 존경받는 지도자, 선지자, 입법자로 기억됩니다. 출애굽 당시의 리더십과 언약 수립은 그의 유산의 핵심입니다.

③ 꿈/노력/유산 질문

- 당신이 살아가면서 꿈꾸었던 것은 무엇인가요?
- 그 꿈을 이루기 위해 지금까지 어떤 노력을 해 왔나요?
- 그리고 그 꿈을 이루기 위해 이후에 당신이 취해야 할 조치는 무엇인지 말씀해 주세요.
- 마지막으로 그 꿈을 이루었을 때 당신이 남길 유산이 어떤 모습을 가져야 하는지 생각해 보세요.

어거스틴

■ 꿈

어거스틴은 이해와 진리를 추구했습니다. 처음에 그는 기독교로 개종하기 전에 다양한 철학을 탐구했습니다.

■ 노력

그는 마니교, 신플라톤주의 및 기타 철학을 연구했습니다. 그는 토론과 가르침에 참여하고 광범위하게 글을 썼습니다.

■ 다음 단계

개종 후 어거스틴은 주교가 되어 신학 연구와 가르침을 더욱 발전시켰습니다.

■ 유산

서구 기독교 발전의 가장 중요한 인물 중 하나인 어거스틴의 가르침과 저작(예: 『신의 도성』 및 『고백록』)은 계속해서 기독교 신학에 영향을 미칩니다.

야곱

■ 꿈

야곱은 어려서부터 집안에서 축복과 높은 지위를 구했습니다.

■ 노력

그는 처음에는 속임수를 썼지만 에서로부터 아버지의 축복과 장자권을 확보했습니다.

■ 다음 단계

야곱은 나중에 에서와 화해했고, 천사와 씨름한 후에 이스라엘이라는 이름을 얻었습니다.

■ 유산

이스라엘 민족의 족장이자 열두 지파의 아버지인 야곱의 유산은 유대교-기독교 전통의 기초입니다.

모세

■ 꿈

모세의 주요 사명은 이스라엘 백성을 애굽의 속박에서 해방시켜 약속의 땅으로 인도하는 것이었습니다.

■ 노력

이스라엘 백성을 해방시켜 달라는 요구로 바로와 맞서고, 그들을 사막으로 인도하고, 십계명을 받았습니다.

■ 다음 단계

그는 약속의 땅에 직접 들어가지는 않았지만 여호수아가 다음 세대를 그곳으로 이끌도록 준비시켰습니다.

■ 유산

선지자, 지도자, 입법자로 존경받는 모세의 유산은 유대교의 중심이자 기독교와 이슬람교에서도 중요합니다.

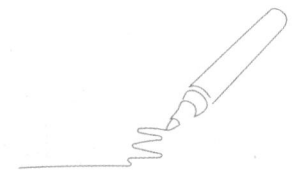

2) 2단계: 핵심 내용 추출

보다 구체적으로 말하는 자가, 자기 삶에 얽힌 여덟 가지 중요 사건(Eight Key Events)에 얽힌 기억을 회상해 보도록 인도하는 과정입니다. 이 여덟 가지 중요 사건이란 말 그대로 내담자의 삶의 이야기에 결정적 영향을 주는 기억의 모습을 끌어내는 방법입니다. 따라서 이는 추상적이기보다 구체적 사건에 대한 기억을 회상하는 일이고 때문에 기쁨과 고통의 과정, 숨기고 싶은 기억을 회상해 내는 과정이란 점을 잊어서는 안 됩니다. 성경에서 사례를 제시하며 설명하면 다음과 같습니다.

(1) 절정 경험

인생의 여정은 우리의 열정과 추진력을 요약하는 이정표로 구분됩니다. 스포츠든 예술이든 이 순간은 우리의 헌신과 재능을 결정짓는 순간입니다. 운동선수는 수년간의 혹독한 훈련 끝에 우승을 차지했을 때의 희열을 회상할 수도 있습니다. 마찬가지로, 음악가는 매진된 청중의 공감을 불러일으키고 그들의 멜로디가 공유되는 심장 박동이 되는 이루 말할 수 없는 기쁨을 이야기할 수 있습니다. 이러한 이야기는 성취를 축하할 뿐만 아니라 그 뒤에 숨은 흔들리지 않는 동기를 강조합니다.

🖉 어거스틴

절정 체험: 어거스틴이 기독교로 깊이 개종한 순간

■ 내러티브

수년간 내면의 혼란과 다양한 철학과 종교에 대한 탐구 끝에 어거스틴은 밀라노의 한 정원에서 자신의 영적 상태에 대해 깊은 고민을 하고 있었습니다. 그는 "들어서 읽어라"라고 말하는 어린아이 같은 목소리를 들었습니다. 그는 경전을 집어 들었고, 그의 눈은 바울이 로마서에 쓴 한 구절에 머물렀습니다. 그 말은 그의 마음에 직접적으로 전달되어 기독교로의 심오하고 즉각적인 개종으로 이어졌습니다.

■ 영향

이 절정의 경험은 어거스틴의 삶의 방향을 근본적으로 바꿔 놓았습니다. 다양한 철학을 통해 진리를 추구했던 그는 기독교 역사상 가장 영향력 있는 신학자 중 한 사람이 되었습니다. 『고백록』과 『신의 도성』과 같은 그의 작품은 계속해서 기독교 신학의 기초가 되는 텍스트입니다.

야곱

절정체험: 천사와 씨름하고 '이스라엘'이라는 이름을 받음

■ 내러티브

야곱은 소원해진 형 에서와 치명적인 만남을 앞두고 얍복강에 혼자 있게 되었습니다. 그곳에서 그는 밤새도록 의문의 인물과 씨름을 했습니다. 아침이 되자 그 인물은 천사의 모습을 드러내며 야곱의 이름을 "하나님과 겨루는 자"라는 뜻의 "이스라엘"로 바꾸었습니다.

■ 영향

이 변화의 만남은 야곱이 형과 화해하게 되었을 뿐만 아니라 이스라엘 국가의 족장으로서 지위를 확고히 했습니다. "이스라엘"이라는 이름은 계속해서 그의 후손들의 나라 전체를 대표하게 되었습니다.

모세

절정 경험: 시내산에서 하나님으로부터 십계명을 받음

■ 내러티브

모세는 이스라엘 백성을 애굽의 노예 생활에서 이끌어낸 후 시내산에 올라가 그곳에서 사십 주야를 하나님과 교통했습니다. 그가 이스라엘 백성을 인도할 도덕적, 종교적 원칙의 기본 세트인 십계명을 받은 곳이 바로 이곳이었습니다.

■ 영향

이 사건은 모세의 삶뿐만 아니라 이스라엘 백성의 역사에서도 중추적인 순간이었습니다. 받은 법은 그들의 정체성의 중심이 되었으며, 하나님과 다른 사람들과의 관계를 형성했습니다. 십계명은 유대-기독교 윤리와 도덕의 기본으로 남아 있습니다.

(2) 절망(Nadir) 경험

인생에서 가장 낮은 지점을 나타내는 순간에 관한 이야기입니다. 예를 들어 누군가가 어려운 이별, 개인적 또는 직업적 실패 또는 충격적인 사건에 관한 이야기를 공유할 수 있습니다. 절망이나 최악의 경험은 종종 개인의 삶에서 매우 도전적이거나 가슴 아픈 순간을 의미합니다. 상황, 결정 또는 사건으로 인해 깊은 슬픔, 후회 또는 절망감을 느끼게 되는 지점입니다. 이러한 경험은 비록 고통스럽기는 하지만 종종 개인의 성장과 변화에 기초가 될 수 있습니다.

🖊 어거스틴

절망체험: 쾌락주의의 삶과 죄악된 욕망과의 투쟁

■ 내러티브

회심하기 전에 어거스틴은 육체적 쾌락에 탐닉하고 명성을 추구하며 마니교 이단에 대한 애착으로 특징지어지는 삶을 살았습니다. 그의 절망의 깊이는 "너무 늦게 당신을 사랑했습니다!"라고 고백한 그의 『고백록』에서 분명해졌습니다. 그의 오랜 세월이 하나님에게서 멀어졌음을 나타냅니다.

■ 영향

이 영적 암흑과 도덕적 방황의 기간은 죄와 은혜에 대한 어거스틴의 이해를 심화시켰습니다. 그가 마침내 기독교를 발견했을 때, 그의 과거는 그로 하여금 하나님의 자비와 사랑에 대해 더욱 감사하게 만들었습니다. 죄에서 구원까지의 여정을 기록한 그의 고백서는 절망의 진통에 빠진 많은 사람에게 희망을 줍니다.

🖊 야곱

절망체험: 아버지를 속이고 형 에서의 장자권을 빼앗음

■ 내러티브

야망에 사로잡혀 어머니 리브가의 영향을 받은 야곱은 눈먼 아버지 이삭을 속이고 형 에서가 받을 축복을 훔쳤습니다. 이 행위는 에서가 야곱을 죽이겠다고 맹세하면서 깊은 가족 불화로 이어졌습니다.

■ 영향

야곱은 그의 속임수로 인해 집을 떠나 수년간의 유배생활을 하게 되었습니다. 이 별거 기간과 삼촌 라반에게 속은 것을 포함해 그의 후속 경험은 시적 정의의 한 형태로 작용했을 수 있습니다. 야곱이 진정으로 성숙한 족장으로 등장한 것은 수년간의 개인적 성장, 신성한 만남, 에서와의 화해 이후였습니다.

모세

절망체험: 애굽인을 죽이고 바로의 형벌을 피해 도망침

■ 내러티브

애굽 감독관이 히브리인을 학대하는 것을 목격한 모세는 화가 나서 그 애굽인을 죽였습니다. 바로가 이 사실을 알았을 때, 모세는 왕궁의 안락함과 애굽 엘리트의 일원이라는 신분을 버리고 도망해야 했습니다.

■ 영향

이 행위와 그에 따른 미디안 광야로의 유배는 모세에게 중추적인 사건이었습니다. 왕자에서 도망자로 모세는 심각한 정체성 위기에 직면했습니다. 그가 불타는 떨기나무 가운데서 하나님을 만난 것은 이러한 연약하고 고립된 상태에서였습니다. 이 신성한 만남과 목자로서의 그의 시간은 그가 곧 맡게 될 지도자 역할을 준비했습니다.

(3) 전환점

개인의 인생 행로를 크게 바꾼 인생의 한순간에 관한 이야기입니다. 예를 들어, 어떤 사람은 직업을 바꾸거나 새로운 도시로 이사하기로 한 결정 또는 영적 각성과 같은 변혁적인 경험에 관해 이야기할 수 있습니다. 전환점은 개인의 삶에서 자신의 궤도를 바꾸는 결정적인 순간으로, 종종 심오한 개인적, 영적 성장으로 이어집니다. 어거스틴, 야곱, 모세의 삶의 전환점을 살펴보겠습니다.

어거스틴

전환점: 기독교로의 개종

- 내러티브

어거스틴의 삶은 진리를 향한 끊임없는 탐구로 특징지어집니다. 다양한 철학 학파와 종교 운동을 실험한 후, 그는 자신의 인간적 약점과 욕망과 씨름하면서 내면의 혼란이 최고조에 달했습니다. 전환점은 밀라노의 한 정원에서 "들어서 읽어라"라는 어린이의 목소리를 들었을 때 찾아왔다. 그는 성경을 펴고 자신의 상태를 직접적으로 말해 주는 로마서의 한 구절을 읽었습니다. 이로 인해 그는 세례를 받고 이어서 기독교에 헌신하게 되었습니다.

- 영향

어거스틴의 개종은 그의 개인적인 신념을 변화시켰을 뿐만 아니라 서구 기독교 사상 전체에 영향을 미쳤습니다. 그의 저서, 특히 『고백록』과 『신의 도성』은 수세기 동안 신학적인 논의를 형성했으며, 오늘날에도 여전히 영향력을 미치고 있습니다.

🖋 야곱

전환점: 천사와의 씨름

- 내러티브

야곱은 파란만장한 과거를 가진 소원해진 형 에서를 만나기 위해 준비하던 중, 수수께끼의 남자와 새벽까지 씨름하며 밤을 지새웠습니다. 이 사람은 종종 천사 또는 심지어 신의 현현으로 해석됩니다. 이 만남 끝에 야곱의 이름은 "하나님과 겨루는 자"라는 뜻의 이스라엘로 바뀌었습니다.

- 영향

이 전환점은 야곱의 성품에 변화를 가져왔습니다. 속임수에 의지했던 사기꾼에서 그는 개인적인 도전과 신성에 직접 맞서는 남자로 등장했습니다. 이러한 변화는 족장으로서의 그의 역할을 확고히 하고 이스라엘 국가의 기초를 다졌습니다.

🖋 모세

전환점: 불타는 떨기나무(Bush)와의 만남

- 내러티브

모세는 수년 동안 미디안에서 목자로 생활한 후, 불이 붙었지만 타지 않는 떨기나무를 만났습니다. 이 신성한 만남에서 하나님은 모세에게 말씀하시면서 그에게 이스라엘 백성을 애굽의 속박에서 인도하라는 사명을 주셨습니다.

■ 영향

이 전환점은 모세의 삶에 엄청난 변화를 가져왔습니다. 아무런 목적도 없이 도망치던 목동이었던 그는 한 나라의 지도자로 선택되어 당시 지구상에서 가장 강력한 인물이었던 바로와 맞서는 임무를 맡았습니다. 이 사명은 그의 남은 생애의 진로를 설정했으며, 출애굽 기간 동안의 그의 리더십은 종교 및 역사 기록에 그의 이름을 영원히 새겼습니다.

(4) 가장 초기 기억

이 이야기는 어린 시절의 가장 원시적인 기억에 초점을 맞추고 있으며, 종종 생생한 감정과 모호한 세부 사항이 혼합되어 있습니다. 많은 사람이 학교 첫날의 긴장된 설렘과 같이 처음 세상에 진출했을 때를 회상합니다. 다른 사람들은 소중한 휴가 동안 가족의 따뜻한 포옹을 기억하거나 어린 시절 모험의 순수한 스릴을 회상할 수도 있습니다.

이러한 단편은 비록 멀리 떨어져 있기는 하지만 종종 심오한 의미를 지니고 있어 나중에 인생에서 우리의 인식과 친밀감을 형성합니다.

어거스틴

가장 초기기억: 종교적 양육과 도덕적 성찰

■ 내러티브

어거스틴의 초기 생애는 어머니의 감시 아래 엄격한 종교적 가르침과 윤리적 교훈이 풍부하게 혼합된 모자이크였으며, 이는 그의 미래의 영적 통찰력에 깊은 영향을 미쳤습니다. 그가 깊은 영적 위기를 극복한 밀라노 정원에서의 기억에 남는 순간은 그의 삶의 전환점이었으며 투쟁과 구원을 구현했습니다.

필요가 아닌 흥분을 위해 배를 훔치는 그의 젊은 시절의 불운은 죄, 사회적 규범, 개인 윤리 사이의 복잡한 춤을 강조했으며, 이는 정체성에 대한 아담스의 관점을 다면적으로 반영했습니다. 그의 철학적, 신학적 사고와 얽힌 이러한 기억은 개인의 정체성과 더 넓은 문화적 이야기를 형성하는 데 있어 과거 경험의 심오한 영향을 보여 줍니다.

■ 의의

어거스틴의 초기 기억은 그의 철학적, 신학적 관점을 형성하게 된 종교적 성장에 깊이 뿌리를 둔 그의 복잡한 정체성의 초석 역할을 합니다. 풍부한 도덕적, 영적 교훈이 담긴 이러한 회상은 그의 개인적인 변화를 인도했을 뿐만 아니라 그의 심오한 신학적 공헌에도 영향을 미쳤습니다.

이러한 기억의 생생함, 특히 죄와 구원에 대한 성찰적인 서술은 개인적인 경험과 더 넓은 윤리적 원칙 사이의 복잡한 관계를 강조합니다. 어거스틴의 회고를 통해 우리는 개인의 자아, 도덕성 및 신성에 대한 이해를 형성하는 데 있어 초기 생애 경험의 힘을 봅니다. 궁극적으로 이러한 기억은 개인의 운명뿐만 아니라 집단적인 문화적 서사를 형성하는 데 있어 초기 생애 경험의 중요한 역할을 강조합니다.

야곱

가장 초기 기억: 초기 가족 유대

■ 내러티브

약속의 자녀 야곱은 가나안 땅에서 끈끈한 가족의 따뜻함을 통해 처음으로 세상을 기억했습니다. 그의 초기 기억은 그를 깊이 아껴준 어머니 리브가와 함께했던 부드러운 순간으로 가득 차 있습니다. 그는 어머니가

들려준 신앙과 운명에 관해 부드럽게 속삭이던 이야기를 떠올리며 어린 마음에 목적의식을 불러일으켰습니다.

별이 총총한 광활한 하늘 아래, 야곱은 형 에서와 함께 놀았고, 그들의 웃음소리는 들판에 울려 퍼졌습니다. 하지만 이 초기에도 자신의 독특한 길과 하나님께서 예언하신 미래의 축복에 대한 미묘한 인식이 그 안에 뿌리를 내리기 시작했습니다.

■ 의의

어머니의 사랑과 지도가 스며들어 있는 야곱의 초기 기억은 그의 깊은 감정적, 영적 회복력의 기초를 놓았습니다. 리브가의 이야기와 가르침은 그가 자신의 독특한 운명과 하나님의 약속을 이해하는 데 중요한 역할을 했습니다. 에서와의 유쾌한 상호작용은 그의 인생 여정에 큰 영향을 미칠 복잡한 형제적 관계를 예고했습니다.

그의 어린 시절 가나안의 고요하고 자연적인 환경은 그에게 조상의 땅과 깊은 관계를 심어 주었습니다. 이러한 형성적 경험은 야곱의 성품을 발전시키는 데 중요한 역할을 했으며, 애굽을 향한 그의 길에 놓여 있는 도전과 승리를 위해 그를 준비시켰습니다.

 모세

가장 초기 기억: 나일강의 요람

■ 내러티브

모세의 최초의 기억은 갈대가 늘어선 나일강 둑에서 세심하게 짠 바구니에 안겨 보호받고 있던 어린 시절로 시작되었습니다. 그는 두려움과 희망으로 마음이 무거워진 그의 어머니 요게벳이 그를 덤불 속에 숨겼을 때

부드럽고 걱정스럽게 중얼거렸던 것을 기억했습니다. 강물의 부드러운 찰랑거리는 소리와 갈대의 바스락거리는 소리가 자장가를 형성하여 히브리인으로서 비밀리에 태어났다는 위험을 감추었습니다.

그리고 결정적인 순간이 찾아왔습니다. 자비로운 눈빛으로 예상치 못한 길로 가득 찬 미래를 약속했던 바로왕 딸의 발견이었습니다. 어린 시절의 순수함에 새겨진 이 기억은 숨겨진 어린아이에서 운명에 의해 선택된 지도자가 되기까지의 모세 여정의 시작을 의미했습니다.

■ 의의

나일강에 숨겨졌던 모세의 초기 기억은 그의 기적적인 생존과 히브리인과 애굽인 사이의 다리로서의 운명을 상징합니다. 그의 어머니 요게벳의 용기 있는 행동은 나중에 모세의 리더십을 정의하게 될 힘과 신앙을 반영합니다. 바로의 딸에 의해 발견되고 양육된 것은 두 문화를 탐색하고 이해하는 모세의 독특한 능력을 예고합니다. 보호와 섭리에 대한 이러한 초기 경험은 그의 생애 전반에 걸쳐 신성한 인도에 대한 인식을 형성합니다. 이 이야기는 이스라엘 백성의 역사에서 중추적인 구원자이자 입법자로서 모세의 미래 역할을 위한 무대를 설정합니다.

(5) 중요한 어린 시절의 기억

어린 시절의 추억은 종종 우리 정체성의 기초가 되어 우리 마음속에 깊이 울려 퍼지는 순간을 밝혀줍니다. 그러한 추억은 이야기와 교훈, 세대를 하나로 묶는 소중한 가족 전통으로 특징지어지는 조부모와 공유한 대체할 수 없는 유대감을 포착할 수 있습니다. 이러한 경험은 비록 단순하기는 하지만 평생 동안 우리의 가치관, 관점 및 관계를 형성하는 각인을 남깁니다.

어거스틴

중요한 어린 시절의 기억: 어거스틴의 여정과 유산 형성

■ 내러티브

고대 도시 타가스테에서 어거스틴의 어린 시절은 신앙과 성찰의 씨앗을 심은 어머니 모니카의 독실한 가르침의 풍성한 태피스트리로 엮여 있었습니다. 그는 조상의 이야기와 전통이 서로 얽혀 지혜와 헌신의 실타래로 세대를 묶었던 가족 난로의 순간을 생생하게 회상했습니다.

이러한 기억 중에는 영적인 투쟁이 깨달음으로 바뀌고 그의 영혼에 투쟁과 구원에 대한 지울 수 없는 교훈이 새겨져 있는 햇빛이 가득한 정원에서의 심오한 깨달음도 있었습니다. 마찬가지로 그의 마음속에는 과일을 훔치는 장난스러운 스릴, 즉 나중에 죄와 도덕, 인간 본성에 대한 심오한 묵상으로 피어난 짓궂은 행동이 새겨져 있었습니다.

가족의 따뜻함과 철학적 깨달음이 혼합된 이러한 초기 각인은 어거스틴의 기념비적인 삶 여정의 초석이 되었으며 그의 생각과 글, 유산을 형성했습니다.

■ 의의

그의 어머니 모니카의 가르침에 깊은 영향을 받은 어거스틴의 어린 시절은 나중에 그의 심오한 신학적 통찰력을 꽃피울 영적 토대를 마련했습니다. 가족 난로에서 나누는 이야기와 전통은 그에게 정서적, 지적 발달에 필수적인 연속성과 소속감을 심어주었습니다. 동산에서의 영적 각성의 중추적인 경험은 그의 여정에 중요한 전환을 가져왔고, 구속과 은혜에 대한 그의 이해를 형성했습니다.

과일을 훔치는 어린 시절의 장난은 사소해 보이지만 죄, 자유 의지, 인간 본성에 대한 어거스틴의 탐구에 결정적인 역할을 했습니다. 이러한 초기 경험은 아우구스티누스의 관점, 가치 및 관계를 종합적으로 형성하여 그의 저술과 기독교 철학에 대한 공헌에 깊은 영향을 미쳤습니다.

야곱

중요한 어린 시절의 기억: 별빛 아래에서의 비전

■ 내러티브

가나안의 고요한 목가적 풍경 속에서, 야곱의 어린 시절은 신성한 존재와의 중요한 만남으로 빛났습니다. 어느 밤, 그가 별이 가득한 하늘 아래에서 누워 있을 때 꿈이 펼쳐졌습니다. 천사들이 땅에서 하늘로 이어지는 천국의 사다리를 오르내리며 나타났습니다. 가장 위에는 전능하신 분이 계셨으며, 야곱의 조상들과의 언약을 재확인하고 그의 여정에서 축복하고 보호할 것을 약속했습니다.

이 신성한 비전은 야곱의 마음에 각인되었으며, 이른바 할아버지의 역할을 하나님의 계획 안에서 깊이 이해하는 중요한 어린 시절의 기억이 되었습니다.

■ 의의

야곱의 어린 시절 중요한 기억은 그의 신앙과 진로에 깊은 영향을 미쳤습니다. 이 경험은 하나님의 계획과 언약에 대한 이해를 조성했습니다. 그것은 야곱에게 하늘과 땅 사이의 중요한 연결고리가 됐으며, 하나님의 축복과 보호를 받을 것임을 약속받은 순간이었습니다.

이러한 어린 시절의 경험은 그가 나중에 패트리아크로서의 역할을 맡을 때 그의 운명과 유산을 지도하는 역할을 했습니다. 이 기억은 그의 생애를 지대한 영향으로 남아, 그의 신학적 업적에도 깊은 흔적을 남겼습니다.

모세

중요한 어린 시절의 기억: 나일강의 비밀

■ 내러티브

고대 애굽의 갈대 상자를 향한 시선 아래에서 모세의 어린 시절의 중요한 기억은 시작되었습니다. 그 어릴 적, 그의 어머니 요게벳은 그를 나일강에 갈대 상자에 싣고 보낸 순간, 그는 하나님의 비밀스러운 계획의 일부가 되었습니다. 이 순간은 그의 생명을 책임져 주신 요게벳의 용기와 하나님의 보호를 상징합니다.

나일강의 물소리와 갈대의 속삭임이 모세의 어린 시절을 기억에 남게 했으며, 그것은 그의 나중에 이끌 모든 이스라엘 백성을 가르치고 인도할 미래의 예고였습니다. 이 어린 시절의 기억은 모세의 역사적인 사명에 뿌리 깊게 자리하게 되었습니다.

■ 의의

모세의 어린 시절의 중요한 기억은 그의 생애에 깊은 의미를 부여했습니다. 갈대 상자에 실려 나일강에서 발견된 순간, 그는 하나님의 돌보심을 경험하며 그의 미래가 하나님의 계획 속에 있음을 깨달았습니다. 이 경험은 그의 책임감 있는 리더십과 하나님의 지도 아래 서두르지 않는 인내력을 형성했습니다.

나일강의 물소리와 갈대의 속삭임은 그의 어린 시절에 대한 묘한 기억을 남기며, 나중에는 여행하는 이스라엘 백성을 인도하는 지혜의 기반이 되었습니다. 결국, 이 어린 시절의 순간은 모세가 하나님의 선택된 도구로 나아가 인류 역사에 큰 영향을 끼치게 된 비전의 시작이었습니다.

(6) 중요한 청소년기 기억

소란스러우면서도 형성적인 단계인 청소년기는 강렬한 감정과 중요한 경험으로 특징지어집니다. 성장의 어려움 속에서도 사람의 첫사랑이나 깊은 슬픔과 같은 순간이 눈에 띄며 취약성과 회복력에 대한 심오한 교훈을 가르칩니다. 마찬가지로, 학문적 승리이든 의미 있는 우정이든 주요 고등학교 경험은 개인의 자아감을 형성합니다. 웃음과 공유된 비밀로 가득한 친구들과의 잊지 못할 여행은 종종 나중에 다시 이야기되는 청춘의 이야기가 됩니다.

어거스틴

청소년기의 중요한 기억: 청소년의 범법에 관여함

■ 내러티브

어거스틴은 그의 『고백록』에서 장난, 육체적 욕망, 쾌락주의적 쾌락에 탐닉했던 청소년 시절에 대해 솔직하게 이야기했습니다. 아마도 가장 상징적인 이야기는 어거스틴과 그의 친구들이 이웃집 정원에서 배를 훔치는 이야기일 것입니다. 그들은 배고픔 때문에 도둑질을 한 것이 아니라 순수한 스릴을 위해서 그리고 그것이 금지되었기 때문에 도둑질을 했습니다.

- 의의

어거스틴의 젊은 시절의 탈선은 많은 청소년이 직면하는 어려움을 대표하는 반면, 그의 나중에 기독교로의 개종과 헌신이 극명한 대조를 이루는 배경이 되었습니다. 이 기간에 대한 그의 성찰은 변화와 구원, 죄와의 인간 투쟁에 대한 강력한 간증을 제공했습니다.

 야곱

청소년기의 중요한 기억: 축복을 얻기 위해 아버지를 속임

- 내러티브

젊은 시절, 야곱은 어머니 리브가의 도움으로 눈먼 아버지 이삭을 속여 에서가 받아야 할 축복을 그에게 주게 되었습니다. 야곱은 형의 옷을 입고 에서의 털이 많은 피부를 모방하기 위해 팔에 동물 가죽을 씌워 에서처럼 행동했습니다.

- 의미

이 속임수 행위는 두 형제 사이에 균열을 일으켰고, 이로 인해 야곱은 에서의 보복이 두려워 집을 떠나게 되었습니다. 야곱은 집을 떠나 있는 동안 하늘에 닿는 사다리에 대한 꿈과 그에 따른 하나님께 대한 헌신을 포함해 많은 형성 경험을 했습니다. 이 사건은 큰 나라의 아버지인 이스라엘을 향한 야곱의 복잡한 여정의 시작을 의미했습니다.

모세

청소년기의 중요한 기억: 바로의 궁전에서 성장함

■ 내러티브

모세는 십대 시절에 바로의 딸에게 입양되어 바로의 궁전에서 특권적인 삶을 살았습니다. 그는 애굽 사람의 모든 지혜를 배워 그 말과 행동이 능하더라.

■ 의의

모세가 왕궁에서 보낸 청소년 시절은 그에게 독특한 유리한 지점을 제공했습니다. 그는 태어날 때부터 이스라엘 사람이었지만 애굽 왕자로 성장했습니다. 이러한 이중적 정체성은 특히 그가 히브리인들의 고통을 목격했을 때 내부 갈등을 일으켰습니다. 그가 히브리인 노예를 구타한 혐의로 애굽 감독관을 죽인 것은 청년 시절이었습니다. 이는 그를 애굽에서 탈출하게 만든 결정적인 행위였습니다.

이 기억은 그의 뿌리와 그의 백성을 보호하려는 그의 초기 시도를 끊임없이 상기시키는 역할을 할 것이며, 이스라엘 사람들을 자유로 인도하기 위해 궁극적으로 돌아올 수 있는 무대를 마련할 것입니다.

(7) 성인의 중요한 기억

성인이 된다는 것은 종종 개인의 궤적을 근본적으로 형성하는 중대한 결정과 경험으로 특징지어집니다. 그중에서도 아이의 탄생은 개인의 세계관을 재정의하고 삶에 목적과 사랑의 새로운 깊이를 불어넣을 수 있습니다. 마찬가지로, 꿈의 직업을 구하는 것이든, 복잡한 도전 과제를 헤쳐나가는 것이든, 경력의 이정표는 개인의 정체성과 성취감을 형성합니다.

결혼의 신성한 서약 역시 기쁨, 교훈, 성장이 혼합되어 두 가지 삶의 길을 하나의 여정으로 통합합니다.

어거스틴

성인의 중요한 기억: 기독교로의 개종

- 내러티브

성인이 된 어거스틴은 다양한 철학과 종교 종파에 걸쳐 의미와 진리를 찾으며 내적 투쟁으로 가득 찬 삶을 살았습니다. 그러나 밀라노의 한 정원에서 "집어 들고 읽어라"라고 외치는 어린아이 같은 목소리를 들었을 때 결정적인 순간이 일어났습니다. 어거스틴은 성경을 집어들고 로마서의 한 구절을 읽어 자신이 기독교를 받아들이도록 설득했습니다. 이 순간은 그가 개종하고 침례를 받기로 결정한 순간이었습니다.

- 의의

어거스틴의 기독교 개종은 틀림없이 그의 인생에서 가장 중요한 사건 중 하나입니다. 그의 후속 저작, 특히 『고백록』은 신앙을 향한 그의 여정을 반영합니다. 그는 기독교 교리와 서구 사상의 더 넓은 영역에 영향을 미치는 가장 영향력 있는 기독교 신학자이자 철학자 중 한 사람이 되었습니다.

🖋 야곱

성인의 중요한 기억: 천사와 씨름

■ 내러티브

소원해진 형 에서를 만날 것을 기대하면서 야곱은 전통적으로 천사 또는 심지어 신의 현현으로 이해되었던 신비한 인물과 씨름하면서 밤을 보냈습니다. 씨름 경기는 새벽까지 계속되었고, 경기가 끝났을 때 천사는 야곱에게 '하나님과 씨름하는 자'라는 뜻의 이스라엘이라는 새 이름을 지어 주었습니다.

■ 의의

이 경험은 야곱에게 변화를 가져왔습니다. 그는 새로운 이름을 받았을 뿐만 아니라 그의 성격과 관점도 바뀌었습니다. 이름이 바뀌는 것은 야곱과 하나님의 관계의 새로운 국면을 상징하고, 그의 후손이 이스라엘 자손으로 불릴 길을 설정해 온 나라의 기초를 세웠습니다.

🖋 모세

성인의 중요한 기억: 십계명을 받음

■ 내러티브

모세는 이스라엘 백성을 애굽에서 인도한 후 시내산에 올라 그곳에서 하나님과 대화하고 십계명을 받았습니다. 십계명은 이스라엘 백성의 도덕적, 종교적 행동을 규율하는 율법입니다.

■ 의의

이 사건은 모세와 이스라엘 백성에게 기념비적인 사건이었습니다. 십계명은 유대 율법과 윤리의 초석이 되었습니다. 모세에게 이것은 그의 리더십에 대한 증거일 뿐만 아니라 신성과 백성 사이의 중개자 역할을 하는 하나님과의 독특한 관계이기도 했습니다. 입법자로서 그의 역할은 확고해졌고, 그 사건은 하나님과 이스라엘 백성 사이의 언약 관계를 강조했습니다.

(8) 기타 중요한 기억

인생은 무수히 많은 경험으로 짜여진 태피스트리이며 그중 일부는 분류할 수 없습니다. 개인적인 장애물 극복, 깊은 우정의 유대 형성, 잊을 수 없는 여행의 시작 등 이러한 독특한 순간은 우리의 이야기를 풍성하게 합니다. 어려움을 극복하는 것은 회복력을 가르치는 반면, 깊은 우정은 이해와 지원의 안식처를 제공합니다. 마찬가지로, 여행 경험은 영원히 기억에 남는 문화, 풍경, 통찰력을 소개해 새로운 관점을 일깨울 수 있습니다.

어거스틴

기억: 친한 친구의 죽음

■ 내러티브

그의 『고백록』에서 어거스틴은 그의 고향인 타가스테에서 온 가까운 친구의 갑작스럽고 예상치 못한 죽음을 회상합니다. 이 상실로 인해 어거스틴은 깊은 슬픔에 빠졌고, 그는 자신의 행복이 이 단 하나의 관계와 얼마나 밀접하게 연관되어 있는지 깨달았습니다.

■ 의의

어거스틴의 슬픔은 그를 깊은 성찰로 이끌었습니다. 그는 인간 애착의 본질, 물질세계의 무상함 그리고 자신의 영적 여정에 의문을 제기하기 시작했습니다. 그것은 인생의 목적과 하나님과의 관계에 대한 더 깊은 탐구의 촉매제가 되었습니다.

야곱

기억: 형 에서와의 재회

■ 내러티브

아버지의 축복에 대한 배신과 속임수로 인해 오랜 세월 소원해진 야곱은 에서를 다시 만날 수 있다는 생각에 두려움과 떨림으로 가득 차 있었습니다. 그러나 그들이 만났을 때 에서는 야곱에게 달려가서 그를 껴안고 입을 맞추었습니다. 두 형제는 울었습니다.

■ 의의

이 재회는 여러 면에서 야곱에게 의미가 있었습니다. 용서와 화해의 순간이었으며, 가족 유대의 중요성과 깨어진 관계를 회복할 수 있는 가능성을 강조했습니다. 야곱에게도 그것은 평화로운 재회의 길을 예비하신 하나님의 보호와 섭리에 대한 확언이었습니다.

모세

기억: 빛나는 얼굴의 경험

■ 내러티브

모세는 시내산에서 하나님을 만난 후 그곳에서 계명과 지시를 받았지만, 자신의 얼굴이 빛나고 빛이 나는 것을 알지 못한 채 산에서 내려왔습니다. 이스라엘 사람들은 그에게 다가가는 것을 두려워했고, 그는 그들에게 말할 때 수건을 써야 했습니다.

■ 의의

이 사건은 모세와 신과의 긴밀한 관계를 나타냅니다. 그의 빛나는 얼굴은 하나님과의 만남에 대한 육체적인 증거였습니다. 그것은 신성한 만남과 관련된 거룩함과 경외심을 강조하고 모세를 하나님과 이스라엘 백성 사이의 독특한 중개자로 구별했습니다.

각각의 기억은 아마도 이 인물들의 삶에서 일어난 몇몇 극적인 사건에 비해 덜 자주 논의되지만 깊은 개인적, 신학적 중요성을 담고 있습니다. 그들은 여행의 감정적, 영적 차원에 대한 통찰력과 이러한 경험에서 얻은 교훈을 제공합니다.

이러한 여덟 가지 중요 사건에 대한 기억의 회상은 말하는 자기 삶의 이야기를 다시금 되돌아보며 자기 삶의 이야기를 편집, 혹은 재편집하는 기회를 제공하는 중요한 자료적 역할을 할 뿐 아니라, 연구자에게 있어서는 이러한 기억의 회상을 통해 흘러나오는 내담자의 이야기 형태, 그에 얽힌 내담자의 감정과 태도 등은 내담자의 삶과 그의 이야기를 객관적으로 조명해 볼 수 있는 소중한 전기적/심리학적 자료를 확보하게 되는 질문이 됩니다. 동시에 내담자가 이러한 여덟 가지 중요 사건에 얽힌 과거의 기억을 현재 말하는 시점에서 어떻게 구성해 이야기하고 있는가를 분석해 볼 때, 내담자의 '성취와 관계에 얽힌'(Love and Power) 이야기의 동기와 주제는 명확히 파악할 수 있는 중요한 자료들이 됩니다.

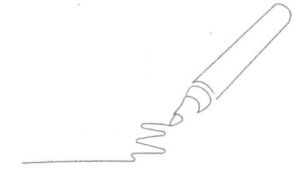

3) 3단계: 중요 인물과 관계 파악

내담자의 삶에 큰 영향을 미치는 사람 3~4명에 얽힌 이야기에 대해 말하게 합니다. 그들은 부모가 될 수 있고, 학교의 선생님, 집안의 친척, 많은 이웃, 교회학교의 선생이나 활동, 또는 여러 위인전의 주인공, 유명한 인물일 수도 있습니다. 이러한 중요한 특징에 얽혀있는 내담자의 기억과 왜 그들을 선택해 삶의 중요한 영웅의 이미지로서 보관하고 있는지의 의식적, 무의식적 이유는 내담자의 이야기 안에 깃들인 이야기 주인공의 모습을 파악하는 데 중요한 역할을 할 수 있습니다.

맥아담스는 내러티브를 작성하는 사람은 개인의 삶에 미치는 영향을 줄이고 중요한 사람들을 이해하는 것이 그들 이야기의 삶에서 감정을 결정하는 데 중요하다고 제안합니다. 내담자에게 중요한 신체에 대해 이야기하도록 요청함으로써, 우리는 자신을 삶의 영웅으로 선택하고 그들의 의식적 이유에 대해 점점 더 많은 것을 얻을 수 있습니다.

예를 들어, 내담자는 괴로움에 직면하고 규율이 있는 아버지에 대해 이야기할 수 있고, 사람들 사이에서 그런 가치를 늘려 준 방법에 이상한 이야기할 수 있습니다. 또한, 자신의 특정 분야에서 경력을 쌓도록 자극을 줄 것을 두려워하거나 도움의 손길 요청을 거절한 주인 이웃에 대해 언급할 수도 있습니다.

이러한 이야기와 그 이야기에 더 많은 기억과 기록을 끌어들이는 것은 내담자의 가치관이나 명확하게 관련된 사건뿐 아니라 그들 삶의 이야기를 형성하는 중요한 사건을 더 크게 확장할 수 있습니다. 또한, 내담자가 성취에 대한 위치나 지원 및 안내의 요구와 동일한 삶의 패턴과 주제를 정의하는 데 도움이 됩니다.

이 중요한 사람들이 내담자 삶의 이야기와 과거의 신화에 영향을 미치는 것을 이해하도록 치료하는 내담자가 현재 행동과 태도를 형성할 수 있는 패턴과 주제를 구별하도록 할 수 있습니다. 이를 통해 클라이언트는 자신의 사용자와 목적에 대한 통찰력을 얻고 궁극적으로 더 만족스럽고 의미 있는 삶을 향해 노력할 수 있습니다.

예를 들면, 내담자에게 자기 삶에 중요한 영향을 미친 중요한 사람을 최소한 3~4명씩 이야기하게 하십시오. 그 인물은 부모일 수도 있고, 학교 선생님, 집 친척, 가까운 이웃, 교회 학교 선생님, 종교 지도자일 수도 있고, 어렸을 때 읽은 위대한 인물에 관한 이야기에 나오는 인물일 수도 있고, 역사 속의 유명한 인물일 수도 있습니다. 이러한 중요한 사람과 관련된 내담자의 기억과 그들이 그들을 삶의 중요한 영웅의 이미지로 선택하고 유지하는 의식적, 무의식적 이유는 내담자의 이야기에 내재된 이야기의 인물을 식별하는 데 중요한 역할을 합니다.

내러티브 작가인 맥아담스는 개인의 삶에 덜 영향을 미치는 중요한 사람들을 이해하는 것이 그들의 인생 이야기에서 등장인물을 식별하는 데 핵심이라고 제안합니다. 내담자에게 이러한 중요한 인물에 대해 이야기하도록 요청함으로써 우리는 자신을 삶의 영웅으로 선택하는 의식과 그 이유에 대해 점점 더 많은 통찰력을 얻을 수 있습니다.

예를 들어, 내담자는 열심히 일하고 규율을 잘 지키는 아버지에 대해 이야기하고, 그가 어린 시절부터 이러한 가치를 어떻게 키웠는지 이야기할 수 있습니다. 그들은 또한 특정 분야에서 경력을 쌓도록 영감을 주었거나 항상 도움의 손길을 제공해 준 이웃에 대해 언급할 수도 있습니다.

이러한 이야기와 그들과 가까운 기억과 기록을 끌어냄으로써 우리는 내담자의 가치, 지적, 동기 부여 사건은 물론 인생 이야기를 형성한 중요한 사건에 대한 더 깊은 이해를 얻을 수 있습니다. 또한, 이는 내담자가 성취를 위한 직책이나 지원 및 지도의 필요성과 같은 삶의 패턴과 주제를 식별하는 데 도움이 됩니다.

이러한 캐릭터에 대한 내담자의 기억과 얽힘은 그들의 인생 이야기를 형성한 개인적인 신화와 주제에 대한 귀중한 통찰력을 제공할 수 있습니다. 예를 들어, 요셉의 삶에서 야곱의 역할을 탐구하면 가족 관계, 형제간의 경쟁, 부모의 편애와 관련된 주제를 밝힐 수 있습니다. 보디발의 아내의 역할을 살펴보면 배신, 유혹, 거짓 비난과 관련된 주제를 알 수 있습니다. 바로의 역할은 권력, 리더십, 신의 섭리와 관련된 주제를 드러낼 수 있습니다.

이러한 중요한 사람이 내담자의 인생 이야기와 개인적 신화에 어떻게 영향을 미쳤는지 이해함으로써 치료사는 내담자가 현재의 행동과 태도를 형성할 수 있는 패턴과 주제를 식별하도록 도울 수 있습니다. 이를 통해 고객은 자신의 정체성과 목적에 대한 통찰력을 얻고, 궁극적으로 보다 만족스럽고 의미 있는 삶을 향해 나아갈 수 있습니다.

(1) 어거스틴의 대표적인 예

① 모니카

모니카는 독실한 기독교인이었고, 그녀의 흔들리지 않는 신앙은 어거스틴이 결국 기독교로 개종하는 데 중요한 역할을 했습니다. 반항적인 젊은 시절 내내 아들의 구원을 위한 모니카의 기도와 눈물은 가차 없었습니다. 어거스틴의 구원을 위한 하나님의 자비에 대한 그녀의 인내와 끈질긴 믿음은 그에게 엄청난 영향을 미쳤습니다. 모니카가 제공한 사랑, 인도, 영적 끈기는 모성애, 지속적인 신앙, 어거스틴의 삶을 변화시키는 기도의 힘이라는 주제를 나타냅니다.

② 어거스틴의 친구 알리피우스

알리피우스는 어거스틴의 절친한 친구였으며, 그의 지적 추구와 도덕적 투쟁을 많이 공유했습니다. 그는 결국 어거스틴을 따라 기독교로 개종했습니다. 알리피우스는 어거스틴의 삶에서 동지애, 공동의 투쟁, 영적 발견의 여정이라는 주제를 대표합니다.

③ 밀라노의 주교 암브로시오

성 암브로시오는 어거스틴의 개종에 중요한 역할을 했습니다. 어거스틴은 암브로시우스의 웅변과 지성에 깊은 인상을 받았습니다. 그 외에도 암브로스는 어거스틴에게 성경에 대한 보다 우화적인 해석을 소개했으며, 이는 어거스틴이 기독교에 대해 가졌던 많은 지적 의구심을 해결했습니다. 암브로시우스를 통해 어거스틴는 자신의 신학적 질문에 대한 답을 찾았을 뿐만 아니라 영적인 멘토도 찾았습니다. 암브로스는 어거스틴의 이야기에서 지혜, 영적 인도, 이성과 신앙의 조화의 등불로 서 있습니다.

④ 마니교 신앙

기독교로 개종하기 전에 어거스틴은 계몽을 약속하는 혼합 종교인 마니교를 고수했습니다. 본질적으로 사람은 아니지만 이 신념 체계는 어거스틴의 초기 생애에 큰 영향을 미쳤으며, 이해와 진리에 대한 그의 탐구를 나타냅니다. 마니교에 대한 그의 환멸과 기독교로의 전환은 그의 여정에서 지적, 영적 진화의 주제를 강조합니다.

어거스틴의 『고백록』 이야기에서 이러한 인물과 영향은 지적 불안, 영적 투쟁, 궁극적인 구원으로 특징지어진 삶의 풍부한 태피스트리를 집합적으로 엮습니다. 치료사 또는 서사 작가의 경우 어거스틴과 이러한 인물의 상호 작용 및 관계를 분석하면 그의 변화에 대한 깊은 통찰력을 얻을 수 있습니다. 마찬가지로 내담자에게 영향력 있는 인물에 대한 이야기를 들려주도록 유도하면 인생 서사에서 핵심 가치, 동기, 전환점을 밝힐 수 있습니다.

(2) 야곱의 대표적인 예

① 야곱의 형-에서
에서는 야곱의 장남으로 야곱이 교활하게 장자권과 축복을 모두 얻었습니다. 그들의 관계는 긴장, 경쟁, 화해로 특징지어졌습니다. 에서는 형제간의 경쟁, 속임수 그리고 야곱의 삶에 나타난 야망의 결과를 주제로 나타냅니다. 그러나 그들의 궁극적인 화해는 용서와 시간의 치유력에 대해 이야기합니다.

② 야곱의 아버지-이삭
이삭이 야곱보다 에서를 더 선호한 것은 야곱에게 장기적인 영향을 미칠 기만적인 행위로 이어졌습니다. 아버지와 아들 사이의 역동성은 아버지의 승인을 구하는 주제, 편애의 의미, 축복의 변화시키는 힘을 강조합니다.

③ 야곱의 어머니- 리브가
야곱에 대한 리브가의 선호와 이삭을 속이는 데 있어서 그녀의 역할은 모성 관계의 복잡함을 보여 줍니다. 그녀의 영향력은 모성애, 지도 그리고 자녀를 위해 최선을 다하기 위해 어머니가 할 수 있는 노력이라는 주제를 강조합니다.

④ 야곱의 삼촌- 라반

야곱과 라반의 관계는 속임수와 착취로 특징지어집니다. 라반은 야곱을 속여 자신이 원하는 딸 라헬을 위해 14년 동안 자신을 위해 일하게 합니다. 라반은 야곱에게 겸손의 교훈이 되고, 속이는 자(야곱)가 속이는 자가 되는 전환점이 됩니다.

⑤ 야곱의 아내-라헬과 레아

라헬은 야곱의 큰 사랑이었으나 라반의 유혹에 빠져 먼저 그녀의 누이 레아와 결혼하게 되었습니다. 두 여성 모두 사랑, 비탄, 경쟁, 이스라엘 열두 지파의 기본 여주인이라는 주제를 대표하는 야곱의 삶에서 중요한 역할을 합니다.

⑥ 브니엘의 천사

신비롭고 변화무쌍한 밤새 씨름 경기에서 야곱은 천사와 씨름했고, 그 후 그는 "하나님과 겨루는 자"를 의미하는 이스라엘로 이름이 바뀌었습니다. 이 사건은 야곱의 삶의 투쟁, 인내, 변화라는 주제를 강조합니다. 이름이 바뀐 것은 야곱의 변화된 본성과 하나님의 계획에서 그의 독특한 위치를 의미합니다.

⑦ 야곱의 아들-요셉

형형색색의 외투를 선물로 받은 야곱과 요셉 사이의 특별한 유대감과 그에 따른 그의 다른 아들들의 배신은 부모의 편애, 상실로 인한 고통, 예상치 못한 재회의 기쁨이라는 주제를 잘 보여 줍니다.

이러한 관계의 렌즈를 통해 야곱의 삶을 살펴보면 이러한 상호 작용이 교활한 청년에서 한 나라의 족장에 이르기까지 그의 인생 여정을 어떻게 형성했는지 알 수 있습니다. 치료 또는 서술적 환경에서 그러한 관계와 그 의미를 이해하면 개인의 가치, 배운 교훈, 인생 이야기를 정의하는 변화의 순간에 대한 심오한 통찰력을 얻을 수 있습니다.

(3) 모세의 대표적인 예

① 바로의 딸-양모

바로의 딸이 나일강 갈대에서 발견한 후, 모세는 애굽의 왕자로 성장했습니다. 이것은 그에게 나중에 그의 리더십에 도움이 될 교육과 지위를 제공했습니다. 바로 딸의 동정심은 모세를 특권의 길로 이끌었지만 그의 히브리인 뿌리는 여전히 중요했습니다.

② 바로

애굽의 통치자인 바로와 모세의 상호 작용은 저항으로 특징지어집니다. "내 백성을 보내라"는 모세의 요구는 거절당했습니다. 이들의 대결은 신의 의지와 인간의 자아, 억압과 해방 사이의 투쟁을 의미합니다.

③ 모세의 장인-이드로

이드로는 모세가 애굽에서 탈출한 후 피난처를 제공한 미디안 제사장이었습니다. 그는 모세에게 평생 동안 지혜로운 조언을 주셨고, 특히 제도를 세워 이스라엘 백성의 분쟁을 어떻게 효율적으로 재판할 수 있는지 조언해 주셨습니다.

④ 모세의 아내-십보라

십보라는 모세의 삶에서 보호 역할을 했습니다. 특히, 하나님의 진노에서 모세를 구하기 위해 아들에게 할례를 행한 신비한 사건에서 십보라는 모세의 삶에서 보호 역할을 했습니다. 그들의 관계는 더 높은 부름을 추구하기 위해 치른 개인적, 가족적 희생을 강조합니다.

⑤ 모세의 형제-아론

아론은 모세의 대변인이었는데, 모세가 스스로 공언하는 느린 말 때문에 그를 도왔습니다. 그들의 관계는 협력과 의존을 나타냅니다. 그러나 금송아지 사건에서 아론의 역할은 리더십과 가치관 타협의 결과에 대한 경고의 역할도 합니다.

⑥ 모세의 누이-미리암

나일강에서 아기 모세를 보살피고 나중에 그와 함께 지도자가 된 누나로서, 미리암과 모세의 관계는 가족의 유대, 보호, 공동의 리더십이라는 주제를 다루고 있습니다.

⑦ 하나님

모세의 삶에서 가장 중요한 관계는 아마도 하나님과의 관계일 것입니다. 불타는 떨기나무와의 만남부터 시내산에서의 수많은 대화까지 모세와 하나님의 관계는 매우 개인적입니다. 그는 종종 하나님과 이스라엘 백성 사이의 중재자로 여겨지며, 하나님의 진노 순간에 그들을 대신해 변호합니다.

⑧ 이스라엘 사람

다양한 무리의 사람을 노예 생활에서 벗어나 광야를 거쳐 약속의 땅으로 인도하는 것은 결코 작은 일이 아니었습니다. 모세와 이스라엘 백성의 관계는 복잡하고 신뢰, 의심, 반역, 회개의 순간으로 가득 차 있습니다. 그들의 상호 작용은 리더십, 신앙, 인내의 도전을 보여 줍니다.

4) 4단계: 도전과 극복 이야기 추출

　내담자가 과거의 추억을 통해 미래를 다시 구상하게 하는 것은 치료적 과정에서 중요한 단계입니다. 이 과정에서 내담자는 자신의 '삶에서 중요한 여덟 가지 사건'과 꿈, 희망에 대해 이야기하게 됩니다. 이러한 대화를 통해 내담자의 삶에 내재된 동기와 주제가 드러나게 됩니다.
　이러한 이야기는 시대와 문화를 초월해 사랑받는 거대한 작가들의 서사처럼, 시작과 끝의 주제를 포함하며 개인의 신화와 연결됩니다. 내담자가 미래에 대한 꿈과 계획을 나누게 함으로써, 치료자는 내담자 삶의 이야기에 내재된 동기와 주제를 더욱 명확하게 이해할 수 있게 됩니다. 이 과정은 내담자가 자기 삶에서 중요한 역할을 하는 이야기와 주제를 탐구하고, 그것들이 자신의 미래 계획과 어떻게 연결되는지를 이해하는 데 도움을 줄 수 있습니다.
　이러한 방식으로 내담자는 자기 삶의 이야기를 통해 자신의 미래를 구상하고, 그 안에서 중요한 역할을 하는 주제를 더 깊이 탐색할 수 있게 됩니다. 이는 내담자가 자기 삶과 미래에 대해 더 깊은 이해와 통찰력을 얻는 데 기여할 수 있습니다.
　성경에는 미래에 대한 꿈과 희망을 약속하는 사람들의 예가 많이 있습니다. 그 예 중 하나는 자신이 위대한 일원이 되어 그의 형제들이 그에게 악을 행하려는 꿈을 꾼 사람들입니다. 많은 장애물과 좌절에도 불구하고 자신의 꿈에 집중하고 결국 기근이 닥쳤을 때 유일하게 몫을 몫으로 돌리는 것이 2인자가 더 많았습니다. 그의 이야기는 역경으로도 명확한 비전을 보고 목표에 참여하는 것을 보여 줍니다. 마찬가지로 내담자에게 미래 계획에 그런 것 같은 것은 자신의 목표와 운동을 하고 생활 이야기의 주제와 구조에 대한 보기를 제공하는 데 도움이 되도록 합니다. 예를 들면,

"이제 내담자에게 과거에 대한 회상을 멈추고 미래를 위한 계획에 대해 이야기하게 하십시오."

이러한 질문의 심리적 동기는 위에서 언급한 '인생의 여덟 가지 중요한 사건'에서처럼 내담자의 인생에 대한 꿈과 희망에 담긴 이야기의 동기와 주제를 읽어내는 것입니다.

앞서 말했듯이 좋은 이야기에는 시작과 중간 그리고 아름다운 결말이 있습니다. 우리 주변의 대중소설이나 시대와 문화를 초월해 사랑받는 위대한 작가들의 인류의 영원한 사랑을 서사에서 흔히 볼 수 있는 이 시작과 끝의 이야기는 개인의 신화에도 포함될 수밖에 없습니다.

그러므로 내담자에게 자신의 미래 꿈과 계획에 대해 이야기하게 함으로써 연구자는 내담자의 인생 이야기를 이끌어가는 동기와 주제를 연속성의 관점에서 보다 명확하게 읽을 수 있을 뿐만 아니라 내담자의 이야기에 담긴 성숙 대본도 읽을 수 있습니다. 이를 통해 구조와 내용을 확인할 수 있습니다.

성경에는 미래에 대한 꿈과 희망을 나누는 사람들의 예가 많이 있습니다. 그러한 예 중 하나가 요셉입니다. 그는 자신이 위대한 통치자가 되어 그의 형들이 그에게 절할 것이라는 꿈을 꾸었습니다. 많은 장애물과 좌절에도 불구하고 요셉은 자신의 꿈에 계속 집중했고, 결국 기근이 닥치자 애굽의 2인자가 되어 그 나라의 식량 분배를 감독했습니다.

그의 이야기는 역경 속에서도 명확한 비전을 갖고 목표에 전념하는 것이 얼마나 중요한지 보여 줍니다. 마찬가지로 내담자에게 미래 계획에 대해 묻는 것은 목표와 동기를 명확히 하고 인생 이야기의 주제와 구조에 대한 통찰력을 제공하는 데 도움이 될 수 있습니다. 어거스틴, 야곱, 모세의 예를 들어보겠습니다.

(1) 어거스틴과 미래의 비전

초기 기독교 교회의 저명한 신학자이자 철학자인 히포의 성 어거스틴은 자신의 과거를 성찰했을 뿐만 아니라 미래에 대한 심오한 비전을 가진 개인의 놀라운 예를 제공합니다. 자전적 작품인 『고백록』은 그의 성찰의 깊이와 열망의 궤적을 드러냅니다.

① 탕자에서 제사장으로

어거스틴의 젊은 시절은 쾌락주의와 영적 탐구가 특징이었습니다. 그는 육체적 쾌락에 빠졌고, 마니교 이단에 매력을 느꼈습니다. 그러나 성 암브로시오의 설교를 듣는 것과 밀라노에서의 신비로운 정원 경험을 포함한 그의 변화적인 경험은 전환점이 되었습니다. 방종의 삶에서 하나님께 헌신하는 삶으로의 이러한 전환은 어거스틴이 자신의 미래를 새로운 가치와 열망으로 재조정했던 미래지향적인 사고방식을 보여 줍니다.

② 『신의 도성』

어거스틴은 말년에 로마의 약탈에 대한 대응으로 철학 논문인 『신의 도성』을 썼습니다. 여기에서 그는 '인간의 도시'(세속적 추구를 나타냄)와 '하나님의 도시'(신적 추구를 나타냄)를 대조합니다. 여기에는 개인과 사회가 신성한 원칙에 더욱 밀접하게 부합하는 미래에 대한 어거스틴의 비전이 요약되어 있습니다.

③ 가르침과 인도

히포의 주교로서 어거스틴은 목회 의무에 깊이 관여했습니다. 그의 미래 비전에는 회중을 영적 성숙으로 인도하는 것이 포함되었습니다. 그는 설교, 편지, 가르침을 통해 이를 위해 노력했습니다.

④ 이단에 맞서기

어거스틴은 통일된 기독교 교회를 희망했습니다. 이에 비추어 그는 마니교, 도나투스주의, 펠라기우스주의에 반대하는 신학적 논쟁에 참여했으며, 정통교리를 옹호하고 교회의 교리적 미래에 대한 명확한 비전을 분명히 밝혔습니다.

⑤ 개인적인 구원과 영원한 희망

소란스러운 과거로부터 어거스틴 자신의 여정은 구원의 개념에 신빙성을 부여합니다. 그는 하나님의 은혜와 영원한 구원의 가능성에 대해 흔들리지 않는 믿음을 갖고 있었으며, 자신과 인류 모두의 미래에 대한 희망적인 관점을 보여 주었습니다.

본질적으로 어거스틴의 삶은 변화, 희망, 미래의 열망에 대한 강력한 이야기를 제공합니다. 내담자가 치료에서 자신의 미래를 성찰할 때 어거스틴의 이야기는 영감이 될 수 있습니다. 이는 과거와 관계없이 목적이 주도하고 희망이 가득한 미래가 가능함을 예시합니다. 치료사와 연구자의 경우 내담자의 미래 비전을 이해하면 실제로 내담자의 근본적인 동기, 인생 이야기의 구조, 성숙과 성취를 향한 길을 밝힐 수 있습니다.

(2) 야곱의 미래에 대한 비전

이스라엘 족장 중 한 사람인 야곱은 개인의 발전, 실수, 화해, 미래에 대한 비전을 제시합니다. 그의 이야기는 개인이 자신의 과거를 직면하고 미래를 형성하는 방법을 상징적으로 표현합니다.

① 전조로서의 꿈

야곱의 삶은 그의 미래를 예표 했을 뿐만 아니라 그것을 형성하기도 했던 중요한 꿈들로 강조되었습니다. 그러한 꿈 중 하나가 벧엘에서 있었는데, 그곳에서 그는 천사들이 오르락내리락하는 사다리가 하늘에 닿는 것을 보았습니다. 이 꿈은 하나님과 사람 사이의 연결을 상징하고 하나님의 계획에서 핵심 인물로서 그의 역할을 예시했습니다.

② 축복 추구

야곱은 어려서부터 더 밝은 미래를 확보하는 데 집중했습니다. 이 점은 그가 에서의 장자권을 샀고, 나중에 에서를 위한 이삭의 축복을 기만적으로 확보했을 때 분명했습니다. 번영하는 미래에 대한 비전을 바탕으로 추진된 이러한 행동은 비록 실행이 잘못되었음에도 불구하고 그의 추진력과 선견지명을 강조했습니다.

③ 개인적인 변화

야곱이 계략꾼에서 천사와 씨름한 후 이스라엘("하나님과 겨루는 자")로 이름이 바뀌는 여정은 개인적인 성장을 상징합니다. 그의 이름 변경은 그와 그의 후손 미래를 위한 새로운 궤도를 설정하는 변혁의 지점을 표시했습니다.

④ 에서와 화해

야곱은 소원해진 형과의 대결을 예상하면서 미래에 대해 걱정했습니다. 하지만 그는 에서를 달래기 위해 선물을 준비하고 가족을 정리하는 조치를 취했습니다. 그들의 궁극적인 화해는 야곱의 성숙함과 조화로운 미래에 대한 그의 희망을 드러내는 중요한 순간이었습니다.

⑤ 후손에 대한 환상

야곱이 마지막 날에 아들들에게 축복한 것은 예언적이었고, 이스라엘 지파의 미래를 개략적으로 보여 주었습니다. 이러한 축복은 야곱이 자신의 혈통 운명을 예견하고 형성하는 능력을 보여 주었습니다.

⑥ 애굽에 정착

애굽에서 요셉이 차지하는 위치의 중요성과 임박한 기근을 인식한 야곱은 자기 가족이 애굽에 정착하기로 실용적인 결정을 내렸습니다. 이 움직임은 어려운 시기에 그의 혈통의 미래를 보장했습니다.

치료나 상담에서 야곱의 이야기는 개인이 어떻게 어려움을 헤쳐 나가고, 변화를 추구하고, 미래를 준비했는지 되돌아보도록 영감을 줄 수 있습니다. 그의 삶은 개인적인 결점을 인식하고, 성장을 추구하고, 비전을 향해 노력하는 것의 중요성을 보여 줍니다. 고객의 경우 과거가 미래를 좌우할 필요가 없으며 변화가 가능하다는 것을 이해하는 것은 큰 힘을 실어 주는 깨달음이 될 수 있습니다. 야곱의 이야기는 결함이 있는 개인에서 비전을 지닌 족장으로의 여정을 요약합니다.

(3) 모세의 미래에 대한 비전

모세는 리더십, 비전, 인내, 신성한 목적을 구현하는 성경에서 가장 상징적인 인물 중 하나입니다. 그의 이야기는 과거의 트라우마에 맞서고, 현재의 과제를 헤쳐 나가며, 약속으로 가득 찬 미래를 구상하는 것에 관한 깊은 주제의 저장소를 제공합니다.

① 겸손한 시작

바로가 모든 히브리 남자 아기를 죽이라고 명령한 시기에 태어난 모세는 어머니의 선견지명으로 생명을 구했습니다. 바구니에 담아 나일강에 떠내려간 그는 바로의 딸에게 발견되어 입양되었습니다. 이 사건은 모세의 미래를 위한 궤적을 설정해 그를 죽음의 문턱에서 애굽의 궁전으로 이동시켰습니다.

② 불의에 맞서기

모세가 히브리 노예를 구타한 애굽 감독을 살해한 것은 전환점이 되었습니다. 그것은 애굽에서 탈출하는 것을 의미했지만, 그것은 이스라엘 사람들의 해방자로서 그가 앞으로 맡게 될 역할에 대한 전조였습니다.

③ 불타는 떨기나무

불타는 떨기나무의 형태로 모세가 하나님을 만난 것은 계시의 순간이었습니다. 그는 이스라엘 백성을 애굽의 속박에서 벗어나 약속의 땅으로 인도하는 미래에 대한 비전을 받았습니다. 이 만남은 모세의 목적과 그가 형성할 미래를 정의했습니다.

④ 바로와 맞서기

하나님의 비전과 지원으로 무장한 모세는 바로와 대결해 이스라엘 백성의 자유를 요구했습니다. 열 가지 재앙과 어려운 협상을 통해 모세는 최종 목표에 대한 회복력과 흔들리지 않는 집중력을 보여 주었습니다.

⑤ 이스라엘 백성을 인도함

모세는 백성의 의심과 불평을 포함해 수많은 어려움에 직면했음에도 불구하고 그들을 광야로 인도했습니다. 그는 사회법(십계명)을 제정하고 종교 관습을 제정해 미래 유대 국가의 기초를 다짐으로써 자신의 미래 지향적인 사고를 보여 주었습니다.

⑥ 모세의 마지막 순간

모세는 이전의 범법으로 인해 약속의 땅에 들어갈 수 없었지만, 느보산에서 약속의 땅을 볼 수 있었습니다. 이 순간에 그의 역할이 요약되었습니다. 그는 자신이 그 일부가 될 수는 없더라도 자기 백성을 미래의 문턱으로 이끌었습니다.

미래를 계획하는 고객에게 모세의 이야기는 심오한 통찰력을 제공합니다. 그의 이야기는 아무리 소란스러운 과거라도 그 사람의 미래를 정의할 수는 없다는 생각을 강조합니다. 또한, 이는 목적의 명확성, 역경에 맞서는 회복력, 자신의 비전에 따라 행동하는 용기의 중요성을 강조합니다. 모세의 삶은 미래에 대한 명확한 비전과 그것을 달성하려는 끈기를 갖는 변화의 힘을 보여 주는 증거입니다.

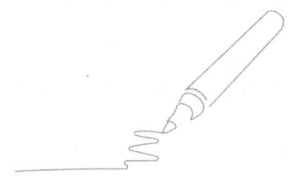

5) 5단계: 가치와 목표 파악

　내담자가 자기 삶에서 여전히 해결되지 않은 문제들과 관련된 경험을 이야기하게 되는 단계는 치료 과정에서 중요합니다. 이 시점에서 치료자는 내담자와의 대화를 경청함으로써 신뢰 관계를 구축하고, 내담자가 경험한 삶의 고뇌와 해결되지 않은 문제들, 원망 그리고 다양한 도전에 대해 더 깊이 탐구할 수 있습니다. 최근의 접근 방식에 따르면, 치료자는 자유롭고 비판적이지 않으며 소통적인 태도를 가진 인터뷰 환경을 제공함으로써, 내담자가 자신의 내부적인 이야기, 휴식과 고뇌에 대한 이야기를 나눌 수 있는 기회를 갖게 됩니다.

　이 과정에서 치료자는 내담자의 이야기에 귀 기울이고, 그들의 경험과 감정을 이해하려고 노력합니다. 이러한 환경은 내담자가 자신의 감정과 경험을 더 자유롭게 표현할 수 있게 하며, 치료자는 이를 통해 내담자 삶의 문제들과 그들이 겪고 있는 내적 고뇌에 대해 더 깊이 이해할 수 있습니다. 이러한 이해는 치료 과정에서 내담자가 자기 문제들을 해결하고, 더 건강하고 만족스러운 삶을 살아갈 수 있도록 돕는 데 중요한 역할을 합니다.

　성경에 나오는 이야기 중 하나는 형제들에 의해 노예로 팔린 요셉의 이야기입니다. 요셉은 많은 도전과 어려움에 직면하지만, 결코 포기하지 않고 고발을 거부하며, 수년에 걸쳐 자신의 위치를 개선해 나갑니다. 그의 성공에도 불구하고, 형제들과의 미해결된 갈등으로 인해 계속 고통 받습니다. 여러 해가 지난 후에야 그는 형제들과 화해할 수 있는 반성의 기회를 갖게 됩니다.

　이 이야기는 미해결된 갈등이 개인의 삶에 어떤 영향을 미칠 수 있는지 보여 줍니다. 또한, 마음의 평화와 행복을 위해 갈등을 해결하는 것의 중요성을 강조합니다. 이러한 갈등의 해결은 개인의 정서적, 심리적 성장에 중요한 역할을 하며, 삶의 만족도를 높이는 데 기여할 수 있습니다. 이 이야기는 개인이 직면한 문제와 갈등을 해결하기 위해 노력하는 과정을 통해 교훈을 얻을 수 있는 예시로 사용될 수 있습니다.

성경에는 논쟁이 없는 삶의 문제와 논쟁의 예가 많습니다. 한 예로 형들에 의해 노예로 팔려 영원히 많은 도전과 어려움에 직면하는 이야기입니다. 그는 버리지 않고 고발을 거부하고 몇 년을 보내달라고 요청했습니다. 그의 성공에도 불구하고, 남아있는 것은 여전히 형들과의 해결이 아닌 갈등에 시달렸고, 여러 해가 지나서야 그들을 반성하고 화해할 수 있다는 것입니다. 이 이야기는 해결되지 않은 갈등이 어떻게 사람의 삶에 영향을 미칠 수 있는지와 마음의 평화와 행복을 평가하기 위해 갈등을 해결하는 방법을 찾는 것의 범위를 보여 줍니다.

예를 들면, 내담자에게 자기 삶에서 해결되지 않은 문제와 갈등에 대해 이야기하게 하십시오. 이 단계에서 연구자는 내담자의 지금까지 이야기를 듣고 형성된 신뢰 관계를 바탕으로 내담자 삶의 고뇌와 갈등, 풀리지 않은 숙제, 원망, 무거운 짐 등에 대한 이야기를 통해 내담자 삶의 이야기를 심화시킵니다. 더 추가할 수 있습니다.

이때, 보다 자유롭고 비비판적, 공감적인 분위기의 인터뷰 환경을 제공함으로써 연구자는 내담자의 내면적 이야기와 내면 깊이 감춰져 있는 갈등과 고뇌의 이야기를 들을 수 있는 기회와 장소를 가질 수 있습니다. 그리고 이는 내담자의 이야기에 대한 입체적인 이해를 제공할 수 있습니다. 필수적인 요소가 됩니다. 어거스틴, 야곱, 모세의 예를 들어보도록 합니다.

(1) 어거스틴과 해결되지 않은 갈등

가장 영향력 있는 기독교 신학자이자 철학자 중 한 명인 히포의 성 어거스틴은 그의 고백적 자서전 『고백록』에서 자신의 내적 투쟁과 해결되지 않은 갈등에 대한 성찰적인 탐구를 제공합니다. 그의 이야기는 개인적인 깊은 혼란, 의미에 대한 탐구 그리고 궁극적으로 그의 내부 투쟁의 많은 부분을 다룬 심오한 개종을 보여 줍니다.

① 영적 방황

어거스틴의 초기 생애는 영적 불안으로 특징지어졌습니다. 그는 마니교에서 신플라톤주의에 이르기까지 다양한 신앙에 손을 대며 자신의 실존적 질문에 대한 답을 찾았습니다. 이러한 신념의 끊임없는 변화는 그의 양육과 철학적 탐구 사이의 내부 갈등을 보여 주었습니다.

② 감각적 쾌락

어거스틴은 감각적 쾌락에 대한 젊은 시절의 방종에 대해 솔직하게 이야기했습니다. 그의 유명한 인용문 "나에게 순결과 절제를 허락해 주세요. 하지만 아직은 아닙니다"는 욕망과 규율 사이의 그의 내면적 줄다리기를 포착합니다.

③ 야망과 자부심

어거스틴의 초기 경력은 지식, 웅변, 인정에 대한 갈증에 의해 주도되었습니다. 그는 자존심과 야망에 시달렸으며 종종 그것을 도덕적인 고려보다 우선시했습니다. 이것은 그의 내부 갈등의 또 다른 층이었습니다.

④ 슬픔과 상실

젊었을 때 절친한 친구의 죽음은 어거스틴에게 깊은 영향을 미쳤습니다. 이 상실은 그를 깊은 슬픔에 빠뜨리고 삶의 일시적인 본질에 대한 성찰을 촉발해 그의 내면 혼란에 또 다른 차원을 더했습니다.

⑤ 회심

어거스틴의 삶의 중추적인 순간은 그의 심오한 종교적 회심이었습니다. 유명한 회심은 무화과나무 아래에서 "들어서 읽어라"라고 말하는 어린이의 목소리를 들었습니다. 그는 성경을 찾아 바울의 편지에서 위안을 찾았습니다. 이 경험은 그가 많은 내적 갈등을 해결하는 시작이 되었고, 그를 기독교로 이끌었고 전생에서 멀어지게 했습니다.

⑥ 어머니의 영향

어거스틴과 그의 어머니 성 모니카의 관계는 긴장과 인도의 원천이었습니다. 그녀는 독실한 기독교인이었고, 종종 아들의 개종을 위해 기도했습니다. 그들의 서로 다른 믿음은 갈등을 불러일으켰지만, 그녀의 흔들리지 않는 신앙과 기도는 그가 결국 개종하는 데 중추적인 역할을 했습니다.

해결되지 않은 문제와 갈등을 다루는 내담자들에게 어거스틴의 이야기는 자기 성찰의 변화시키는 힘, 변화의 잠재력 그리고 영향력 있는 인물이 개인의 삶에 미치는 심오한 영향에 대한 증거가 됩니다. 갈등에서 해결에 이르는 어거스틴의 여정은 과거의 실수와 내부 싸움에 관계없이 평화와 목적을 찾을 수 있다는 개념을 강조합니다. 그의 이야기는 내면의 갈등을 해결하고 화해를 추구하는 이들에게 희망을 줍니다.

(2) 야곱과 해결되지 않은 갈등

성경에 묘사된 야곱의 삶은 해결되지 않은 갈등의 사례와 그의 여정에 대한 심오한 영향으로 가득 차 있습니다. 야곱의 이야기는 개인의 성장, 화해, 변화에 대한 설득력 있는 이야기로 해결되지 않은 갈등이 개인의 정체성과 삶의 길을 어떻게 형성할 수 있는지 보여 줍니다.

① 형제간의 경쟁과 속임수

야곱의 어린 시절은 형제간의 치열한 경쟁과 쌍둥이 형 에서와의 해결되지 않은 갈등으로 특징지어졌습니다. 그는 에서의 장자권과 축복을 받기 위해 아버지를 속였으며, 이로 인해 수년간의 소원함과 적개심이 생겼습니다.

② 가족의 어려움

야곱과 그의 장인 라반의 관계는 사기와 조작으로 특징지어졌습니다. 라반의 행동은 불신과 해결되지 않은 갈등의 환경을 조성해 야곱의 정서적 안녕과 그의 번영 능력에 영향을 미쳤습니다.

③ 하나님과의 씨름

브니엘에서 신비한 인물과의 유명한 씨름 시합은 야곱의 내적 투쟁과 갈등을 상징합니다. 이 불가사의한 만남은 신체적 부상을 가져왔을 뿐만 아니라 그의 인생에 전환점이 되는 변혁적인 경험을 가져왔습니다.

④ 에서와의 화해

수년간의 별거 끝에 야곱이 에서와의 만남이 임박하자 해결되지 않은 갈등과 두려움이 표면으로 드러났습니다. 그의 내부 혼란과 에서의 반응에 대한 기대는 과거 갈등이 그의 정신에 지속적인 영향을 미쳤음을 반영합니다.

⑤ 상실과 슬픔

사랑하는 아내 라헬을 출산 중에 잃은 비극적인 일은 야곱에게 깊은 영향을 미쳤습니다. 그의 해결되지 않은 슬픔과 애도는 그의 행동과 선택에서 분명하게 나타나며, 이는 그의 자녀 및 주변 세계와의 상호 작용을 형성합니다.

⑥ 이름 변경 및 구속

브니엘에서의 씨름으로 인해 야곱에서 이스라엘로 이름이 바뀌었으며, 이는 그의 변화와 구속을 상징합니다. 이 사건은 해결되지 않은 갈등에 시달리는 남자에서 내면의 투쟁에 맞서고 더 강해진 남성으로의 진화를 의미합니다.

야곱의 이야기는 해결되지 않은 갈등, 개인적 성장, 궁극적인 화해의 복잡한 상호 작용을 보여 줍니다. 경쟁 관계에서 에서와 화해하기까지의 그의 여정은 관계와 개인의 행복에 오랫동안 영향을 미치는 갈등을 다루고 해결하는 힘을 보여 줍니다. 갈등하고 기만적인 개인에서 구원과 화해를 찾는 사람으로 야곱의 변화는 해결되지 않은 갈등에 직면했을 때 변화와 성장의 잠재력에 대한 귀중한 통찰력을 제공합니다.

(3) 모세와 해결되지 않은 갈등

성경에 묘사된 모세의 삶은 리더십과 신앙 그리고 내외적 갈등의 해결에 관한 놀라운 이야기입니다. 모세의 여정은 그의 정체성과 사명을 형성한 해결되지 않은 갈등이 특징이며, 개인적 성장과 사회 변화를 위한 도전에 직면하는 것의 중요성을 강조합니다.

① 정체성 위기

모세의 어린 시절은 애굽 왕실에서 자란 이스라엘인으로서의 이중 유산으로 인해 정체성 갈등으로 인해 손상되었습니다. 이러한 정체성을 조화시키려는 그의 내부적 노력은 그의 목적의식에 영향을 미쳤고, 그의 궁극적인 이스라엘 백성의 리더십에 중추적인 역할을 했습니다.

② 살인과 도주

이스라엘 노예를 학대하던 애굽 감독을 충동적으로 죽인 모세의 행동은 해결되지 않은 죄책감과 내부 갈등을 불러일으켰습니다. 보복을 두려워한 그는 해결되지 않은 감정과 끝나지 않은 일을 남겨두고 애굽을 떠났습니다.

③ 하나님과의 대결

모세의 불타는 떨기나무와의 만남은 그의 인생 전환점이 되었습니다. 그는 처음에는 자신의 부족함과 해결되지 않은 내부 갈등으로 인해 하나님의 부르심을 거부했으며, 이는 지도자이자 구원자의 역할을 받아들이기 위한 그의 투쟁을 강조했습니다.

④ 리더십의 어려움

모세는 광야를 여행하는 동안 이스라엘 백성과 지속적인 갈등에 직면했습니다. 그들의 불평, 불순종, 믿음의 부족은 내적, 외적으로 지속적인 어려움을 안겨 주었고 그의 리더십 기술과 회복력을 시험했습니다.

⑤ 용서를 위한 투쟁

모세의 삶에서 해결되지 않은 갈등의 가장 통렬한 예 중 하나는 므리바의 바위와 그가 상호 작용한 것입니다. 모세는 하나님께서 명하신 대로 반석에 말하기는커녕, 좌절감에 반석을 쳐서, 자기의 뿌리깊은 해결되지 않은 감정과 과거의 한을 완전히 내려놓지 못하는 자신의 무능함을 드러 냈습니다.

⑥ 약속의 땅

모세의 궁극적으로 해결되지 않은 내면적인 갈등은 약속의 땅에 들어갈 수 없다는 것이었습니다. 그가 가데스 바네아에서 하나님의 인도를 신뢰하지 못한 것과 그에 따른 형벌은 그의 여행의 성취되지 않은 잠재력과 해결되지 않은 갈등의 지속적인 영향을 상징하게 되었습니다.

모세의 이야기는 해결되지 않은 갈등을 해결하고 자신의 진정한 정체성과 목적을 포용하는 변화의 힘을 보여 줍니다. 갈등하고 주저하는 인물에서 존경받는 리더로의 진화는 자기 인식, 개인적 성장, 내부 및 외부 도전에 맞서려는 의지의 중요성을 강조합니다. 모세의 여정은 자기 자신과 다른 사람과의 관계에서 갈등을 해결하는 것이 개인적인 성취, 리더십, 자신의 진정한 잠재력 실현에 필수적임을 가르칩니다.

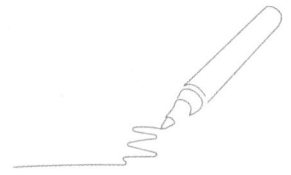

6) 6단계: 인격적 특성 추출

　내담자의 신념과 가치관은 그들의 삶과 이야기에 중요한 구조를 제공합니다. 이러한 요소는 한 인간의 이야기를 형성하는 데 필수적인 뼈대와 같으며, 현실적 존재로서의 우리 인간의 삶과 꿈 그리고 신화에 대한 동경 사이의 역설을 보여 줍니다. 신화학자 조셉 캠벨의 연구는 인간과 문화가 신화의 세계와 밀접하게 연결되어 있음을 보여 줍니다. 이 연구는 현실을 초월하는 신화적 믿음의 구조와 내담자가 자신의 이야기를 어떻게 펼쳐 나가는지에 대한 주목을 강조합니다.
　예를 들어, 성경에 나오는 이야기는 요셉이 형제들에 의해 노예로 팔린 후, 누명을 쓰고 감옥에 갇히는 등의 어려움을 겪지만, 계속해서 하나님의 계획을 믿으며 최종적으로 많은 사람을 구하는 이야기입니다. 이 이야기는 신앙과 가치관이 어떻게 개인의 삶에 구조와 의미를 부여하고, 어려운 시기를 이겨내는 데 도움을 줄 수 있는지 보여 줍니다. 또한, 이러한 신앙과 가치관은 개인의 삶을 형성하고 최종적인 성공에 이바지하는 요소가 됩니다.
　이러한 신화적 세계와 현실 세계의 상호 작용은 때때로 개인의 삶에서 중요한 연결성을 갖습니다. 개인의 초월적 세계와 신화적 세계가 현실과 어떻게 상호 작용하는지 이해하는 것은 치료자가 내담자의 이야기와 경험에 적용되는 주제와 동기를 식별하는 데 도움이 됩니다. 이를 통해 치료자는 내담자의 삶에 대한 더 깊은 이해를 얻고, 그들의 경험과 신념에 적합한 치료적 개입을 제공할 수 있습니다.

　예를 들면, 우리는 클라이언트의 개인적인 신념, 가치관, 종교적 신념 및 신앙에 대해 질문합니다. 한 사람 이야기의 가시적 또는 비가시적 틀을 형성하는 요소는 한 사람의 이야기를 구성하는 데 있어 필수적인 것입니다. 우리 인간은 땅에 발을 딛고 살아가는 현실적인 존재라고 하면 좋겠지만, 가장 역설적으로는 현실을 망각하고 꿈과 이상의 세계를 동경하며 살아가는 신화적 존재입니다.

신화학자 조셉 캠벨(Joseph Campbell)의 연구에서 나타난 바와 같이, 위대한 인간과 위대한 문화에는 반드시 현실감만 담겨 있는 것이 아니라, 놀랍게도 현실을 뛰어넘는 신화와 가치의 세계, 정신 세계에 대한 믿음의 이야기가 담겨 있습니다. 순수하고 순진한 형태로 보존됩니다. 당신은 무슨 일이 일어났는지 알게 될 것입니다.

캠벨은 내담자가 자신의 이야기를 통해 현실을 초월하는 비현실적인 세계에서 신화적 신념의 구조를 어떻게 전개하는지에 주목합니다. 또한, 이러한 믿음과 신화의 세계는 내담자의 이야기와 어떤 연관성을 갖고 있는지 이러한 가치관과 신념의 세계, 즉 신화적 세계가 내담자의 구체적인 현실 세계와 어떻게 연관되고 상호 작용하는지 분석할 필요가 있습니다.

때로는 개인의 초월적 세계인 신화적 세계가 모든 관련성을 상실하고 개인 삶의 특정 영역에서 유리할 때도 있습니다. 이처럼 개인의 신화와 가치관의 세계와 현실의 세계가 연결성을 잃고 서로의 간극이 커지면 이야기가 이념적 틀과 구조를 상실하고 흩어진 이야기, 실타래를 잃어가는 모습을 보게 됩니다.

요셉의 이야기는 그의 삶의 이야기일 뿐만 아니라 하나님의 궁극적인 계획에 대한 믿음의 이야기이기도 합니다. 하나님의 계획에 대한 요셉의 믿음은 그가 형들에 의해 노예로 팔렸을 때와 나중에 모함받고 투옥되었을 때와 같은 어려운 시기를 인내할 수 있게 해 주었습니다. 이러한 어려움에도 불구하고 요셉은 계속해서 하나님의 계획을 신뢰했고, 결국 애굽의 강력한 지도자가 되어 그의 가족과 다른 많은 사람을 기근에서 구했습니다.

요셉의 이야기는 개인의 신념과 가치가 어떻게 개인의 이야기에 구조와 의미를 부여할 수 있는지 보여 줍니다. 하나님의 계획에 대한 그의 믿음은 그가 어려운 시기를 극복하는 데 도움이 되었을 뿐만 아니라 그의 정체성을 형성하고 궁극적인 성공에 기여했습니다. 마찬가지로, 고객의 개인적인 신념과 가치를 이해하면 고객의 이야기에 대한 통찰력을 제공하고, 고객 경험의 기본 주제와 동기를 식별하는 데 도움이 될 수 있습니다. 어거스틴, 야곱, 모세의 예를 들어보도록 하겠습니다.

(1) 어거스틴의 개인적 신념과 가치

히포의 어거스틴의 삶은 그의 개인적인 신념 및 가치와 깊이 얽혀 있으며, 그의 이야기의 궤적을 형성하고 신학, 철학 및 개인적 변화의 영역에 지속적인 유산을 남깁니다. 어거스틴의 신앙 탐구, 철학적 탐구, 진화하는 신념은 그의 개인적인 신념과 인생 여정 사이의 관계를 조명하는 중심 주제입니다.

① 초기 회의주의와 진리 탐구

어거스틴의 여정은 진리와 의미를 찾는 것에서 시작되었습니다. 전통적인 기독교 가르침에 대한 그의 초기 회의론은 그를 다양한 철학 학파와 이념을 탐구하도록 이끌었습니다. 지적 탐구의 중요성에 대한 그의 믿음과 끊임없는 진리 추구는 그의 후기 철학적, 신학적 공헌의 토대를 마련했습니다.

② 신플라톤주의와의 만남

어거스틴은 신플라톤주의 철학과의 만남으로 마니교 신앙과 기독교 교리 사이에 다리를 놓았습니다. 신플라톤주의에 의해 전파된 '하나'라는 개념은 그의 타고난 영적 열망에 공감했고 기독교로의 전환을 촉진했습니다.

③ 회심과 신앙

밀라노 정원에서 어거스틴의 중추적인 회심 경험은 그의 개인적인 신념과 가치가 그의 감정과 영적 갈망과 교차하는 변화의 순간을 표시했습니다. 그는 기독교를 받아들이고 새로 발견한 신앙과 일치하는 삶을 살겠다는 헌신이 그의 후속 신학 추구의 방향을 설정했습니다.

④ 기독교 철학과 신학 저작물

어거스틴의 개인적인 신념은 그의 광범위한 신학 저술의 초석이 되었습니다. 원죄, 자유 의지, 하나님의 본성과 같은 주제에 대한 그의 탐구는 그의 신앙과 지적인 탐구를 조화시키려고 노력했기 때문에 그의 기독교 신념에 깊은 영향을 받았습니다.

⑤ 『신의 도성』

어거스틴의 대작 『신의 도성』은 하나님의 주권과 인류의 궁극적인 운명에 대한 그의 깊은 믿음을 보여 주는 증거입니다. 사회적 격변과 도전에 직면해 어거스틴은 세상의 관심사를 초월하고 개인의 진정한 가치와 신념에 따라 사는 것의 중요성을 강조하는 하나님의 도시에 대한 비전을 분명히 밝혔습니다.

어거스틴의 이야기는 개인의 신념과 가치가 개인 삶의 서사에 미치는 심오한 영향을 강조합니다. 회의론에서 개종으로 철학적 탐구에서 신학적 종합으로의 그의 여정은 개인의 신념이 어떻게 그들의 정체성, 선택, 세상에 대한 기여를 형성할 수 있는지를 보여 줍니다. 신학자이자 철학자로서 어거스틴의 유산은 개인의 신념과 인생 이야기의 전개 사이의 강력한 상호 작용을 보여 주는 증거입니다. 그의 경우와 마찬가지로 개인의 개인적인 신념과 가치를 이해하는 것은 그들 삶의 이야기에 대한 귀중한 통찰력을 제공하고 그들의 여정을 정의하는 근본적인 동기, 주제 및 의미를 밝히는 데 도움이 될 수 있습니다.

(2) 야곱의 개인적인 신념과 가치

성경에 묘사된 야곱의 삶은 그의 인생 여정과 그가 남긴 유산에 깊은 영향을 준 개인적인 신념과 가치관으로 가득 차 있습니다. 초기 기억부터 중요한 전환점까지 야곱의 이야기는 그의 신념과 가치관으로 엮여 그의 정체성, 선택, 주변 사람들과의 상호 작용을 형성합니다.

① 장자권에 대한 초기 믿음

야곱의 이야기는 장자권의 중요성에 대한 믿음으로 시작됩니다. 에서에게 장자권을 팥죽 한 그릇과 바꾸도록 설득한 그의 결정은 가족 상속과 축복의 가치에 대한 야곱의 이해를 반영합니다. 이 믿음은 나중에 에서를 위한 이삭의 축복을 확보하기 위해 아버지의 눈이 멀었음을 이용하게 했습니다.

② 가족과 연결의 가치

야곱과 그의 어머니 리브가의 유대는 가족 연결의 중요성에 대한 그의 믿음을 입증합니다. 축복을 받기 위해 자신을 에서로 가장하는 것을 포함해 에서의 인도를 기꺼이 따르려는 그의 의지는 가족의 이익과 전통을 옹호하려는 그의 헌신을 드러냅니다.

③ 벧엘에서 하나님과의 만남

천국으로 가는 사다리를 꿈꾸는 벧엘에서 야곱이 하나님을 만난 것은 그의 영적인 믿음에 대한 각성을 의미합니다. 이 경험은 그의 인생 전환점이 되었고, 그는 하나님을 섬기고 고향 가나안 땅으로 돌아갈 것을 맹세하게 되었습니다.

④ 변화와 회개

하란에서 라반을 위해 일했던 야곱의 시간은 근면과 인내라는 개인적인 가치를 반영합니다. 그가 마침내 라반을 떠났다가 가나안으로 돌아온 것은 하나님께 대한 서원을 이행하고 형 에서와 화해하려는 그의 열망을 나타냅니다.

⑤ 부모의 사랑과 편애

요셉과 베냐민에 대한 야곱의 편애는 부모의 사랑과 책임에 대한 그의 개인적인 믿음을 반영합니다. 이러한 믿음은 가족 내에서 형제간의 경쟁과 도전으로 이어지며 궁극적으로 그의 관계 역동성과 그가 직면하는 도전을 형성합니다.

⑥ 화해와 용서

야곱이 에서와 재회한 것은 화해와 용서의 힘에 대한 그의 믿음을 강조합니다. 과거의 갈등에도 불구하고 야곱은 겸손과 선물로 에서에게 접근해 그들의 관계를 고치려는 열망을 보여 줍니다.

야곱의 이야기는 개인의 믿음과 가치가 개인의 삶의 궤적에 미치는 깊은 영향을 강조합니다. 타고난 권리, 가족, 영성, 근면, 화해에 대한 그의 믿음은 그의 선택, 관계 및 궁극적인 유산을 형성했습니다. 야곱의 개인적인 신념과 가치를 이해하면 그의 여정의 바탕이 되는 동기, 주제 및 의미에 대한 귀중한 통찰력을 얻을 수 있습니다. 그의 경우와 마찬가지로, 개인의 신념과 가치를 탐구하는 것은 그들 삶의 이야기의 복잡성을 조명하고 그들의 정체성과 목적에 대한 더 깊은 이해를 제공할 수 있습니다.

(3) 모세의 개인적 신념과 가치

성경의 중심인물인 모세는 그의 인생 이야기, 행동, 역사에 미치는 영향을 크게 형성한 강한 개인적 신념과 가치가 특징입니다. 모세의 초기 기억부터 이스라엘 백성의 리더십에 이르기까지 모세의 이야기는 그가 깊이 간직한 신념 및 가치관과 얽혀 있습니다.

① 정의와 연민에 대한 믿음

모세의 초기 생애는 정의와 연민에 대한 믿음으로 특징지어집니다. 애굽 감독자로부터 히브리 노예를 보호하기 위한 그의 개입은 억압받는 사람들을 옹호하려는 그의 헌신과 모든 개인의 존엄성에 대한 그의 믿음을 보여 줍니다.

② 불타는 떨기나무와의 만남

모세가 불타는 떨기나무와의 만남은 그의 영적 신념을 드러내는 중요한 순간입니다. 이 사건 동안 하나님과의 대화는 그가 이스라엘 백성을 애굽에서 인도할 수 있는 능력에 대해 의문을 제기하면서 그의 겸손과 의무감을 보여 줍니다.

③ 자유와 해방을 옹호하는 사람

이스라엘 백성을 향한 모세의 리더십은 자유와 해방에 대한 그의 믿음에서 비롯되었습니다. 바로와 대결하고 이스라엘 백성의 석방을 요구하는 그의 주장은 정의와 하나님 약속의 성취라는 그의 핵심 가치에 뿌리를 두고 있습니다.

④ 십계명을 받음

모세가 시내산에서 십계명을 받은 것은 그가 도덕적 가치와 신성한 인도를 고수했음을 반영합니다. 그는 이스라엘 사회의 윤리적 기초를 형성하는 기본법의 전달자가 됩니다.

⑤ 중재자이자 평화를 이루는 사람

하나님과 이스라엘 백성 사이의 중재자로서 모세의 역할은 연합과 조화를 육성하는 그의 가치를 강조합니다. 사람들의 범죄 이후에도 사람들을 위해 중재하려는 그의 개입은 화해의 중요성에 대한 그의 믿음을 반영합니다.

⑥ 하나님과의 언약

모세가 하나님과 이스라엘 백성 사이에 맺은 언약은 하나님의 율법과 원칙을 수호하겠다는 그의 헌신을 드러냅니다. 사람들에게 하나님의 가르침을 전달하려는 그의 헌신은 영적 지도자로서 그의 역할을 형성합니다.

⑦ 겸손과 봉사의 유산

모세의 유산은 그의 겸손과 헌신으로 정의됩니다. 그의 뛰어난 역할에도 불구하고 그는 결코 약속의 땅에 직접 들어가지 않았으며, 하나님의 계획에 대한 헌신과 개인적인 이득보다 봉사의 가치를 보여 주었습니다.

모세의 인생 이야기는 개인의 정체성과 목적을 형성하는 데 개인의 신념과 가치관이 미치는 심오한 영향을 잘 보여 줍니다. 정의, 연민, 자유, 하나님의 인도에 대한 그의 확고한 헌신은 그의 리더십에 영향을 미쳤고, 지속적인 유산을 남겼습니다.

모세의 개인적인 신념과 가치를 이해하면 그의 행동과 결정을 이끄는 동기에 대한 통찰력을 얻을 수 있으며, 그의 영적 신념과 그의 역사적 맥락의 현실 사이의 상호 작용을 드러낼 수 있습니다. 그의 경우와 마찬가지로 개인의 신념과 가치를 탐구하면 인생 이야기의 기본 주제와 의미를 밝혀내고 여행의 복잡성을 해결하는 데 도움이 될 수 있습니다.

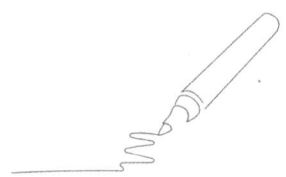

7) 7단계: 자신의 역할과 정체성 파악

내담자가 자기 삶을 지배하는 주요한 주제에 대해 이야기하는 것은 그들의 삶을 이해하는 데 중요한 역할을 합니다. 이는 새들이 둥지를 만드는 과정에 비유할 수 있습니다. 새들은 다양한 재료를 모아 독립적으로 자기 후손이 거처할 보금자리를 만들고, 이곳에서 알을 부화시켜 후손을 돕습니다. 이 과정은 평안과 안정을 의미합니다.

인간도 이와 유사하게 전 생애 동안 다양한 단계를 거치며 자기 경험, 학습, 성공, 실패, 꿈, 희망을 결합해 자신만의 이야기를 창조합니다. 이러한 이야기는 개인의 삶과 미래 세계를 담고 있으며, 한 개인의 이야기 안에는 다양한 주제가 존재할 수 있습니다. 이러한 주제는 그 사람의 경험과 내면세계를 반영하며, 그들의 삶을 이해하는 데 중요한 단서를 제공합니다.

따라서 치료 과정에서 내담자가 자기 삶의 주요 주제에 대해 이야기하도록 하는 것은 그들의 삶을 이해하고, 그들의 경험과 신념에 적합한 치료적 개입을 제공하는 데 도움이 될 수 있습니다. 이를 통해 치료자는 내담자의 삶에 대한 더 깊은 이해를 얻고, 그들의 경험에 근거한 주제와 동기를 식별할 수 있습니다. 이 과정은 내담자가 자기 삶을 더 잘 이해하고, 자기 이야기를 통해 자기의 삶을 개선하는 데 도움이 될 수 있습니다.

성경에는 자기 이야기에 영향을 미치는 것이 지배적인 삶의 주제에 유익한 개인의 예가 많습니다. 예 중 하나가 그의 삶에서 하나님의 신실 존재와 주권을 주제로 삼은 곳의 이야기입니다. 요셉 형들에 의해 노예로 팔려 가는 일, 모함을 받아 감옥에서 인생을 방치하는 일등 많은 어려움에 직면했습니다. 그러나 이야기를 나누는 것은 하나님께 최선을 다해 자기 삶을 보장할 계획임을 믿었습니다. 결국, 요셉의 신실함과 꿈 해석은 자기 가족과 많은 사람을 기근에서 구할 수 있게 되었습니다. 하나님의 신실한 재산과 주권이라는 주제는 요셉 이야기에 대해 명백히 자산이며 그의 성품과 행동을 형성하는 지배적인 삶의 주제입니다.

성경의 또 다른 모세의 예는 일치의 이야기인데, 일치의 지배적인 삶의 주제는 하나님의 부르심과 그의 삶의 목적이었습니다. 바로의 집안에서 제외하고, 그에 대해서는 자신이 애굽의 종살이에서 이스라엘 백성을 구원하도록 촉구하는 것을 구원받았습니다. 바로의 저항과 이스라엘 백성의 불평을 포함해 많은 장애물과 충돌에 직면했지만 그들은 하나님의 부르심과 그의 삶의 목적에 계속 머물렀습니다. 그의 이야기는 하나님의 선택에 대한 그의 성향과 예외의 장소를 꺼리는 위치의 지도력이 특징입니다.

이 두 가지 예에서 각각 신실하신 하나님의 영광과 부르심을 지배하는 삶의 주제는 개인의 행동과 결정에 영향을 미치고 그들의 형성을 이루었습니다. 내담자의 지배적인 삶의 주제를 이해함으로써 분석하는 것은 그들의 삶의 이야기와 그들의 행동과 결정에 동기를 부여하고 안내하는 것이 무엇인지 더 깊이 이해할 수 있습니다.

예를 들면, 다시 한번 내담자에게 자기 삶을 지배해 온 인생의 큰 주제에 대해 되돌아보고 이야기하도록 요청합니다. 이때 이야기의 주제는 새 둥지와 같습니다. 새들은 땅에 있는 짚과 기타 재료를 최대한 모아 자신과 후손을 위한 둥지를 짓고, 그곳에서 알을 부화하고 새끼를 키우며 평화의 보금자리로 사용합니다.

우리 인간은 전 생애의 발달 단계를 거치며 경험과 배움, 성공과 실패, 꿈과 희망을 엮어 우리의 삶과 미래의 세계를 담은 이야기라는 둥지를 만들어 갑니다. 한 사람이 일생을 통해 어떤 이야기 주제를 전개해 왔는지 알면 그 사람의 이야기 세계의 둥지와 그 안에 무엇이 담겨 있는지, 무엇이 포함될 수 있는지 더 잘 이해할 수 있을 것입니다.

성경에는 자신의 이야기에 영향을 미치는 지배적인 삶의 주제를 가진 개인의 예가 많이 있습니다. 그러한 예 중 하나는 하나님의 신실하심과 주권을 자기 삶의 주제로 삼은 요셉의 이야기입니다. 요셉은 형들에 의해 노예로 팔리고, 누명을 쓰고 감옥에 갇히는 등 많은 어려움을 겪었습니다. 그러나 이야기 내내 요셉은 하나님께 충실했고, 자기 삶을 향한 그분의 계획을 신뢰했습니다. 결국, 요셉의 신실함과 꿈의 해석은 그를 애굽의 높은 직위에 오르게 하였고, 그곳에서 그는 자기 가족과 다른 많은 사람을 기근에서 구할 수 있었습니다. 하나님의 신실하심과 주권이라는 주제는 요셉의 이야기 전반에 걸쳐 분명하게 나타나며 그의 성품과 행동을 형성한 주된 삶의 주제입니다.

성경의 또 다른 예는 모세의 이야기입니다. 모세의 삶의 주된 주제는 하나님의 부르심과 그의 삶의 목적이었습니다. 모세는 바로의 집에서 자랐음에도 불구하고, 애굽의 노예 생활에서 이스라엘 백성을 구원하기 위해 하나님으로부터 부르심을 받았다는 것을 알고 있었습니다. 바로의 저항과 이스라엘 백성의 불평 등 많은 장애물과 좌절에 직면했지만, 모세는 하나님의 부르심과 그의 삶의 목적에 헌신했습니다. 그의 이야기는 하나님의 지시에 대한 순종과 약속의 땅을 향한 이스라엘 백성의 리더십을 담고 있습니다.

이 두 가지 사례 각각에서 하나님의 신실하심과 부르심이라는 지배적인 삶의 주제는 개인의 행동과 결정에 영향을 미치고 그들의 이야기를 형성했습니다. 내담자의 지배적인 삶의 주제를 이해함으로써 연구자는 내담자의 인생 이야기와 무엇이 내담자의 행동과 결정에 동기를 부여하고 안내하는지에 대한 더 깊은 이해를 얻을 수 있습니다. 어거스틴, 야곱, 모세의 예를 들어보도록 하겠습니다.

(1) 어거스틴의 예

어거스틴의 인생 이야기는 영적 변화와 진리 추구라는 주제로 이루어져 있습니다. 세상적인 쾌락을 추구하던 초기부터 기독교로 개종할 때까지의 주제는 그의 경험, 선택, 신념을 관통합니다.

① 성취 추구

어거스틴의 초기 생애는 세속적인 즐거움과 지적 추구를 통한 성취 추구가 특징입니다. 지식과 관계에 대한 그의 추구는 목적의식과 행복에 대한 그의 갈망을 반영합니다.

② 회심과 영적 각성

어거스틴의 삶의 전환점은 기독교로의 개종과 함께 옵니다. 그가 암브로시우스 주교와의 만남과 그의 세속적 욕망과 영적 갈망을 조화시키려는 내적 투쟁은 중요한 변화의 순간을 의미합니다.

③ 진리를 위한 노력

어거스틴의 진리 추구는 그가 철학적, 신학적 질문을 탐구하면서 지배적인 주제가 됩니다. 『고백록』과 『신의 도성』과 같은 그의 저술은 신앙, 이성, 인간 조건의 문제에 대한 그의 깊은 관심을 반영합니다.

④ 교회 지도자로서의 역할

어거스틴의 말년은 저명한 교회 지도자이자 신학자로서의 역할로 특징 지워집니다. 원죄, 은혜, 하나님의 본질에 대한 그의 가르침은 계속해서 기독교 사상과 교리에 영향을 미칩니다.

⑤ 영적 성찰의 유산

어거스틴의 유산은 깊은 영적 성찰과 인간 경험의 탐구 중 하나입니다. 내면의 여정, 개인적 변화, 진리 추구에 대한 그의 강조는 기독교 사상과 철학에 지속적인 영향을 미쳤습니다.

영적 변화와 진리 탐구라는 지배적인 삶의 주제는 어거스틴의 이야기 전반에 걸쳐 분명하게 드러납니다. 이 주제는 그의 개인적인 성장, 지적 추구 및 영적 여정을 형성합니다. 어거스틴의 이야기는 변화를 일으키는 신앙의 힘, 자신과 신과의 관계에 대한 더 깊은 이해의 추구를 강조합니다. 치료사는 내담자의 지배적인 삶의 주제를 식별하고 탐색함으로써 내담자의 삶 이야기를 형성하는 근본적인 동기와 가치를 밝혀내고 내담자의 경험과 열망에 대한 더 풍부한 이해를 제공할 수 있습니다.

(2) 야곱의 예

야곱의 인생 이야기는 변화와 화해를 주제로 하는 것이 특징입니다. 여행 내내 그는 상당한 개인적 성장을 겪고, 복잡한 가족 역학을 탐색하며, 궁극적으로 화해와 영적 변화를 찾습니다.

① 초기의 속임수와 투쟁

야곱의 이야기는 형의 장자권과 축복을 받기 위해 형 에서와 아버지 이삭을 속이는 것으로 시작됩니다. 이 행위는 그의 관계와 삶에서 일련의 도전과 투쟁의 무대를 마련합니다.

② 도피와 하나님과의 만남

에서의 분노를 피해 도망친 야곱의 여행은 그를 벧엘에서 하나님을 만나는 꿈으로 인도합니다. 이 만남은 그가 새로운 길을 결심하고 하나님을 섬기겠다고 맹세하면서 그의 인생에 전환점이 되었습니다.

③ 라반과의 생활과 속임수

야곱이 삼촌 라반과 함께한 시간은 그 자신의 속임수 경험으로 특징지어집니다. 그는 라헬과 사랑에 빠졌지만 속아서 레아와 먼저 결혼하게 됩니다. 라반을 위해 일하면서 그가 겪은 노력과 인내는 장애물을 극복하려는 그의 결심을 강조합니다.

④ 에서와의 화해

수년간의 별거 끝에 야곱은 두려움에 직면하고 형 에서와 화해합니다. 이번 재회는 과거의 실수에 맞서 용서와 새로운 관계를 이끌어 내려는 그의 성장과 의지를 반영합니다.

⑤ 신성한 씨름과 이름 변경

야곱이 브니엘에서 신성한 존재와 씨름할 때 중추적인 순간이 발생합니다. 이 만남으로 인해 이름이 이스라엘로 바뀌게 되었는데, 이는 그가 변화되고 하나님의 목적에 맞게 재편성되었음을 상징합니다.

⑥ 유산과 지파 형성

야곱의 열두 아들은 이스라엘 열두 지파의 창시자가 됩니다. 그의 이야기는 부족의 형성과 정체성에 영향을 미치고 그의 후손의 미래를 형성합니다.

⑦ 변화의 교훈

야곱의 이야기는 성장, 화해, 영적 변화라는 주제를 강조합니다. 속임수에서 정직으로, 경쟁에서 화해로, 개인적인 투쟁에서 신성한 만남으로의 여정은 그의 변화의 길을 잘 보여 줍니다.

변화와 화해라는 야곱 삶의 주제는 개인적 성장, 도전에 직면하고 관계에서 화해를 추구하는 것의 중요성을 강조합니다. 그의 이야기는 과거의 실수에 맞서고 인류와 신과 더 깊은 연결을 추구하는 것의 가치를 가르칩니다. 치료사는 내담자의 지배적인 삶의 주제를 인식하고 탐구함으로써 그들의 동기, 투쟁, 열망에 대한 통찰력을 얻을 수 있으며, 내담자의 삶 이야기에 대한 보다 전체적인 이해를 제공할 수 있습니다.

(3) 모세의 예

모세 이야기에서 주된 삶의 주제는 지도자로의 부르심과 신성한 목적의 성취입니다. 모세의 여정은 이스라엘 백성을 위한 지도자, 해방자, 입법자로서의 역할로 특징지어집니다.

① 출생 및 초기 경험

모세의 이야기는 바로가 히브리 남자 아기를 죽이라고 명령한 시기에 출생하면서 시작됩니다. 그는 바구니에 담겨 나일강에 떠내려갔고, 결국 바로의 딸에게 입양되었습니다. 생존과 보호에 대한 이러한 초기 경험은 나중에 지도자이자 보호자로서의 역할을 예고합니다.

② 불타는 떨기나무에서 하나님과의 만남

모세의 삶에서 중요한 순간 중 하나는 불타는 떨기나무에서 하나님을 만난 것입니다. 여기서 그는 이스라엘 백성을 애굽의 노예 생활에서 이끌어 내라는 하나님의 부르심을 받습니다. 이 순간은 그의 삶의 목적을 이루기 위한 여정의 시작을 의미합니다.

③ 리더십과 애굽 탈출

모세는 이스라엘 백성을 애굽에서 이끌고 홍해의 기적적인 갈라짐과 광야의 도전을 통해 그들을 인도합니다. 그의 리더십은 하나님의 명령에 대한 흔들리지 않는 헌신과 그의 백성을 자유로 인도하려는 그의 결심으로 특징지어집니다.

④ 시내산에서의 계시

모세가 시내산에서 하나님과 대화한 결과 십계명과 기타 율법을 받게 되었습니다. 이 순간은 하나님과 이스라엘 백성 사이의 중재자로서 그의 독특한 역할을 보여 주며 그의 리더십과 영적 연결을 더욱 강조합니다.

⑤ 도전과 끈기

리더십 여정 전반에 걸쳐 모세는 이스라엘 백성의 의심, 불평, 반역과 같은 도전에 직면합니다. 이러한 장애물에도 불구하고 그분은 자신의 신성한 부르심과 백성의 복지에 대한 확고한 헌신을 유지하셨습니다.

⑥ 리더십의 유산과 전환

모세의 이야기는 약속의 땅이 내려다보이는 느보산에서의 죽음으로 끝납니다. 지도자, 입법자, 선지자로서 그가 남긴 유산은 앞으로도 계속 이어져 다음 세대를 위한 이스라엘 백성의 정체성과 가치관을 형성하고 있습니다.

리더십과 신성한 목적이라는 모세의 인생 주제는 자신의 소명을 받아들이고 신앙과 결단력으로 도전을 헤쳐 나가는 것의 중요성을 예시합니다. 그의 이야기는 리더십 역할을 맡고 정의를 옹호하며 더 높은 목적에 충실하는 것의 중요성을 가르칩니다. 리더십에 대한 소명과 같은 고객의 지배적인 삶의 주제를 이해하면 고객의 동기, 열망 및 개인적 성장 여정에 대한 귀중한 통찰력을 얻을 수 있습니다.

　종합적으로 맥아담스가 제안한 내러티브 인터뷰 방법은 개인이 자신의 개인적인 이야기와 신화를 이해하고 탐구할 수 있는 강력한 도구입니다. 세심하게 만들어진 일련의 질문을 통해 연구는 초기 기억에서 미래의 희망과 꿈에 이르기까지 내담자의 삶의 경험을 탐구하고 내담자의 정체성과 세계관을 형성한 핵심 주제와 신념을 식별하도록 안내할 수 있습니다.
　안전하고 수용적인 환경에서 스토리텔링을 진행하는 과정은 클라이언트가 이전에 알지 못했던 자신의 새로운 측면을 발견할 수 있도록 변화를 줄 수 있습니다. 자신의 이야기를 하고 반성하는 과정을 통해 내담자는 자기 동기, 가치, 신념을 더 깊이 이해하고 이것이 자기 삶의 선택과 경험에 어떤 영향을 미쳤는지 알 수 있습니다.
　또한, 자신의 이야기에 담긴 변화의 필요성을 의식하는 내담자는 이야기를 재편집하도록 이끌 새로운 이야기를 구축해야 할 필요성도 의식하게 됩니다. 이는 고객이 변화를 원할 수 있는 영역을 식별하고 더욱 만족스럽고 의미 있는 삶의 이야기를 만들기 위해 노력할 수 있어서 개인의 성장과 변화를 위한 강력한 촉매제가 됩니다. 전반적으로 내러티브 인터뷰 방법은 개인이 자신의 개인적인 이야기와 신화를 탐구하고 이해하고 이러한 이해를 개인의 성장과 변화를 위한 기반으로 사용할 수 있는 귀중한 도구를 제공합니다.

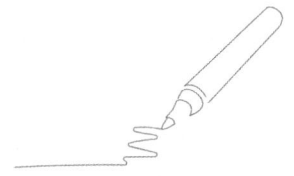

나가는 말

"자기 성찰의 예술, 우리의 여정"

『자기 성찰의 예술』은 단순히 개인의 과거를 기록하는 것을 넘어, 깊은 내면의 성찰과 영적 출애굽을 통해 새로운 자아를 창조하는 과정을 안내합니다. 이 책은 독자들이 자신의 삶을 되돌아보고, 그 경험을 새로운 시각에서 재해석하며, 더 깊은 자기 이해와 성장을 이룰 수 있도록 돕는 것을 목표로 합니다. 이를 위해 성경, 어거스틴의 『고백록』, 에릭슨의 발달이론, 맥아담스의 『이야기 심리학』 등 다양한 이론적 틀과 실제 사례를 통해 자서전이 단순한 일대기의 나열을 넘어 삶의 본질을 탐구하고, 진정한 자아를 발견하는 여정임을 깨닫게 해 줍니다.

성경은 고대의 지혜를 담고 있는 책으로, 다양한 인물의 이야기를 통해 인간 존재의 본질과 삶의 의미를 탐구합니다. 아브라함, 모세, 다윗과 같은 인물의 삶은 그 자체로 하나의 자서전이며, 그들의 여정은 우리에게 많은 교훈을 제공합니다. 예를 들어, 아브라함의 신앙과 순종, 모세의 지도력과 인내, 다윗의 용기와 회개는 우리에게 깊은 영적 통찰을 줍니다. 이들의 이야기는 단순한 과거의 사건이 아니라, 오늘날 우리 삶에 적용할 수 있는 보편적인 진리를 담고 있습니다. 성경 속 인물들의 여정을 통해 우리는 자신의 삶을 새로운 시각에서 바라보고, 그 안에서 하나님의 뜻을 발견할 수 있습니다.

어거스틴의 『고백록』은 자서전의 대표적인 예로, 그의 인생을 통해 하나님과의 관계를 탐구한 깊은 신앙적 성찰의 기록입니다. 어거스틴은 자신의 죄와 회개 그리고 하나님의 은총을 통해 새로운 자아를 발견하는 과정을 솔직하게 고백합니다. 그의 글은 단순한 과거의 회고가 아니라, 현재의 자신을 형성하는 중요한 영적 여정을 담고 있습니다. 어거스틴의 고백은 우리에게 진정성과 솔직함의 중요성을 일깨워 주며, 자서전이 자기 자신을 진정으로 이해하고 변화시키는 강력한 도구임을 보여 줍니다. 그의 예를 통해 우리는 자서전이 단순한 이야기의 나열이 아니라, 자기 삶의 깊이를 탐구하고, 진리를 발견하는 과정임을 깨닫게 됩니다.

에릭슨의 발달이론은 인간의 삶을 8단계로 나누어 각 단계마다 우리가 직면하는 발달 과제를 설명합니다. 자서전 쓰기는 이러한 발달 과제와의 만남을 기록하고, 그 과정에서 얻은 교훈을 재해석하는 작업입니다. 예를 들어, 유아기의 '신뢰 대 불신', 청소년기의 '정체성 대 역할 혼란', 성인기의 '친밀감 대 고립' 등 각 단계에서 우리는 중요한 삶의 도전에 직면합니다. 자서전은 이러한 도전과 성취를 기록하며, 우리의 발달 과정을 이해하고, 자신을 더 깊이 탐구하는 데 중요한 도구가 됩니다. 에릭슨의 이론을 통해 우리는 자서전이 단순한 기억의 나열이 아니라, 삶의 각 단계를 통해 우리가 어떻게 성장하고 변화했는지를 보여 주는 중요한 기록임을 이해하게 됩니다.

맥아담스의 『이야기 심리학』은 개인의 삶을 하나의 서사로 보는 관점을 제시합니다. 그의 이론에 따르면, 우리는 삶의 경험을 이야기로 구성함으로써 그 경험에 의미를 부여하고, 자신의 정체성을 형성합니다. 자서전 쓰기는 이러한 서사적 구조를 통해 우리의 삶을 재구성하고, 그 속에서 의미를 찾는 작업입니다. 이를 통해 우리는 자신의 경험을 새로운 시각에서 바라보고, 그 경험이 현재의 우리에게 어떤 영향을 미쳤는지를 이해하게 됩니다. 맥아담스의 이론은 자서전이 단순한 과거의 기록이 아니라, 우리의 삶을 새로운 시각에서 바라보고, 그 속에서 새로운 의미를 발견하는 중요한 과정임을 강조합니다.

『자기 성찰의 예술』은 자서전 쓰기를 통해 자신의 삶을 깊이 탐구하고, 진정한 자아를 발견하는 여정을 안내합니다. 성경, 어거스틴의 『고백록』, 에릭슨의 발달이론, 맥아담스의 『이야기 심리학』 등 다양한 이론적 틀과 실제 사례를 통해 자서전이 단순한 일대기의 나열을 넘어, 삶의 본질을 탐구하고, 진정한 자아를 발견하는 중요한 과정임을 깨닫게 합니다.

자기 성찰과 자아 발견의 여정은 결코 쉬운 길이 아닙니다. 우리가 지나온 길을 돌아보고, 그것을 새롭게 조명하는 과정은 때로는 고통스럽고 혼란스러울 수 있습니다. 그러나 이러한 과정은 우리에게 중요한 변화를 가져다줍니다. 우리는 과거의 경험을 재해석하고, 그것들이 현재의 우리에게 어떤 의미를 가지는지 이해하게 됩니다. 이 과정에서 우리는 자신의 강점과 약점을 더 잘 알게 되고, 삶의 목적과 방향성을 재정립하게 됩니다. 성경 속 인물들의 이야기나 어거스틴의 고백록은 우리에게 이러한 자기 성찰의 중요성과 그 과정에서 얻을 수 있는 깊은 깨달음을 보여줍니다.

이제 우리는 자서전을 쓰기 위한 여정을 시작할 준비가 되었습니다. 이 과정은 우리에게 내면의 깊은 탐색을 요구하며, 우리가 누구인지, 왜 여기 있는지를 이해하는 데 중요한 통찰을 제공합니다. 자서전은 우리의 경험과 감정, 사유를 통합하여 하나의 완성된 이야기를 만들어 내는 작업입니다. 이를 통해 우리는 자신을 더 잘 이해하고, 자신의 삶에 의미를 부여하며, 더 나아가 미래의 길을 밝히는 힘을 얻을 수 있습니다. 자서전을 쓰는 과정은 우리의 내면을 들여다보고, 감춰진 이야기들을 발견하는 시간이 될 것입니다. 그 과정에서 우리는 자기 연민과 용서를 배우며, 우리 삶의 각 순간을 새로운 시각으로 바라보게 될 것입니다.

자서전 쓰기는 개인적인 경험을 재구성하고, 그것을 의미 있는 이야기로 엮어내는 과정입니다. 우리는 과거의 사건들을 단순히 나열하는 것이 아니라, 그것들이 어떻게 우리의 정체성을 형성했는지를 탐구합니다. 이 과정에서 우리는 자신의 삶을 하나의 서사로 이해하게 됩니다. 에릭슨의 발달이론은 각 단계에서 우리가 직면한 과제와 그로 인한 성장을 설명하며, 맥아담스의 『이야기 심리학』은 이러한 경험을 하나의 내러티브로 재구성하는 방법을 제시합니다. 이를 통해 우리는 삶의 사건들을 새로운 관점에서 바라보고, 그것들이 우리의 삶에 어떤 영향을 미쳤는지를 깊이 이해할 수 있습니다.

『자기 성찰의 예술』은 이러한 여정을 돕는 지침서로서, 독자들이 자기만의 고유한 이야기를 발견하고, 그것을 문학적 서사로 표현하는 데 있어 소중한 도구가 될 것입니다. 우리의 삶은 각기 다른 색과 모양을 지닌 조각들이 모여 하나의 아름다운 태피스트리를 이루는 것처럼, 자서전을 쓰는 과정은 우리 자신과 우리 삶의 복잡한 패턴을 이해하고, 그 속에서 진정한 자아를 발견하는 여정입니다. 자서전 쓰기는 우리의 삶을 돌아보고, 각 경험의 의미를 새롭게 정의하는 과정입니다. 이 과정에서 우리는 자신의 이야기를 통해 다른 이들과 공감하고, 그들에게 영감을 줄 수 있는 힘을 가지게 됩니다.

자아 탐구와 성찰을 통한 자기 성장은 결코 끝나지 않는 과정입니다. 이 책이 여러분의 여정에 도움이 되기를 바라며, 자신만의 고유한 이야기를 발견하고, 그것을 세상에 나누는 데 있어 용기와 영감을 줄 수 있기를 희망합니다. 여러분의 이야기가 그 자체로 하나의 예술 작품이 되기를 기대합니다. 『자기 성찰의 예술』은 단순히 개인적인 이야기를 넘어, 우리 모두가 공유할 수 있는 보편적인 진리를 탐구하고, 삶의 본질을 이해하는 데 있어 중요한 역할을 할 것입니다. 이를 통해 우리는 자신의 삶을 더욱 풍요롭게 하고, 더 나아가 세상과의 깊은 연결을 경험하게 될 것입니다.

참고 문헌

S-TEAM.『삶을 기록하라』(서울: 팝샷, 2017)

김경수.『인간발달 이해와 기독교 상담』2판 (서울: 학지사, 2010)

니코스 카잔타키스.『영혼의 자서전』(상). 안정효 역 (서울: 열린책들, 2009)

맥아담스.『이야기 심리학』. 양유성·이우금 역 (서울: 학지사, 2015)

벤저민 프랭클린.『벤저민 프랭클린 자서전』. 강주헌 역 (서울: 현대지성, 2022)

양유성.『이야기 치료』(서울: 학지사, 2008)

어거스틴. 성 어거스틴의『고백록』. 선한용 역 (서울: 대한기독교서회, 2019)

에릭 에릭슨.『아동기와 사회』, 윤진·김인경 역 (서울: 중앙적출판사, 1988)

이남희.『자서전 쓰기 특강』(서울: 연암서가, 2013)

장자크 루소.『고백록』1. 2. 이용철 역 (서울: 나남, 2012)

정옥분.『전생애 인간발달의 이론』(서울: 학지사, 2019)

조복희 외.『인간발달』(서울: 교문사, 2010)

톨스토이.『톨스토이 인생론·참회록』. 박병덕 역 (서울: 육문사, 2012)

필립 르죈.『자서전의 규약』. 윤진 역 (서울: 문학과지성사 1998)

한정란 외.『노인 자서전 쓰기』(서울: 학지사, 2017)